10
18

12, AVENUE D'ITALIE. PARIS XIIIe

Sur l'auteur

Chloe Hooper est née en 1973 et a grandi à Melbourne avant d'aller étudier à New York. Elle a suivi des cours de *creative writing* et a écrit à la fin de ses études son premier roman, *Un vrai crime pour livre d'enfant*. Cet ouvrage a été unanimement salué par la critique anglo-saxonne à sa parution et a été sélectionné pour le Orange Prize. Son nouveau roman, *Fiançailles*, a paru en 2013 chez Christian Bourgois Éditeur. Chloe Hooper vit aujourd'hui en Australie.

CHLOE HOOPER

GRAND HOMME

Mort et vie à Palm Island

Traduit de l'anglais (Australie)
par Antoine Cazé

10
18

CHRISTIAN BOURGOIS ÉDITEUR

Titre original :
The Tall Man: Death and Life on Palm Island

ISBN : 978-2-264-05177-6

Pour Justin et Nicholas

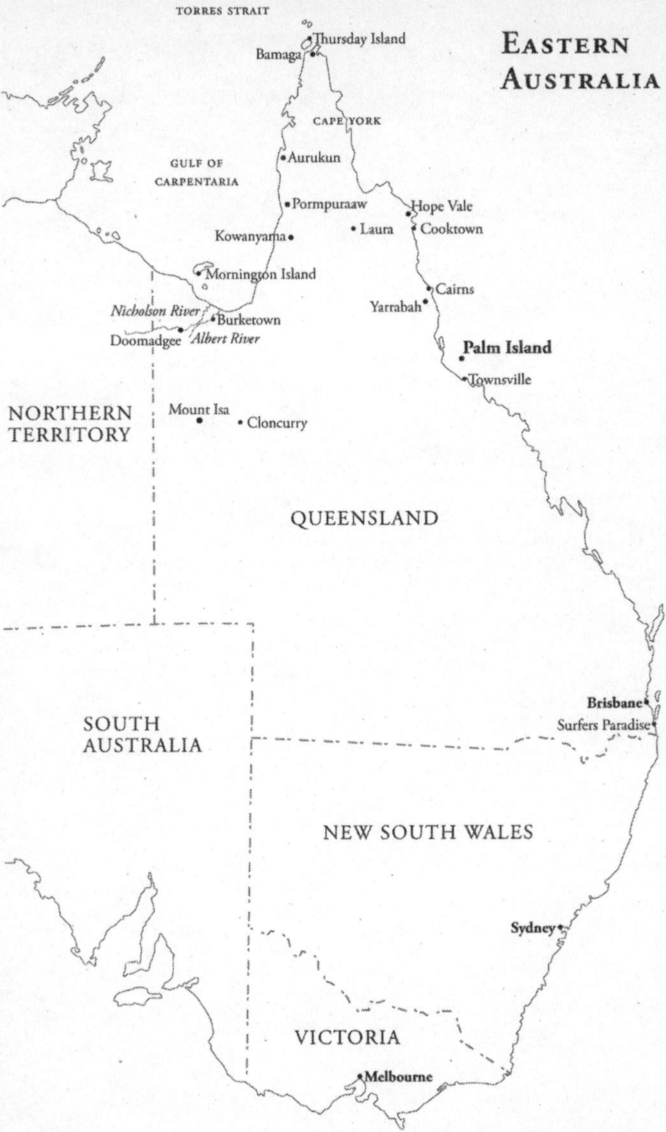

EASTERN AUSTRALIA
TORRES STRAIT
Thursday Island
Bamaga
CAPE YORK
GULF OF CARPENTARIA
Aurukun
Pormpuraaw
Hope Vale
Laura
Cooktown
Kowanyama
Mornington Island
Cairns
Yarrabah
Nicholson River
Burketown
Doomadgee
Albert River
Palm Island
Townsville
NORTHERN TERRITORY
Mount Isa
Cloncurry
QUEENSLAND
SOUTH AUSTRALIA
Brisbane
Surfers Paradise
NEW SOUTH WALES
Sydney
VICTORIA
Melbourne

Sur la péninsule du cap York, aux confins de l'Australie, il existe des esprits aux longs bras maigres et aux longues jambes maigres qui se déplacent la nuit, inaperçus, pour faire le mal. Le jour venu, ils retournent se glisser dans les falaises de grès de la région, habitant les crevasses. Sur les parois rocheuses, dans les ravines, les gorges et les grottes, s'étire leur corps peint à l'ocre rouge avec des yeux blancs qui voient tout.

Pour les dénicher j'ai pris l'avion puis la voiture jusqu'à la minuscule ville de Laura, à l'extrême nord du Queensland, j'ai suivi un guide le long d'étroites pistes de marche vieilles de plusieurs millénaires qui grimpent un escarpement abrupt. Une fois au sommet, le guide a lancé une retentissante salutation aux esprits. Sinon, m'a-t-il dit, ils viendraient nous prélever la graisse des reins.

Cela faisait des années que personne n'était venu à cet endroit. Des pluies récentes avaient fait reverdir les arbrisseaux, et les fougères poussant entre les rochers formaient des jardins suspendus. Il s'agissait d'un camp pour la saison humide, réseau de gros rochers et de grottes aux murs et aux plafonds recouverts de peintures superposées, vieilles de peut-être quinze mille ans : kangourous, crocodiles, émeus, dingos, ignames et leurs racines torses, armes, ruches avec essaims d'abeilles, étoiles – toutes les choses du cosmos dessinées là pour pouvoir se multiplier et laisser les richesses de la terre se propager.

Sur tout un pan de la falaise, les teintes orange et brunes du grès se muaient en personnages plus récents : une peinture représentant deux hommes, deux Blancs en position allongée. Chacun porte une casquette rouge en demi-lune et une chemise bleue, et ils sont nus au-dessous de la taille, la peau d'un ocre pâle et crémeux. Les deux hommes tiennent des fusils. Des policiers. Ce site servait à la sorcellerie, le *purri purri*.

Sur la paroi d'une grotte à environ un kilomètre de là, le guide m'avait montré une scène peinte à la fin du dix-neuvième siècle représentant un Européen en bottes et jodhpurs. Suspendu en l'air, il s'accrochait vainement aux rênes de son cheval qui le désarçonnait. Un fusil lui échappait des mains. Une femme nue était couchée au sol. Peut-être l'homme l'avait-il enlevée ; c'était monnaie courante aux avant-postes des terres colonisées. Celui ou celle qui avait peint cette scène voulait tuer l'Européen, le « destiner », selon la formule proposée voici un siècle par l'ethnologue autodidacte W. E. Roth. Un homme pouvait être destiné à être frappé par la foudre ou écrasé sous un arbre qui s'abat, et pourtant ce n'était ni la foudre ni l'arbre qui le tuait, mais la malédiction. Les Aborigènes disaient alors de l'homme qu'ils le « chantaient ».

Les peintures de sorcellerie se multiplièrent à mesure que l'Australie septentrionale était colonisée.

En 1872, presque cent ans après que le capitaine Cook eut proclamé le continent propriété de la Grande-Bretagne, on découvrit de l'or dans la vallée proche de Laura. Quand les Aborigènes de l'endroit tuaient à coups de lance le cheptel des Européens ou chapardaient leurs provisions, les colons blancs et plus tard les soldats à cheval (blancs et noirs) lançaient depuis la ville des expéditions de « dispersion ». Les Aborigènes tentèrent de pratiquer le *purri purri* contre les fusils des Blancs, ces objets magiques capables de produire éclairs et tonnerre. Ils tentèrent de chanter les armes à feu et de chanter leurs « fruits » ou « noyaux » (les balles) pour que leur course dévie. Mais la toponymie qui marque les routes de terre rouge de la péninsule du cap York raconte l'histoire : là, les cours d'eau se nomment la Lance, le Fusil, le Canon Double, le Revolver. Sur une photo de la police montée aborigène de Laura datant des années 1880 on peut voir cinq soldats aborigènes en uniforme, portant fusil et calot à visière et escortant le grand officier blanc qui les commande. Certains Aborigènes traditionnels vécurent en fugitifs dans ces collines jusque dans les années 1920, mais la grippe et les soldats finissaient toujours par les rattraper.

Je fixai intensément les hommes en chemise bleue sur la paroi de la grotte, me disant qu'il avait fallu un puissant mobile pour les peindre là. Le pigment bleu est très rare : quelqu'un s'était donné beaucoup de mal pour dénicher puis mélanger ces couleurs-ci. Le plus petit des deux personnages avait deux points bleus en guise d'yeux, le plus grand des yeux marron et une croix pour tenir lieu de bouche et de nez.

Le deuxième homme mesurait deux mètres, il était à l'horizontale. Sous sa chemise il avait une allure reptilienne. Sa peau blanche était hachurée comme celle d'un crocodile, sur toute la surface y compris le pénis. Sous lui un grand serpent, peint à l'ocre rouge, s'étendait sur quatre mètres de la paroi rocheuse. Sa langue frappait la plante du pied nu de l'homme. Ce serpent était l'instrument du destin. À l'intérieur de son corps on voyait des empreintes de mains au pochoir, comme des signataires d'une exécution. « Je maudis ton pied, je maudis ta jambe, je maudis ton cœur, ton épaule, ton cou », proféra calmement le guide. Il ne s'agissait pas là d'un soldat quelconque. Ceux qui l'avaient peint le connaissaient. Ils connaissaient sa taille. Ils connaissaient la couleur de ses yeux.

Sur le lent chemin du retour, rien ne remuait dans le bush. Je demandai au guide s'il connaissait Chris Hurley, un policier blanc qui avait naguère travaillé à la ville presque abandonnée de Laura, dans la vallée. Hurley était populaire parmi les communautés aborigènes et dans les bourgades perdues où il avait choisi de se faire nommer. Il avait été décoré pour sa bravoure. Et il était grand, ajoutai-je, il mesurait deux mètres comme le personnage sur la paroi de la grotte.

Pendant deux ans, j'avais suivi son histoire : un beau matin, à deux cents kilomètres d'ici, sur Palm Island, il avait arrêté un Aborigène pour outrage à agent. Quarante minutes plus tard, l'homme, Cameron Doomadgee, gisait mort sur le sol d'une cellule, avec des blessures telles qu'on en voit d'habitude dans les accidents de voiture mortels. Hurley prétendit que son prisonnier avait trébuché sur une marche.

Le guide ne le connaissait pas. Les policiers ne font pas de vieux os dans ces parages. Il y en avait eu tellement, me dit-il, que c'était difficile de se souvenir de chacun d'eux. Mais il avait entendu parler de l'affaire. Tout le Queensland en avait entendu parler. Dans quelques mois, le brigadier-chef Christopher James Hurley serait jugé pour homicide involontaire.

UN

L'île

À Palm Island, le terminal poussiéreux de l'aéroport s'ornait d'un assortiment de projets, réalisés par les CM1 de l'école, portant sur les conduites à risques. Sur l'un d'eux, le dessin malhabile d'une bouteille barrée d'une croix avait pour légende : « Ne buvez plus ! » Sur un autre on lisait : « Je me sens en sécurité quand je ne suis pas traqué. » L'île se trouve entre la Grande Barrière de corail et la côte tropicale du Queensland à l'extrême nord-est de l'Australie. État en plein développement, le Queensland est riche en minerais, bétail, touristes et retraités : mi-Texas, mi-Floride, et deux fois plus vaste que les deux mis ensemble. La barrière de corail, avec ses îles aux stations balnéaires de luxe, est (comme l'affirme le slogan publicitaire de l'État) « belle un jour, parfaite le lendemain ». Mais aucun touriste ne vient ici, à Palm Island. Le maire, une femme aborigène, vint me chercher ainsi que les deux avocats avec qui j'avais fait le voyage pour nous conduire en ville en empruntant l'étroite route qui longe la mer. Des rochers s'avançaient depuis le rivage. Sur une grosse pierre quelqu'un avait tagué GRAND HOMME à la peinture violette.

Dans la commune, il y avait une jetée, un bar à bière, un hôpital, un clocher en bois depuis longtemps endommagé, et un unique magasin. Devant ce dernier, un gamin se tenait assis dans une poubelle tandis qu'un autre le rafraîchissait à l'aide d'une lance à incendie. Dans le cercle d'ombre au pied d'un arbre, d'autres enfants faisaient un jeu de hasard : une sorte de *two-up**[1] avec des capsules de bouteille ou des cosses de petits pois qui retombaient dans la poussière.

Deux hommes qui semblaient avoir environ trente ans titubaient de-ci, de-là, appuyés l'un sur l'autre.

« Ce sont deux frères, indiqua le maire, ils n'y voient plus clair.

— De toute évidence. » Je croyais qu'elle faisait allusion à leur cuite carabinée. L'un des deux frères agita alors devant lui une canne blanche et je vis que les hommes étaient reliés par un morceau de ficelle, celui qui tenait la canne conduisait son frère par le poignet. « Comment ont-ils perdu la vue ?

— Personne n'en sait rien. »

Deux femmes blanches – institutrices, infirmières ou agents de police – s'avançaient d'un pas vif dans la chaleur, en short et T-shirt. Elles avaient l'air aussi empruntées et peu à leur place que je me sentais moi-même. « Et elles, qui est-ce ? demandai-je au maire.

— Elles sont pas d'ici. »

* Les notes de l'auteur sont signalées par un astérisque. Les autres notes sont du traducteur.

1. Jeu très populaire en Australie, sorte de pile ou face dans lequel on lance deux pièces simultanément en pariant sur le résultat.

L'une des deux femmes me sourit, par curiosité peut-être, et l'espace d'un instant je ne sus si je devais lui rendre la pareille. Je me sentais d'une blancheur incandescente.

Le trajet jusqu'à Palm Island avait été comme l'épisode d'un rêve : la mer vert pâle si lumineuse et l'avion qui volait si bas que je pouvais presque distinguer la vie sous la surface – dugongs, tortues géantes, baleines. Des îlots immaculés étaient amarrés tout alentour. Puis, à l'horizon, telle une vague vert sombre, parut une île plus grande. Lorsque l'avion vira de bord pour amorcer sa descente, la nature primitive se déploya. Des montagnes couvertes de forêt rejoignaient le rivage bordé de palmiers, qui allait à la rencontre des mangroves, de la barrière de corail. Et puis le rêve s'effaça.

« Les tropiques du désespoir », « Un paradis amer », « L'île des larmes », tels étaient les gros titres que j'avais lus dans les journaux du Queensland. Trois mois auparavant, le 19 novembre 2004, Cameron Doomadgee s'était fait arrêter par le brigadier-chef Chris Hurley pour outrage à agent. Quarante minutes plus tard, Doomadgee était mort avec un œil au beurre noir, des côtes cassées et le foie éclaté. Hurley déclara qu'il avait trébuché sur une marche en entrant au poste de police, et le médecin légiste nommé par l'État ne mentionna pas de signes de brutalité dans son rapport. La communauté ne l'entendit pas de cette oreille : une semaine plus tard, une foule en colère incendia le poste de police de l'île et la maison du brigadier-chef. Chris Hurley alla se réfugier sur le continent.

Quelques semaines avant de me rendre à Palm Island, j'avais rencontré par hasard Andrew Boe, un avocat pénaliste de Brisbane né en Birmanie qui rendait visite à des amis à Melbourne, où je réside. Personnage élégant, crâne tonsuré et lunettes, avec sur le biceps un tatouage en birman signifiant « libre de la peur », il était surtout connu pour avoir défendu Ivan Milat, le tristement célèbre tueur de campeurs[1]. Boe avait lu l'affaire Cameron Doomadgee fin novembre et pris l'avion pour l'île en décembre, se portant volontaire pour représenter bénévolement la communauté lors de l'enquête du coroner d'État sur la mort de Doomadgee, une instruction publique qui s'efforcerait d'établir les circonstances de son décès. Il assista aux obsèques. Dans la chaleur brûlante d'une journée précédant la saison des pluies, un cortège de plusieurs centaines de personnes suivit en silence le cercueil par les rues sur des kilomètres jusqu'au cimetière.

Boe voulait que quelqu'un écrive sur l'affaire. L'instruction prendrait une ou deux semaines, dit-il. J'acceptai de l'accompagner. J'avais passé beaucoup de temps à l'étranger entre l'âge de vingt et trente ans, et je ne savais pas grand-chose de l'Australie indigène. Comme beaucoup d'enfants des banlieues pavillonnaires issus de la classe moyenne, j'ai grandi sans jamais voir un seul Aborigène, sauf au journal télévisé. Le Mouvement pour la réconciliation – cette tentative sans grande consistance que fait notre pays pour renouer les liens entre les premiers Australiens et tous ceux qui sont arrivés par la suite – est une cause défendue par des milliers de gens qui ne connaissent personne appartenant aux deux pour cent

1. Tueur en série ayant défrayé la chronique dans les années 1990 en Australie. Ses victimes étaient des auto-stoppeurs.

d'Aborigènes de la population. « J'imagine que vous avez encore tout à apprendre de la complexité de la situation et de l'"impasse" dans laquelle se trouvent les Aborigènes », m'avait écrit Boe après notre rencontre. Et il était exact que jusqu'à cette rencontre, je n'avais jamais entendu parler de Palm Island. Mais je ne lui en avais rien dit – il ne badinait pas sur les questions d'engagement moral. Dans l'interminable liste de lectures qu'il me suggérait – articles universitaires sur les insultes rituelles chez les Aborigènes, droit jurisprudentiel, rapports gouvernementaux, les cinq volumes pondus en 1991 par la Commission royale sur les décès d'Aborigènes en détention provisoire –, il avait inclus une liste des vêtements qu'il convenait de ne pas porter. « Soyez attentive à ne pas trop exposer vos sous-vêtements aux regards. N'essayez pas de vous montrer sauvage.

— Vous ne prenez donc jamais de repos ? lui avais-je répondu dans ma lettre.

— Du repos… ? m'avait-il réprimandée. Nous devons faire usage de nos libertés et de nos privilèges afin de voir quelle aide nous pouvons procurer à ceux qui sont moins bien armés que nous pour affronter les défis de leur existence. »

On était début février à présent. Dans deux jours, le coroner d'État – enquêteur nommé par le gouvernement pour établir les circonstances en cas de décès – arriverait sur l'île pour une instruction préliminaire afin de déterminer où se tiendrait son audience trois semaines plus tard. Boe et son associée, Paula Morreau, une jeune avocate pleine de dévouement au regard lumineux, étaient arrivés pour préparer leur procès. Boe avait apporté des dossiers contenant les déclarations de témoins ainsi que les vidéos de surveillance de la cellule de Doomadgee prises le matin de sa mort.

Palm Island est un lieu où l'histoire est si près de la surface, tellement omniprésente, qu'elle semble se dérouler parallèlement à la vie de tous les jours. Selon les premiers habitants, les Manburra, l'île et celles qui l'avoisinent – Orpheus, Fantome et Eclipse – se formèrent au Temps du Rêve, époque de la création du monde, quand un esprit ancestral appelé Grand Serpent, ou Serpent Arc-en-ciel, se brisa et laissa derrière lui des fragments de son corps. Lorsque, le 7 juin 1770, le capitaine James Cook jeta l'ancre de l'*Endeavour* parmi ces îles tropicales, esquilles de la colonne vertébrale du Serpent, il aperçut « plusieurs grandes Colonnes de fumée sur l'Océan, quelques individus, des Canots, et ce que nous pensâmes être des Cocotiers sur l'une des îles ». Il envoya des hommes à terre mais « ils revinrent à bord sans avoir rien vu qui fût digne d'observation ».

Un siècle plus tard, les couloirs maritimes longeant la côte est de l'Australie étaient fort fréquentés et les îliens s'étaient accoutumés aux pêcheurs de perles et de poisson, les mers qu'ils habitaient étant riches en holothuries, ces concombres de mer que les Chinois croyaient aphrodisiaques. En cette fin de dix-neuvième siècle, le Queensland septentrional abritait une communauté multiraciale comprenant Chinois, Japonais, Philippins et insulaires du Pacifique, sans compter les Européens et les Aborigènes. Les États du Sud surnommaient la région *Queensmongreland*, autrement dit « la Terre des Bâtards ». Selon l'historien de la colonisation australienne Henry Reynolds, la création en 1901 du Commonwealth d'Australie fut l'équivalent de la guerre de Sécession américaine, mais inversée : c'est le Sud qui avait soumis à sa vision de l'Australie blanche ce Nord torride et « occulte » marqué par une grande diversité raciale. L'immigration asiatique fut alors restreinte et des milliers d'insulaires du Pacifique furent déportés. « L'unité de la race est une condition essentielle de l'unité de l'Australie », déclara ce père fondateur que fut Alfred Deakin[1].

Deakin et les gens de son espèce se souciaient moins du fait qu'un groupe d'une grande diversité comprenant plus de trois cent cinquante tribus aborigènes vivait sur le continent depuis au moins cinquante mille ans, depuis l'époque où il avait existé des jonctions terrestres entre le cap York et la Nouvelle-Guinée. La Fédération, pensait-on, les destinait à disparaître, et jusque dans les années 1940 les Européens soulignaient le devoir qu'ils avaient d'« adoucir le sort d'une race moribonde » ; on considérait en règle générale qu'en quelques décennies, les Aborigènes seraient tous morts ou auraient disparu par métissage.

En 1897, le Queensland avait fait adopter la loi de protection des Aborigènes par laquelle tous les Aborigènes « pur sang » ainsi que les femmes et les mineurs « métis » devenaient pupilles de l'État : « Ils sont et resteront des enfants, et doivent par conséquent être protégés, même parfois contre leur gré », écrivit l'ethnologue W. E. Roth, à présent officiellement considéré comme « protecteur des Aborigènes

1. Principal artisan de l'État fédéral australien, dont il contribua à rédiger la constitution adoptée en 1900, il fut trois fois Premier ministre entre 1903 et 1910.

dans les régions du Nord ». Un protecteur fut assigné à chaque district du Queensland, la plupart du temps un policier du cru, qui n'était pas toujours irréprochable : « Brigadier dans un état d'ébriété avancée, yeux exorbités, visage maigre mais violacé qui transpire sans arrêt », note un observateur. Les protecteurs furent responsables de la déportation des individus hors de leurs terres traditionnelles vers des réserves, pour la plupart dirigées par des missionnaires chrétiens. Bientôt, le besoin se fit ressentir d'une autre réserve, à l'écart : un lieu où envoyer ceux qui contestaient le traitement qu'on leur faisait subir.

En 1916, les possibilités qu'offrait Palm Island apparurent clairement aux yeux du gouvernement du Queensland. Un représentant officiel y vit « l'endroit idéal pour des vacances de rêve », et son isolement rendait également le lieu « propice à son usage comme pénitencier » pour y enfermer « les individus que nous désirons punir ». De 1918 à la fin des années 1960, des centaines d'Aborigènes du Queensland furent expédiés à la Mission de Palm Island, qui servit autant de réserve classique que de prison à ciel ouvert. Même si le Parlement avait été prévenu que « le regroupement de nombreuses tribus sur une seule zone signifierait une guerre constante entre elles et, en pratique, la survie du plus fort », des membres de plus de quarante tribus différentes furent néanmoins envoyés à Palm Island, rassemblant ainsi des personnes dont les liens territoriaux, linguistiques et familiaux étaient incompatibles. Les adultes arrivaient souvent menottés ou bien fers aux pieds, considérés selon les cas comme « fauteurs de troubles », « mauvais sujets », « vagabonds » ou

« communistes ». Certains étaient expédiés là pour avoir pratiqué des cérémonies traditionnelles ou posé des questions sur les salaires. Les enfants étaient envoyés seuls ou en groupes et placés dans les internats de l'île.

Dans son isolement, la mission connut une dérive autoritaire, devenant une sorte de goulag tropical. Le directeur blanc, qui « avait la loi dans la bouche », délivrait permis de pêche et permis de baignade. Pour décourager les cérémonies traditionnelles, on instaura les bals à l'européenne, et ceux qui refusaient de participer étaient convoqués pour interrogatoire. Une fanfare apprit à jouer du jazz et des marches militaires : manquer les répétitions pouvait donner lieu à une peine de prison. Pour quitter l'île, se marier ou retirer le montant des salaires d'un compte en banque, les résidants aborigènes devaient demander l'autorisation au protecteur. Autorisation, comme l'atteste cette lettre à une jeune fiancée, qui ne devait pas être tenue pour acquise :

> *Chère Lucy,*
>
> *Votre lettre m'a fort choqué, d'imaginer que vous vouliez retirer quatre livres pour acheter une broche, une bague, un bracelet, une corbeille à ouvrage, un service à thé, etc. Je suis convaincu que Mrs. Henry dépenserait pour vous l'argent avec sagesse, mais je dois vous dire qu'aucun Aborigène ne peut retirer 4/5ᵉ de son salaire à moins d'être malade et hospitalisé et d'avoir besoin de l'argent pour acheter de quoi se réconforter... Toutefois, comme c'est la Noël, je vous laisse disposer du 1/5ᵉ de votre avoir en banque pour vous acheter des sucettes.*

Au bout du compte, innombrables furent ceux qui ne virent jamais la couleur de leurs économies. Les salaires des Aborigènes étaient saisis par des services gouvernementaux ou bien empochés par les protecteurs qui apposaient eux-mêmes les croix tenant lieu de signature à la plupart des travailleurs.

En 1967, année où les Aborigènes et les insulaires du détroit de Torres obtinrent l'égalité des droits, Palm Island demeurait une communauté entièrement soumise à la discrimination. En 1970, un chroniqueur déclara que l'administration blanche était « monarchique » et que l'île elle-même était « le plus incroyable de tous les établissements aborigènes… en rien semblable à la vie dans le Queensland de tous les jours ». On accorda une certaine autonomie à un Conseil aborigène au milieu des années 1970, mais ce au moment même où un bar à bière flambant neuf ouvrit ses portes, faisant instantanément de l'alcoolisme un véritable fléau. Les habitants de Palm Island se nomment désormais eux-mêmes les Bwgcolman, d'après le nom traditionnel de l'île. Aujourd'hui, avec une population d'environ deux mille cinq cents habitants, c'est le lieu où vit l'une des plus grandes communautés aborigènes de toute l'Australie.

Pour se rendre à Palm, on effectue une traversée de deux heures en ferry ou bien un vol de quinze minutes depuis Townsville (cent cinquante mille habitants), la plus grande ville du Queensland septentrional. À mille cent vingt kilomètres au nord de Brisbane, capitale de l'État, Townsville est un centre de garnison comprenant quatre bases militaires. C'est une ville chaude, aride, dure. Comme en bien des endroits du nord du pays, on y entretient encore le sentiment d'appartenir à cette Australie supérieure qui aurait dû voir le jour. Là, les avocats des grandes métropoles et les progressistes du Sud sont traités sans ménagement. À l'aéroport, je fus prise en charge avec les deux avocats par un chauffeur de taxi en short et chemisette amidonnée, au visage ravagé par mille cancers. En nous conduisant jusqu'au terminal, d'où il nous était possible de rejoindre soit une station balnéaire à mille dollars la nuit, soit Palm Island, il se mit à vitupérer contre les gens venus du Sud. Il arrivait toujours à les repérer.

« Comment vous faites ? lui demandai-je.

— Parce que c'est des abrutis », me répondit-il.

Erykah Kyle était maire de Palm Island depuis un an. Âgée d'un peu plus de soixante ans, elle avait la peau brun clair et des boucles grisonnantes sous un chapeau en crochet aux couleurs rouge-jaune-noir du drapeau aborigène. Son grand-père maternel était blanc, or les relations interraciales étaient prohibées. C'est pourquoi sa grand-mère et sa mère, une métisse, furent expédiées à Palm Island sur ordre de la police. On plaça sa mère à l'internat ; sa grand-mère fut envoyée travailler dans un des grands élevages de bétail du Queensland septentrional, où sa famille suppose qu'elle décéda. Du côté de son père, originaire de Budekin River à l'ouest de Townsville, la famille d'Erykah fut également expédiée à Palm Island, en 1918, probablement afin que leurs terres puissent être défrichées pour l'agriculture.

Erykah nous fit rapidement visiter l'île. Sous les tropiques, les bâtiments paraissent mûrir, puis ils s'affaissent, se flétrissent et pourrissent. Un flot de gens se déversait depuis les maisons dans les jardins et dans la rue. Nous fîmes halte au bord d'une plage entourée de ces collines couvertes de forêt propres à l'île et qui sont d'anciens volcans. Deux chevaux alezans fourrageaient non loin, des chevaux sauvages rescapés des parcs à bestiaux de la mission. Ils erraient dans les collines et la commune, broutant en pleine nature et dans les jardins.

Boe, Paula et moi devions loger à un endroit appelé « le motel ». Entouré d'un haut grillage anticyclone, c'était une suite de chambres immaculées sans aucun gérant en vue. La mienne possédait des barreaux aux fenêtres, un lit à cadre d'acier, un ventilateur au plafond, et un clou au mur où pendait un cintre.

Boe voulait expliquer la procédure judiciaire à la famille de Cameron Doomadgee. Sur sa suggestion, j'allai avec Erykah chercher les sœurs Doomadgee pour une rencontre.

Erykah connaissait Cameron depuis qu'il était petit. Adulte, me dit-elle, c'était un homme insouciant ; il aimait aller à la chasse et à la pêche, et il travaillait deux jours par semaine dans le cadre du programme de retour à l'emploi[1], tout en vendant des crabes de vase à la sauvette. Cameron était un bon copain du propre fils d'Erykah, qui deux ans auparavant avait été retrouvé mort dans la cellule d'une prison sur le continent. Une enquête préliminaire n'avait mis qu'une heure à conclure qu'il s'était suicidé. Il n'y avait aucun signe d'acte criminel, mais

1. *Work for the dole* : programme du gouvernement fédéral australien institué en 1998, ouvrant à celui qui effectue des travaux d'intérêt collectif l'accès à une formation et à un ensemble de mesures favorisant le retour à l'emploi.

ne pas savoir ce qui s'était passé durant les dernières heures de sa vie avait marqué Erykah d'une blessure qui ne se refermait pas. Elle me montra une photo de son fils en train de plonger dans un trou d'eau : il était jeune et fort, l'eau miroitait dans la lumière.

En voiture, nous croisâmes un groupe de jeunes hommes remontant la colline à pied, les épaules voûtées. L'un d'eux portait une lance. « Qui connaît leurs capacités ? » demanda Erykah.

Chez les Doomadgee, elle se gara dans l'allée. Leur maison était l'une des plus récentes de l'île, un préfabriqué blanc. On avait traîné de gros blocs de pierre sur le terrain pour constituer une rocaille. Des branches de frangipanier pointaient hors de la terre desséchée par le soleil, ainsi que d'autres boutures : litchi, poivron, goyave. Une femme vint brièvement à la porte, et sans raison apparente Erykah fit marche arrière pour sortir de l'allée. Quelque chose avait été convenu sans un mot. La famille était à table et voulait que nous repassions dans vingt minutes.

Erykah me raconta qu'au temps de la mission, son peuple avait trouvé des façons de communiquer échappant aux fréquences radar des missionnaires, avec les yeux et les mains. W. E. Roth avait remarqué quelque chose de semblable à la fin des années 1890 : d'un bout à l'autre du Queensland septentrional on rencontrait des signes de la main, subtils et complexes, pour désigner plantes, animaux, oiseaux, serpents, poissons, armes, émotions et idées. Il y avait des signes pour « coucher du soleil », pour « étourderie », pour « mauvais sujet », pour dire « Silence, tais-toi ! » ou bien « Cours ! » – qui, écrivait-il, était figuré par « les deux poings fermés effectuant chacun un petit cercle : le mouvement précipité des pieds ».

Pour tuer le temps, nous continuâmes notre route. Erykah parla de sa jeunesse sur l'île. D'une famille de douze enfants, elle était tout le temps première de sa classe, mais elle recevait souvent des coups de baguette : elle était d'un naturel rebelle. Elle n'avait pas le droit de descendre Mango Avenue, où habitaient les Blancs, et elle était censée saluer toute personne de race blanche qu'elle croisait. Les Blancs avaient droit aux meilleurs morceaux de viande, les Noirs récupéraient les os, et c'est seulement à l'âge adulte qu'Erykah avait goûté du lait non coupé d'eau. Dans les années 1950, un homme pouvait être arrêté pour avoir fait un signe de la main à sa femme ou pour avoir ri au mauvais moment. Ceux qui protestaient étaient envoyés à l'isolement sur Eclipse Island, une île voisine, et mis au régime de pain sec, d'eau, et du poisson qu'ils parvenaient à attraper à mains nues. Elle se souvenait d'un homme appelé Mr. Starlight, qui s'élevait ouvertement contre les missionnaires. On l'envoyait tout le temps sur Eclipse Island. Le père d'Erykah lui faisait parvenir le *Reader's Digest* en cachette. Mr. Starlight avait fini dans un asile de fous.

Devant le magasin de l'île était assis un ancien appartenant au groupe tribal d'Erykah, et elle me le présenta. Comme nous marchions jusqu'à lui, j'avais la sensation que la chaleur revêtait tout mon corps, ou l'inverse. « Mon oncle, tu veux bien chanter ton *Chant de la baleine* ? » dit-elle à l'adresse du vieil homme. À demi aveugle à cause d'un glaucome, il entonna dans sa langue maternelle un chant qui parlait de se tenir sur les falaises en regardant une baleine en contrebas. Erykah frappait dans ses mains pendant ce temps. Elle me dit qu'elle aurait bien voulu pouvoir lui donner quelque chose. Je lui passai 10 dollars ; elle les lui glissa.

Lorsque nous fûmes de retour chez les Doomadgee, deux bambins jouaient sous un robinet. Elizabeth Doomadgee se tenait à la porte. C'était une femme remarquable d'une petite quarantaine d'années, le dos bien droit, des boucles noires et serrées ; elle possédait quelque chose de digne, une force qui pouvait la faire paraître hautaine, ou donner l'impression qu'elle maîtrisait – à peine – une colère inflexible. Elizabeth appela sa sœur cadette Jane. Elle aussi était grande, svelte, et portait un short et un T-shirt. Elles montèrent dans la voiture du maire et nous roulâmes jusqu'au bâtiment du conseil municipal de Palm Island. Dans la salle du conseil, dont les murs passés arboraient des photos sépia d'Aborigènes qui avaient réussi, Boe et Paula s'assirent avec les deux sœurs pour évoquer l'instruction qui commençait dans trois semaines. Elizabeth avait le visage impassible, sceptique, comme si elle se demandait s'il fallait croire les avocats. Jane était plus douce mais silencieuse.

Boe ne tarda pas à mettre les sœurs à l'aise. Il était attentif, convaincant, et semblait en outre animé d'une instinctive et profonde compassion. La famille de l'avocat avait fui la Birmanie quand il avait quatre ans. Sur la piste de l'aéroport de Brisbane, son père avait donné à ses cinq fils un nouveau prénom, catholique irlandais, pour les aider à s'intégrer. Après le lycée, Boe étudia le droit tout en travaillant pour payer son inscription et subvenir à ses besoins. Avocat brillant possédant son propre cabinet dès l'âge de vingt-quatre ans, il en avait à présent trente-neuf et avait eu six enfants, dont deux adoptés, avec une magistrate aborigène. La chaleur tropicale de Palm Island lui rappelait la Birmanie, les Doomadgee sa propre famille.

Boe demanda aux deux sœurs s'il y avait un nom traditionnel qu'il devait employer pour parler de feu leur frère.

« *Moordinyi* », lui dit Elizabeth.

Ce qui voulait dire quelque chose comme « celui qui est parti ». Dans le golfe de Carpentarie, les gens utilisaient traditionnellement Moordinyi au lieu du nom du défunt pendant un temps après la mort, afin d'empêcher que les vivants ne rappellent les morts. Mais Erykah transcrivit *Mulrunji* et montra le mot à Elizabeth, qui approuva froidement de la tête. (Elle avait des problèmes d'orthographe.) Peut-être les gens employaient-ils encore le terme correct à Doomadgee, la ville aborigène qui était autrefois une mission non loin des terres ancestrales de la famille dans la région du golfe, et d'où ils avaient tiré leur nom. Mais sur cette île déracinée, la famille et les témoins continuèrent d'appeler le défunt Cameron. Dans les mois qui suivirent sa mort, seuls les avocats et les journalistes utilisèrent Mulrunji.

Elizabeth était à ce moment-là moins soucieuse de la tradition que de l'instruction, en particulier des témoins à qui l'on demanderait le déroulement des événements dans le temps ; personne sur l'île ne portait de montre. Jane et elle craignaient un piège. Boe leur dit de ne pas s'inquiéter. En représentant la communauté, il s'efforcerait de mettre en valeur non seulement la culpabilité de Hurley mais aussi les défaillances systémiques de la police du Queensland. Il avait prévu deux avocats pénalistes très réputés pour se battre uniquement en défense de la famille.

Boe expliqua ce qui allait se passer. Dans deux jours, le 8 février, le coroner d'État ainsi que les avocats représentant la police et les Doomadgee atterriraient à Palm Island pour l'échange contradictoire précédant l'instruction. Ces instructions étaient censées se dérouler aussi près que possible du lieu du décès. Boe pensait qu'en l'occurrence, elle devait avoir lieu sur Palm Island ; les avocats de la police contreraient en arguant que l'île n'était pas sûre et que l'instruction devrait se dérouler à Townsville. Peu importe l'endroit, la tâche principale du coroner consistait à déterminer ce qui avait causé la mort de Cameron et à recommander des mesures de nature à empêcher que des cas similaires se reproduisent. Le coroner n'avait pas pour rôle de conclure à une culpabilité criminelle, mais s'il soupçonnait un crime quelconque il avait l'obligation de renvoyer l'affaire au procureur général, qui déterminerait si Hurley devait être inculpé.

Elizabeth confia à Boe qu'elle s'inquiétait du fait que sa sœur épileptique fasse une crise pendant l'instruction et effraie le coroner. Jane avait peur que la tumeur qu'on lui avait diagnostiquée ne l'empêche d'apprendre sa déposition par cœur. Elles demandèrent si Boe pouvait les aider à emprunter deux prothèses auditives à l'hôpital pour une autre de leurs sœurs et une nièce. Toutes deux étaient malentendantes, sans doute à cause d'otites non traitées dans l'enfance, et auraient des difficultés à suivre les témoignages. Elizabeth était quant à elle diabétique – comme la surdité, c'était une maladie endémique dans les communautés aborigènes. Elle ne prenait pas de traitement, me dit-elle, parce que Dieu la protégeait. À quinze minutes du continent, tous vivaient dans un pays différent.

Dépourvue de toute information, privée de tout signe de progrès légal, Elizabeth était prête à croire que ce personnage sérieux avec son bonnet Armani et son air fanfaron tenant à la fois de l'arrogance et de l'idéalisme pourrait être son sauveur. Fervente chrétienne, elle m'affirma que l'arrivée de Boe était la preuve que « Dieu croit que maintenant, ça suffit ».

Elizabeth et Jane étaient impatientes de voir la vidéo des caméras de surveillance dans la cellule, et Boe leur assura qu'il leur montrerait sa copie, mais d'abord elles voulaient rassembler le reste de la famille et se procurer des mouchoirs en papier.

Le magasin était fermé, j'accompagnai donc Erykah jusqu'à l'hôpital non loin de là et elle parla à deux jeunes infirmières. Elles ne reconnurent pas Erykah. Quand celle-ci leur demanda les fameux mouchoirs, les infirmières ouvrirent quelques placards et lui dirent qu'elles n'en trouvaient pas.

De retour dans la salle du conseil, Jane déclara que des mouchoirs en papier ne serviraient à rien de toute façon : c'est une serviette qu'il lui faudrait pour sécher ses larmes. Elle avait des yeux naïfs qui ne cillaient jamais mais son visage semblait toujours prêt à affronter une mauvaise nouvelle. Une douzaine de personnes s'étaient rassemblées. Cameron avait neuf frères et sœurs, dont « seulement trois sont morts », expliqua Jane. Assises dans la salle se tenaient cinq de ses sœurs : l'aînée, Carol, la petite cinquantaine, était accompagnée de Victoria, Elizabeth, Jane et Valmae, la benjamine âgée de trente-quatre ans. (Un frère et une sœur étaient décédés ; un autre frère, Lloyd, était retourné vivre à Doomadgee ; une autre sœur, Claudelle, vivait dans les rues de Townsville.) Il y avait aussi le beau-frère de Cameron, sa tante, sa nièce Doreen et son petit bébé, et Tracy Twaddle. Tracy, la compagne de Cameron pendant dix ans, était une jolie femme aux épaisses boucles ondulées, les lèvres arquées, et un air à la fois réservé et abasourdi. Ses joues ruisselaient de larmes. La famille donnait l'impression d'être venue s'abriter de la tempête. Leur manque de sommeil, leur chagrin, leur colère étaient enfouis sous un silence poli et gêné.

On éteignit les lumières. La famille était assise dans le noir, agglutinée autour d'un ordinateur portable. Sur l'écran, la cellule du poste de police baignait dans une lumière jaune-vert. Dans un calme solennel, les Doomadgee regardaient, espérant découvrir comment Cameron était mort.

La mort

Le vendredi 19 novembre 2004 était encore un de ces jours parfaits et épouvantables. Dès neuf heures du matin il faisait aux environs de 32 °C, et l'humidité renforçait la sensation de chaleur. Le brigadier-chef Chris Hurley s'était rendu à l'hôpital de Palm Island après le passage à tabac des trois sœurs Nugent. Celle qui avait une mâchoire brisée devrait être évacuée médicalement jusqu'à Townsville. Celle qui avait un œil au beurre noir avait demandé à ce qu'on la raccompagne chez elle en voiture.

Hurley avait commencé par dire non, il avait trop de travail. Mais Gladys Nugent, une forte femme à l'air doux, était diabétique et avait besoin d'une escorte pour aller chercher du « sucre » (de l'insuline) dans le frigidaire de Roy Bramwell. Roy était son compagnon, et c'est lui qui venait de rosser Gladys et ses deux sœurs. Peu après dix heures, Hurley et Lloyd Bengaroo, l'officier de liaison aborigène travaillant pour la police sur l'île, la conduisirent donc chez Bramwell dans Dee Street. Hurley lui dit d'entrer et de ressortir aussitôt.

Le brigadier-chef attendit dans son fourgon : l'archétype même du shérif, l'allure soignée, les yeux sombres profondément enfoncés dans un beau visage puissant, un homme de grande taille débordant de vigueur. Pour le regarder, tout le monde devait lever les yeux comme s'il était monté à cheval. Il avait été promu brigadier-chef deux ans auparavant, à l'âge de trente-quatre ans, et se trouvait à présent officier en charge de l'île, avec une équipe de six policiers blancs et d'un officier de liaison aborigène. Il était « Grand Chef », ayant gravi les échelons jeune et vite.

Devant lui s'étendait la mer ; les montagnes s'élevaient juste derrière. Dans Dee Street une maison était rose saumon, la suivante bleu marine, puis bleu clair et vert-jaune et jaune – cocktail tropical aux couleurs vives servant à masquer le fait qu'une habitation sur deux avait des vitres cassées, des graffitis, des gosses qui jouaient avec des canettes de bière. C'était le milieu naturel de Hurley à présent. Il était devenu une créature du Nord profond, un spécialiste des endroits aux franges de ce qu'on appelle la civilisation, des communautés aborigènes et des avant-postes urbains de la péninsule du cap York et du golfe de Carpentarie, des lieux où les rues et les jours tremblotaient comme si vous étiez pris d'une sorte de fièvre – le tout empreint d'une menace sourde, comme une étincelante hallucination.

Le brigadier-chef avait fait ses classes à Cairns avant d'être transféré comme agent de police à vingt et un ans sur l'île Thursday, centre administratif de la centaine d'îles venteuses du détroit de Torres. La coutume locale est un mélange de cultures aborigène et papoue, et les habitants parlent une langue qu'on appelle le créole du détroit de Torres (*Oli Gos = Holy Ghost* ; *broke skin = sex* ; *algita = crocodile* ;

lugaut = *beware* ; *plisman* = *policeman*)[1]. C'étaient les tropiques profonds, où le goudron se décollait à cause de la chaleur et les bâtiments avaient l'air décrépits dès qu'on avait fini de les construire. C'est seulement quelques années auparavant qu'on avait décroché des murs des salles de classe les portraits de la reine Elizabeth et les cartes de l'Empire britannique. Les missionnaires anglais étaient venus sur l'île Thursday en 1871 pour apprendre aux indigènes la « honte », le port des vêtements, et pour éradiquer, plus ou moins, les pratiques de l'âge des ténèbres qu'étaient la chasse de têtes, l'idolâtrie et la sorcellerie. L'arrivée des missionnaires était encore célébrée chaque année par les habitants du cru et les chrétiens en visite au cours de la cérémonie de la Venue de la Lumière. Un canot à rames à travers le labyrinthe des coraux et des mangroves, transportant l'évangile jusqu'au rivage ; après quoi il y avait un service religieux puis des tambours, un festin, et des danses.

Hurley aimait bien danser. Il aimait faire la fête. Il avait une personnalité à la mesure de sa carrure de géant. Il envoyait passer les filles par-dessus son épaule, les faisant tournoyer en l'air. Il se tenait au milieu d'une foule, racontant des histoires drôles : un mauvais sujet, un effronté plein d'exubérance. L'île Thursday avait fait de lui un homme différent. Il raconta à un ami aborigène qu'il s'était une fois retrouvé dans une vedette de la police à la recherche d'insulaires perdus en mer, furieux d'avoir dû renoncer à ses plans pour la nuit. C'est alors qu'il avait

1. *Holy Ghost* : Saint-Esprit ; *broke skin* : (littéralement) peau cassée ; *algita* : déformation de *alligator* ; *lugaut* : déformation de *look out !* (attention !).

compris qu'il était raciste, et qu'il avait décidé de changer.

Sa conversion le conduisit plus profond au cœur de l'Australie aborigène. Après deux ans sur l'île Thursday, il passa les cinq années suivantes dans la péninsule du cap York : Aurukun, Kowanyama, Bamaga, Pormpuraaw, rien que des communautés aborigènes ou insulaires du détroit de Torres ouvertes par des missionnaires pour protéger les indigènes de la violence de ces lieux aux confins de la colonisation et pour apporter « la lumière à l'obscurité » de leur existence. Les églises avaient aujourd'hui disparu pour la plupart. Ces endroits étaient devenus des ghettos pauvres livrés à l'alcool où l'on sniffait de l'essence, pleins de brutalité, d'arrestations et de morts prématurées. Hurley avait trouvé un créneau au sein de ces communautés, et dans les villes alentour : Cooktown, Laura, Burketown. Elles appartenaient aux derniers bastions des racistes, des chasseurs de crocodiles, des anciens combattants, des ermites et des barbares de tout poil, accompagnés de jeunes instituteurs, d'infirmières et de flics qui voulaient faire la bringue avant d'aller voir ailleurs. Mais Hurley avait demandé sa nomination dans ces endroits-là. Et les autochtones semblaient l'apprécier. Il était gentil et faisait merveille avec les enfants, toujours en train de plaisanter ou de leur faire faire du sport. Il avait aussi la cote auprès des anciens, protégeant les grands-mères des jeunes qui les menaçaient de leur piquer leur carte bancaire.

Il était revenu faire son temps chez les gens civilisés, dans la station balnéaire de Surfers Paradise, mais il semblait irrésistiblement attiré par les endroits durs. Et Palm Island, c'était dur. Pendant sa première année, des histoires avaient circulé sur la cruauté des enfants qui montaient les chevaux sauvages de l'île comme des vélos plutôt que des créatures de chair et de sang. Ils les montaient en short de surf mouillé et les chevaux avaient des plaies de la taille d'une assiette. Les services d'inspection vétérinaire découvrirent que les gosses menaient les poneys sauvages dans l'eau jusqu'à l'épuisement, jusqu'à la noyade. Un cheval fut retrouvé dans un filet de pêche au large. Un autre en coma dépassé, la tête dans un seau. Des gosses avaient mis de l'essence dans le seau. Une jument avait été poignardée alors qu'elle était grosse. Une autre avait eu de l'acide de batterie versé sur ses plaies à vif.

Hurley avait servi deux ans sur l'île et signé pour rempiler une année de plus. Avec les autres officiers, il se maintenait en forme en faisant de la randonnée à pied ou à vélo sur les pistes du bush, de la plongée sur la barrière de corail, en allant pêcher dans la vedette de la police, en pratiquant le jet-ski (au désespoir des habitants) sur le lac de retenue, et en passant les soirées moites à boire et à jouer au billard américain. Mais aujourd'hui il était assis là à attendre Gladys Nugent, qui s'était fait tabasser et était encore à moitié ivre, et qui ne le remercierait sans doute pas pour sa peine, mais baisserait les yeux comme ils le faisaient tous.

Par la vitre fermée du fourgon, l'officier de liaison Lloyd Bengaroo et lui entendaient un jeune homme hurler des insultes dans le jardin devant la maison de Roy Bramwell. C'était le neveu de Gladys Nugent, Patrick, un garçon maigre dont la mère était une des femmes battues par Bramwell. Ivre et speed parce qu'il avait sniffé de l'essence, Patrick traitait les policiers de « connards de petits pédés ».

« T'entends ce qu'il est en train de dire ? » demanda Bengaroo.

Hurley sortit du fourgon.

La grand-mère de Patrick demanda au brigadier-chef d'arrêter Patrick. Hurley n'avait pas besoin qu'on le lui dise deux fois : Bengaroo maintint les portes ouvertes à l'arrière du fourgon tandis que Hurley faisait entrer son prisonnier dans la cellule.

À cet instant-là, Cameron Doomadgee passa devant la scène, pieds nus. Il avait avec lui son chien, Bulbush (« Grand Chasseur »), et toute une meute de corniauds rouquins du quartier. « Bengaroo, dit-il à l'adresse de l'auxiliaire de police, t'es un *blackfella* comme moi. Pourquoi t'aides pas les *blackfellas*[1] ? »

La cinquantaine, Lloyd Bengaroo avait trop de poids et trop de soucis, le visage buriné et les yeux enfoncés dans les orbites. Il avait grandi sur Palm Island. Pendant vingt ans il avait été agent de police de la communauté, ayant un pouvoir d'arrestation. Il était à présent supposé travailler à combler le fossé entre la police et les *blackfellas*, et il ne pouvait même plus poser la main sur les contrevenants. C'était censément pour son bien, pour lui épargner la haine de ses camarades insulaires, mais la communauté estimait que Bengaroo était un « chien de garde » de la police, un « garçon de courses »… et on le lui rappelait constamment.

« T'arrête ou bien on t'embarque toi aussi », lança Bengaroo à Cameron.

1. Le terme *blackfella* (soit *black fellow* : « type noir ») est employé par les Aborigènes pour se désigner eux-mêmes. Il est identitaire sans être péjoratif.

Cameron Doomadgee, trente-six ans, était mince et bien foutu, et fier de l'être. (Il vannait ses copains de pêche en leur disant qu'ils avaient plus de graisse que les tortues de mer qu'ils attrapaient.) Ce matin-là il s'était complètement cuité à la bière, au vin et au *goom* – un mélange d'eau et d'alcool à brûler. Pour tout ce qu'il avait bu, il « marchait plutôt bien, en titubant mais sans tomber », selon Gerald Kidner, qui s'était soûlé avec lui, et qui marchait devant lui.

Au bout d'une trentaine de mètres – selon les dires de Hurley par la suite –, Cameron s'était retourné pour injurier le brigadier-chef. Lloyd Bengaroo déclara qu'il n'avait pas entendu. Ni Gladys Nugent, à présent revenue à la camionnette avec son insuline. Kidner croyait bien que Cameron chantait *Who Let the Dogs Out*, un single des Baha Men qui avait cartonné et qui disait :

Qui a lâché les chiens (ouah, ouah, ouah, ouah).
Qui a lâché les chiens (ouah, ouah, ouah, ouah).

Mais Chris Hurley, qui avait enduré toutes les insultes possibles et imaginables, entendit quelque chose de plus insultant, et cette fois-ci décida de ne pas laisser passer. Peut-être était-il encore en rogne à cause de Patrick et de son « connards de petits pédés ». Peut-être pensait-il aux insultes lancées à la tête de Lloyd Bengaroo, qui avait récemment demandé son transfert après une hospitalisation pour cause de stress. Peut-être pensait-il aux trois femmes qui venaient de se faire rosser par un ivrogne comme celui-là. Ou peut-être que dans la chaleur son uniforme lui collait à la peau, et qu'il sentait la sueur à la racine de ses cheveux, et que toute cette île vibrait, tout l'endroit hors de contrôle, et que c'était à lui de l'arrêter.

« C'est qui, lui ? demanda Hurley.

— Cameron Doomadgee », répondit Bengaroo.

Les deux hommes remontèrent dans le fourgon et Hurley fit marche arrière en direction de Cameron. « C'est quoi ton problème avec la police ? » Le brigadier-chef n'attendit pas de réponse. Il était dehors en un éclair et arrêtait Cameron pour trouble à l'ordre public. « Je vous coffre, monsieur Doomadgee. »

Lloyd Bengaroo ouvrit les portes de la cellule une fois de plus. Nobie Clay, qui observait la scène du haut d'un balcon proche, raconta que Cameron ne s'était pas débattu mais avait hurlé : « Vous me coffrez pour rien. » Elle croyait bien avoir vu alors Hurley s'emparer des jambes de Cameron et l'envoyer promener au fond du fourgon. Elle avait entendu le son grave que fit sa tête en cognant l'intérieur de la cellule. Il était 10 h 20.

Tandis que Cameron et Patrick étaient enfermés à l'arrière, Hurley et Bengaroo déposèrent Gladys chez sa sœur, et à 10 h 26 ils étaient de retour au poste. Devant la porte, dans Police Lane, Penny Sibley, une frêle Aborigène aux cheveux gris, attendait que Bengaroo lui donne de l'argent. Elle emmenait la filleule de ce dernier à Townsville pour un meeting sur les droits territoriaux. Hurley entra dans le garage, et quand il ouvrit les portes de la cellule, elle vit Cameron « qui sortait, ivre, il chantait à tue-tête et tout ».

Et alors Cameron frappa le brigadier-chef à la mâchoire.

Hurley fut abasourdi. Personne sur l'île ne l'avait jamais frappé auparavant. Penny Sibley déclara que son visage était devenu « fou ». Avec un autre témoin, Tiny Bonner, elle dit qu'elle avait vu Hurley donner un coup de poing dans les côtes de Cameron. Dans le garage, les deux hommes se bagarrèrent ; Hurley essaya de forcer son prisonnier à gagner le poste. Tandis qu'elle les regardait se battre, Penny Sibley se mit à pleurer. Elle déclara qu'ils étaient entrés dans le poste, et que la porte s'était refermée brutalement.

Mais Chris Hurley, Lloyd Bengaroo et un jeune agent qui observait la scène debout dans le garage déclarèrent tous les trois que lorsque Hurley et Doomadgee étaient arrivés sur le seuil du poste de police, ils avaient trébuché sur une marche et étaient tombés à l'intérieur.

Debout à côté de la porte, Bengaroo ne bougea pas pour voir si son supérieur était blessé. Le lendemain, il déclara aux enquêteurs : « Je me disais, heu, si je vois un truc c'est moi qui pourrais me retrouver dans le pétrin, je sais pas. » L'agent Kristopher Steadman, fraîchement débarqué la veille de l'école de police, se tenait également dehors. Il avait entendu Hurley crier, furieux, mais comme Bengaroo il déclara qu'il avait attendu jusqu'à ce qu'il estime pouvoir entrer sans crainte.

À l'intérieur, Roy Bramwell était assis à côté d'un meuble classeur, attendant d'être interrogé. La veille, les trois sœurs Nugent et lui avaient commencé à boire à 11 h 30 du matin, et à minuit Roy avait bu quarante canettes de bière. Il s'était levé tôt le lendemain matin et s'en était fait six de plus. Sur le seuil de la maison de ses sœurs, Roy – « complètement bourré » – avait piqué une crise parce que Gladys ne voulait pas l'accompagner chez eux pour prendre son insuline. Ils avaient commencé à se battre. Dans sa déclaration, Roy indiqua plus tard :

> Pendant cette dispute, j'ai donné un coup de poing à sa sœur, c'est-à-dire Anna Nugent, et je l'ai frappée à la figure. Je lui ai donné qu'un seul coup de poing et ça l'a assommée. C'était dans le jardin devant la maison. J'ai donné un coup de poing à Anna parce qu'elle la ramenait.
>
> Après ça j'ai donné un coup de poing à l'autre sœur, c'est-à-dire Andrea Nugent, et je lui en ai mis un seul en pleine figure et ça l'a assommée. J'ai donné un coup de poing à Andrea pour la même raison. Je l'ai mise au tapis et après ça elle la ramenait plus.
>
> Après je m'en suis pris à Gladys. Je lui en ai mis un dans la figure et ça l'a assommée. C'était dans le jardin, ça aussi. Gladys est tombée par terre et elle était à genoux. Je me suis mis à lui donner des coups de pied et je lui en ai filé trois, je crois bien. Dans la figure. J'ai fait ça parce que j'étais en colère contre elle qu'elle voulait pas rentrer à la maison avec moi.

Après avoir rossé les trois femmes, Roy était rentré chez lui tout seul et avait pris une douche pour se calmer. Puis il s'était rendu au bureau de poste pour toucher son chèque d'allocations. Pendant qu'il attendait là-bas, l'oncle des sœurs Nugent, Tiny Bonner, l'avait retrouvé et une autre « bagarre de langues » (une dispute) avait éclaté. C'est là que le brigadier Michael Leafe avait trouvé Roy, et c'est ainsi qu'il s'était retrouvé au poste.

Mais dans son effort pour maîtriser Cameron, Hurley ne le remarqua pas.

Le lendemain, et la semaine suivante, dans des dépositions séparées, Roy affirma :

> Chris l'a traîné à l'intérieur et l'a allongé de force ici et puis il s'est mis à le bourrer de coups. Tout ce que je voyais [c'était] le coude qui descend, qui monte et qui descend, comme ça… « Vous en voulez encore, monsieur, monsieur Doomadgee ? Vous en voulez encore, hein, vous en voulez encore ? Ça vous ira comme ça ? »

Le champ de vision de Roy était partiellement bloqué par le meuble classeur, mais il déclara qu'il voyait les jambes de Doomadgee qui dépassaient ; il voyait le poing de Hurley qui s'abaissait, puis remontait, puis s'abaissait. « J'ai vu le poing qu'était fermé. » Chaque fois que le poing s'abattait, il entendait Doomadgee gémir. « Cameron, il a commencé à donner des coups de pied dans tous les sens et il [a crié] "Laissez-moi partir" comme ça maintenant. "Laissez-moi partir… Je vais me lever et partir." »

Roy déclara que Hurley ne s'était pas arrêté : « Eh ben, lui il est grand, il est grand, vous savez… juste de voir le coude qui remonte et l'autre qu'est couché en dessous, vous savez, il a dû le frapper vachement fort, hein ? Eh ben, lui il était à jeun et l'autre il avait bu. »

Le brigadier Michael Leafe, qui venait d'arrêter Roy, était dans le poste de police mais il raconta aux enquêteurs qu'il n'avait rien vu ni entendu. Il prétendit avoir laissé Hurley seul avec Doomadgee pendant dix secondes tandis qu'il ouvrait la porte d'une des deux cellules du poste. Quand il revint, le prisonnier était avachi. Leafe et Hurley prirent chacun Cameron

Doomadgee par un poignet et le traînèrent sur le dos dans la cellule en béton. Une fois qu'ils eurent terminé, Roy Bramwell déclara qu'il avait vu Hurley se frotter le menton. L'officier avait un bouton de chemise défait.

« Il vous en a mis une bonne ? demanda Roy.

— La vache, ouais », répondit Hurley.

Ensuite, selon Roy, Hurley lui demanda s'il avait vu quelque chose. Roy dit que non, et le brigadier-chef lui dit de quitter les lieux. Roy retourna à la poste pour toucher son chèque, tout en prévenant quelques amis en chemin. « Chris Hurley se paie Cameron. » Ils lui répondirent : « Va le dire à quelqu'un, dis-le au Comité pour la justice. » Mais Roy n'alla pas trouver le Comité pour la justice, groupe issu de la communauté et dirigé par des anciens pour résoudre les conflits. Personne ne fit rien. Ils continuèrent tous à boire.

Pendant ce temps-là, Hurley et Leafe allèrent sortir Patrick Nugent du fourgon. Il était tellement ivre qu'ils durent le porter à travers la cabine minuscule et surchauffée du poste de police pour le déposer à côté de Cameron dans la cellule. Ensuite Hurley inséra une bande vidéo dans le moniteur de la caméra de surveillance et s'efforça de continuer sa journée.

Onze semaines plus tard, la famille de Cameron était assise dans la salle du conseil, enveloppée dans la lueur jaune bilieux de cette vidéo, regardant leur frère en train de mourir.

Depuis le coin en haut de la cellule où était installée la caméra, les deux hommes affalés sur le sol de béton ont l'air d'être tombés d'une grande hauteur. Cameron se tord. Il appelle : « Au secours ! » Le son est déformé. C'est un cri désespéré, bestial. « Au secours ! À l'aide ! » appelle-t-il à nouveau. Patrick, à moitié paralysé par la boisson, tapote faiblement la tête de Cameron et ce dernier roule plus près de lui, pour trouver de la chaleur ou du réconfort. Ils se tiennent allongés là, inertes, pendant environ une minute. Une horloge électronique défile en haut à gauche de l'écran.

Hurley entre, grand et élancé dans son uniforme bleu ; il a des rouflaquettes, l'esquisse d'une banane, et un air furibard. Vu sous cet angle il paraît gigantesque. Immobile, il les toise comme s'il regardait deux poupées. Quand il ressort, Cameron s'écarte brusquement de Patrick. Puis il reste immobile. Ils sont tous les deux immobiles. Les secondes de l'horloge électronique défilent. La vie qui s'échappe. Dix minutes, vingt ; aucun des deux hommes ne bouge.

La famille Doomadgee demeurait assise en silence, regardant chaque image.

Au bout d'une demi-heure, le brigadier Leafe entre dans la cellule. Il donne un coup de pied à Cameron. N'obtenant aucune réaction, il lui en donne un autre. Lors de l'instruction, on appellera cela une « technique de stimulation ». Leafe se penche sur le prisonnier. Il lui touche la peau. Puis il va chercher Hurley. Le brigadier-chef revient avec une lampe torche et projette la lumière dans les yeux de Cameron. Il se courbe au-dessus de Cameron, met sa main sous le nez de Cameron, pour vérifier s'il respire. Il cherche un pouls, et l'espace d'un instant semble penser qu'il en a trouvé un. Mais non. C'est sa propre adrénaline qui jaillit. Il sort précipitamment ; à 11 h 12, il appelle une ambulance. Quand enfin les ambulanciers arrivent, ils sortent un défibrillateur d'une trousse de secours et le posent sur la poitrine de Cameron. Chris Hurley se tient debout contre le mur de la cellule, observant la scène. Il est trop tard. L'ambulancier secoue la tête. Hurley s'affale le long du mur, la tête entre les mains.

Elizabeth Doomadgee sortit du bâtiment du conseil municipal et prit place sur un banc sous un manguier. Non loin de là se tenait le clocher de bois, les quatre cadrans de l'horloge brisés. D'ici elle parvenait juste à voir sa fille qui jouait sur la jetée. Les gosses montaient des chevaux sauvages et couraient pour faire des saltos arrière dans l'eau. Elizabeth ne bougeait pas. « La lumière elle brille sur Hurley maintenant, dit-elle enfin, mais quand le soleil couche, lui il est méchant. »

Tout le monde à Palm Island racontait sa version de ce qui s'était passé ce jour-là. Et tout le monde avait une histoire à raconter sur le brigadier-chef Hurley. Il niait avoir été à aucun moment violent envers Cameron Doomadgee. Ses défenseurs affirmaient qu'il était « démoli » par les allégations à son encontre. Ils insistaient sur le travail approfondi qu'il avait réalisé auprès des enfants aborigènes, sur ses amis aborigènes. Il avait même un nom de peau ; il avait été adopté par une famille indigène de la péninsule du cap York, et vers l'âge de vingt-cinq ans il avait eu une petite amie aborigène. D'anciens collègues disaient que Hurley freinait les autres policiers s'ils s'énervaient trop.

Suite à la mort de Cameron, le brigadier-chef apparaissait progressivement comme un flic modèle. Avant de me rendre à Palm Island, j'avais lu cet article élogieux sur Hurley dans le *Sunday Mail* de Brisbane du 5 décembre 2004 :

Un flic attentionné

Du haut de ses deux mètres, l'officier de police Chris Hurley de Palm Island ne pouvait manquer de faire impression sur les communautés aborigènes reculées au service desquelles il a choisi de mettre sa carrière. Avant la mort de Cameron Doomadgee le 19 novembre et les troubles qui n'ont pas cessé depuis sur l'île, cette impression était dans l'ensemble bonne.

L'un des postes qu'il a occupé comme simple agent à l'âge de 21 ans était situé sur l'île Thursday, où la communauté ne tarda pas à se prendre de sympathie pour le gentil géant.

Inquiet face à la criminalité élevée parmi les enfants de l'endroit, en 1989 il prit l'initiative de créer un club sportif pour les jeunes, écrivant des dizaines de lettres à des organismes pour obtenir des dons et acheter des équipements.

Quand un centre commercial de Brisbane lui offrit du matériel s'il faisait le voyage pour aller le récupérer, il s'arrangea pour que trois jeunes insulaires l'accompagnent et voient la grande ville pour la première fois de leur vie.

Sur une photo prise à l'île Thursday on voit des enfants souriants qui grimpent sur le jeune policier pendant qu'il confesse son rêve au *Sunday Mail* : voir les « gosses d'ici plus connus pour leurs capacités sportives que pour leurs démêlés avec la police ».

Une seconde photo montrée pour la première fois cette semaine sur l'île Thursday offre un autre rappel de son séjour. Elle fait partie d'une nouvelle exposition consacrée à la réconciliation aborigène et s'accompagne de la légende suivante : « La Réconciliation est une route à double sens ; il faudra que tous les Australiens fassent bien des efforts. Au bout du compte, il y a plus de ressemblances que de différences entre les Australiens aborigènes et non aborigènes. »

Sur la photo de l'exposition, un ciel qui se couvre, rempli de gros nuages. Hurley se tient sur un pont et derrière lui coule un fleuve large mais dont les méandres se perdent à l'horizon. L'homme a l'air sérieux et fort. Coiffé d'un chapeau de la police à larges bords, il se penche au-dessus d'une carte grande ouverte sur le capot d'un fourgon. Il plisse les yeux comme s'il voyait quelque chose pointant à l'horizon, comme si cela venait vers lui.

La première nuit que je passai sur Palm Island, il n'y avait pas de lune. Les cigales chantaient, puis s'interrompaient dans la chaleur. Tandis que l'obscurité gagnait, je m'installai avec les deux avocats dans la véranda du motel où nous prîmes un verre. Boe se comportait comme quelqu'un qui se retrouverait coincé dans une zone de guerre avec des élèves en voyage scolaire. « Qu'avez-vous appris ? » demandait-il sans cesse, avide de révélations marquantes. La forêt vierge nous entourait. Nous entendîmes des créatures inconnues entamer leur ronde nocturne. En théorie, il n'y avait pas de danger : le motel se trouvait entre le poste de police et la caserne de la police. Mais la caserne était protégée par une haute clôture de barbelés fermée d'un lourd cadenas. À regarder les policiers entrer et sortir en le fermant chaque fois, je trouvais difficile de savoir qui avait besoin de protection.

Erykah Kyle passa dire un mot à Boe. Comme les Doomadgee, elle avait mis ses espoirs en lui. Tous les deux avaient un rapport facile, partageant des idéaux activistes qui semblaient appartenir à une époque révolue. Dans sa jeunesse, Erykah avait trouvé l'inspiration dans le mouvement du Black Power américain, et au début des années 1970 elle avait passé du temps sous la Tente ambassade aborigène à Canberra[1], faisant campagne pour les droits territoriaux. Et maintenant, elle avait rédigé et imprimé un tract qui devait être distribué dans toute l'île.

AVIS À LA COMMUNAUTÉ

LE CORONER D'ÉTAT VIENT À PALM ISLAND
POUR OUVRIR L'ENQUÊTE SUR LA MORT
DE NOTRE FRÈRE,
COMPAGNON, PÈRE, FILS, COUSIN,
NEVEU, ONCLE ET COPAIN BIEN-AIMÉ
DÉCÉDÉ EN GARDE À VUE
LE 19 NOVEMBRE
LES PERSONNES VOULANT Y ASSISTER
DOIVENT AVOIR L'AUTORISATION
DE QUITTER LEUR TRAVAIL

LE SOUTIEN DE LA COMMUNAUTÉ EST REQUIS
POUR S'ASSURER QUE LA JUSTICE PUISSE ÊTRE
FAITE DANS CETTE TRAGÉDIE

1. Plantée sur la pelouse de l'Old Parliament House dans la capitale australienne depuis 1972, cette tente rassemble des activistes qui accueillent et organisent des manifestations en faveur des droits des Aborigènes ; elle n'est pas considérée comme une ambassade par le gouvernement australien.

Depuis la véranda, j'apercevais au-delà de la clôture anticyclone un groupe de policiers dans un mess qui jouaient au billard avec des infirmières. Deux agents arrivèrent en fourgon, se garèrent, et portèrent un vieux matelas pour le placer sur le pare-brise. Chaque nuit les insulaires lançaient des pierres sur la caserne : toutes les fenêtres étaient garnies de protections en bois.

Je me demandais ce que je faisais ici, mais mes deux compagnons avocats, eux, étaient en mission et n'avaient pas de tels doutes. Nous nous trouvions à deux maisons de l'endroit où Chris Hurley avait vécu. Sa maison blanche n'était plus aujourd'hui qu'un terrain vide et calciné, indice de ce qui s'était produit durant l'émeute une semaine après la mort de Cameron Doomadgee. Tandis que les flics jouaient au billard de l'autre côté de la clôture, Boe leva son verre et proposa un toast à la révolution.

L'enquête préliminaire

Peu après l'aube, les cigales reprirent leur grésillement électrique, comme si elles dispersaient dans l'air un courant doté d'une vie propre. Je me réveillai dans un lit une place bas sur pieds, dans une chambre aux murs marqués de taches étranges. L'île était branchée sur une fréquence d'une autre nature. Elle baignait dans un élément différent, comme lorsqu'on entre dans un hôpital et que l'air change de qualité. Je repensai à Chris Hurley sur la vidéo de surveillance, s'affaissant le long du mur la tête entre les mains. Que voulait dire cet affaissement ? Que c'était le pire cauchemar d'un flic ? Qu'il était désemparé parce qu'un jeune homme avait perdu la vie alors qu'il en avait la charge ? Ou bien était-ce de la culpabilité ? Le remords avait-il atteint son système sanguin, faisant se dérober ses jambes sous lui ?

La matin où Cameron Doomadgee était mort, une fois l'ambulance repartie et le système de surveillance vidéo arrêté, il restait cinq hommes dans le poste de police : quatre policiers – Chris Hurley, Michael Leafe, Lloyd Bengaroo, Kristopher Steadman – et Patrick Nugent, inconscient dans une cellule. Il restait aussi le corps de Cameron.

« On en était malades, rapporta Hurley par la suite. Lloyd était bouleversé, il pleurait. » Lloyd était en partie d'origine kalkadoon, de la région de Mount Isa dans le nord-ouest du Queensland, et il avait des liens de parenté avec la mère de Cameron. Il se disait qu'il devrait prévenir la famille que Cameron était mort, mais Hurley lui ordonna de ne pas bouger et de ne rien dire. Hurley demanda à l'un de ses policiers d'imprimer les pages du *Manuel de procédure* de la police du Queensland où il était question des décès en garde à vue de personnes de couleur.

En 1991, la Commission royale sur les décès d'Aborigènes en détention provisoire avait enquêté sur quatre-vingt-dix-neuf décès au cours d'une période de dix ans, et calculé que « si les personnes non aborigènes avaient trouvé la mort en détention provisoire dans les mêmes proportions… il y aurait eu presque neuf mille décès ». Mais après des recherches minutieuses, l'enquête n'avait trouvé aucune preuve montrant qu'un seul de ces décès était dû à un acte criminel. C'était plutôt le résultat de la surreprésentation chronique des Aborigènes dans les prisons (totalisant 2,4 % de la population nationale mais 22 % de la population carcérale), de leur état de santé déplorable, et du traitement inapproprié qui leur était réservé pendant leur incarcération. La commission découvrit que les enquêtes préliminaires de la police sur ces décès en garde à vue « avaient le plus souvent été superficielles » ; aujourd'hui, treize ans plus tard, il existait des directives strictes dictant ce que la police devait faire si elle se retrouvait dans une telle situation.

Hurley et Leafe transférèrent Patrick Nugent dans l'autre cellule du poste et délimitèrent la cellule de

Cameron comme scène de crime. Hurley appela alors le centre de télécommunications du district de police de Townsville : « On a un décès en garde à vue… le type s'est pointé, il balançait des insanités et faisait tout un foin… il criait : "Sales connards… sales connards de Blancs" et il arrêtait pas quoi, il continuait d'avancer dans la rue en traitant Lloyd de "connard de Black". »

Le policier en charge du centre de télécommunications, le brigadier-chef Stephen Jenkins, passa un coup de fil à son supérieur, l'inspecteur Greg Strohfeldt, sur une ligne intérieure pour l'avertir du décès. Jenkins contacta alors le commissaire par intérim de la région, un officier encore plus haut placé. Les maillons de la chaîne de commandement étaient à présent au courant de ce qu'ils appelaient un EVREG : un événement regrettable.

Dans les minutes suivant la découverte de la mort, Hurley appela également son ami proche Darren Robinson. Ce n'était pas une directive du *Manuel de procédure*, même si « Robbo » était policier sur l'île. « Hurls » et lui travaillaient et vivaient là depuis deux ans et ils s'étaient liés d'amitié. Robinson avait été un vrai pote lorsque, plus tôt dans l'année, la petite amie de Hurley l'avait quitté pour retourner sur le continent. La veille, Robinson avait escorté un prisonnier à Townsville, et c'est de là-bas qu'il prit l'appel.

Après leur conversation, Robinson appela son supérieur, l'inspecteur-chef Joe Kitching du Bureau des enquêtes criminelles de Townsville. Kitching était aussi un ami de Hurley. Quand ce dernier était en poste à Burketown, dans le golfe de Carpentarie, il travaillait dans la ville « voisine » de Cloncurry, centre pastoral situé à huit heures de route. Ils se connaissaient « relativement bien », dirait Kitching au cours de l'enquête. « Si je le voyais dans la rue, bien sûr que j'allais lui dire bonjour et que je m'arrêtais pour bavarder. »

Robinson passa ensuite un coup de fil au supérieur de Kitching, l'inspecteur principal Warren Webber, coordinateur de la criminelle pour la région du Nord. Webber avait suivi un stage de deux jours en gestion des catastrophes avec Hurley et le tenait en haute estime. Il était convaincu que les relations entre la communauté et la police s'étaient améliorées sur Palm Island sous la conduite de Chris Hurley.

Le *Manuel de procédure* stipulait qu'en cas d'« accidents liés à la garde à vue », le coordinateur régional (en l'occurrence Webber) « doit nommer un enquêteur issu d'un commissariat différent de celui où l'incident s'est produit, ou de celui où les policiers ou autres personnels directement impliqués sont en poste ». Webber décida que, bien que située à seulement quinze minutes d'avion, Townsville était suffisamment éloignée de Palm Island pour répondre à cette obligation, et nomma Kitching et Robinson comme enquêteurs. Certes, Robinson travaillait sur l'île depuis deux ans, mais il serait enquêteur adjoint. Quant à Webber, il n'avait jamais mis le pied là-bas.

Les coups de téléphone passés, on frappa à la porte du poste de police. Hurley alla ouvrir et découvrit Tracy Twaddle accompagnée de la sœur de Cameron, Carol, et d'un jeune enfant. Dans sa déclaration à la police, Tracy indiqua qu'elle avait entendu Cameron hurler à l'arrière du fourgon qui passait devant leur maison, et qu'elle lui avait apporté son déjeuner. Mais sur le moment, « Chris Hurley faisait une drôle de tête ; il ne savait pas comment me regarder. J'ai pensé qu'il y avait quelque chose qui clochait. » Elle demanda quand Cameron serait relâché.

« Vous étiez avec lui ?

— Oui, je vis avec lui, je suis sa concubine.

— Vous étiez avec lui ce matin ?

— Non, il est parti quand je dormais.

— Vous avez bu quelque chose la veille ?

— On a descendu un pack et demi de bières.

— Revenez à trois heures et je vous en dirai plus. »

Hurley prétendit ne pas se rappeler avoir jamais vu le défunt auparavant. Dans les registres informatiques, il découvrit que Cameron Doomadgee avait été arrêté deux ou trois fois pour ivresse et troubles sur la voie publique à Townsville. Et aussi qu'ils avaient le même âge, trente-six ans. L'enfant devant la porte aurait pu être celui de l'homme étendu sur le sol de la cellule, se dit-il.

Hurley rapporta plus tard qu'il avait eu envie de vomir. Tout ça n'était pas censé lui arriver. Jusqu'à 11 h 22, c'était un homme qui avait un plan de carrière bien ficelé, solide, un type qui avait bossé dur dans un tas de coins que d'autres flics considéraient comme des endroits de merde ; résultat, les insignes sur son uniforme avaient continûment indiqué ses promotions. Un nouveau chevron brodé, puis encore un, jusqu'à la couronne brodée et cerclée de lauriers qui le faisait brigadier-chef. Il était ambitieux, il voulait monter au plus haut échelon de la police, et dans chacun de ses postes il n'avait pas seulement gagné un chevron mais le respect de bien des gens, y compris de beaucoup de *blackfellas*. Cela ne faisait pas partie de son plan d'être sur le seuil de la porte en train de mentir – si on peut dire qu'il s'agissait d'un mensonge – à la femme d'un *blackfella* ayant trouvé la mort.

Hurley ne connaissait toujours pas la cause du décès de Cameron Doomadgee. Mais avec les autres policiers de Palm Island, il eut plus de trois heures pour comparer leurs notes sur cet EVREG avant que les enquêteurs n'arrivent. Hurley, Leafe et Bengaroo restèrent à « lancer des hypothèses » sur ce qui avait bien pu se produire. Peut-être étaient-ils trop bouleversés pour se rendre compte que cela contrevenait à la directive très claire du *Manuel de procédure* selon laquelle « les membres directement impliqués dans l'incident ne doivent pas discuter de l'incident entre eux avant d'être entendus ».

Les enquêteurs devant entendre Hurley arrivaient de Townsville par le vol de 14 h 30. Quinze minutes plus tard, le brigadier-chef attendait sur la piste pour les emmener. Le *Manuel de procédure* stipule qu'il faut enquêter sur un décès en garde à vue comme s'il s'agissait d'un homicide potentiel, mais l'inspecteur Webber, inspecteur principal, déclara à l'instruction qu'il ne considérait pas le cas de Cameron Doomadgee comme une véritable enquête sur homicide mais plutôt comme un « homicide potentiel », et plus encore une « enquête de type homicide, si vous voulez ». Il n'avait pas de véritables suspects, mais les « personnes suspectées étaient de toute évidence l'ensemble des gens présents au commissariat à ce moment-là ».

La cinquantaine, l'inspecteur Webber était petit, il avait le cheveu rare et grisonnant, des lunettes au bout du nez et une façon de plisser les yeux qui se muait facilement en froncement de sourcils. Il n'enregistra aucune des conversations qu'il eut avec Hurley ce jour-là. « Je ne suis pas entré dans les détails, déclara-t-il. On ne s'est pas du tout lancés dans une grande conversation. C'était simplement du genre "Bon alors, qu'est-ce qu'il s'est passé ?" et un échange de deux minutes pour sécuriser la scène, mettre l'équipe des légistes dans la cellule. » Un technicien de l'identité judiciaire prit des photos du poste de police et de Cameron gisant mort dans la cellule. Le corps serait transporté à l'hôpital ce soir-là avant d'être expédié par avion sur le continent pour autopsie.

C'est l'inspecteur Webber qui se rendit à Dormitory Lane, jusqu'à la maison bleu vif de la mère de Cameron, pour annoncer à Doris Doomadgee que son fils était mort. Le *Manuel de procédure* exige que la police informe les parents du défunt sur-le-champ, mais recommande qu'il soit fait appel à un ancien de la communauté aborigène pour s'en charger. Bien que Webber ait compris que Hurley ne s'était pas conformé à cette exigence, il déclara à l'instruction qu'il avait pensé « approprié qu'un officier supérieur assure à la mère du défunt qu'une enquête approfondie dans les règles de l'art serait menée sur ce décès ». Il avait aussi eu le sentiment qu'il n'était pas approprié que la famille soit informée par « une des personnes suspectées ». Toutefois, cela ne l'empêcha pas d'emmener avec lui le brigadier Michael Leafe, qui, plus tôt dans la matinée, avait tenté de réveiller Cameron d'un coup de pied.

Carol, la sœur de Cameron, se rappela la visite du policier : « L'inspecteur avait un carnet rouge avec lui, et il nous l'a lu en nous disant qu'on avait perdu Cameron. » Doris Doomadgee était en fauteuil roulant. Elle était émaciée, en train de mourir d'un cancer. Elle demanda à Webber d'avertir sa famille vivant à Doomadgee, petite ville de la région du golfe. Deux semaines plus tard, elle était morte elle aussi.

Webber alla ensuite informer Tracy. Elle attendait chez elle, « [se] demandant ce qui s'était passé, [pourquoi] est-ce que je dois attendre jusqu'à trois heures, attendre Cameron. Et de leur parler... Ils m'ont dit que Cameron avait été trouvé par terre dans la cellule une heure après son arrestation ; ils l'ont trouvé mort. »

Elizabeth Doomadgee ne savait même pas que son frère avait été arrêté. Elle faisait du jardinage quand un Aborigène travaillant à l'hôpital arriva pour lui apprendre la nouvelle. Elle se sentit oppressée et fut incapable de parler. Elle attendait Cameron avec un paquet de cigarettes qu'il lui avait demandé.

Plus tard ce même soir, Elizabeth et Jane allèrent identifier le corps de leur frère. Il portait sa chemise préférée. Elle était déchirée ; lui, il avait un œil au beurre noir. « Il n'était pas en paix, rapporta plus tard Elizabeth. Cameron avait les yeux à moitié ouverts et j'ai regardé dans ses yeux et j'ai vu la bagarre. »

Lloyd Bengaroo, à la fin de sa journée de travail, rentra à la maison qu'il partageait avec sa sœur. Agnes Wotton, la voisine d'en face, était en visite. Elle trouva bizarre que Bengaroo ne dise pas bonjour. Il alla directement dans sa chambre, ferma la porte et resta cloîtré.

Tandis que la famille de Cameron apprenait sa mort, Chris Hurley se faisait interroger par ses deux amis Robinson et Kitching.

Darren Robinson était un fana de fitness. Les habitants voyaient souvent le policier aux lèvres minces, au visage espiègle et au menton retroussé faire du jogging ou du VTT tout autour de l'île. Même s'il avait « mené des petites enquêtes... en fait pratiquement aucune » avant d'arriver à Palm Island, il rassemblait des preuves contre les personnes de l'île soupçonnées de pédophilie. Il avait acheté des tours de magie sur ses propres deniers pour l'aider à interroger les gosses victimes d'agressions sexuelles. Kitching, supérieur en grade à Robinson, était un rouquin à la calvitie naissante, aux sourcils et à la moustache orange, et marqué de ce hâle éclatant, surnaturel, qui finit avec le temps par caractériser les peaux très pâles. Il portait une bague en onyx surmontée d'un crucifix en or.

L'entretien enregistré débute à 16 h 04 et s'achève à 16 h 36. Durant ce temps, les inspecteurs se concentrent presque exclusivement sur Cameron en train de donner un coup de poing à Hurley. Un cadavre gît à proximité, un corps mort avec un œil tuméfié, mais les policiers ne demandent pas à Hurley si, quand Cameron l'a frappé, le brigadier-chef a répliqué. Selon les règles traditionnelles en vigueur, frapper un flic était considéré comme une provocation suffisante pour donner une bonne leçon au contrevenant.

« J'ai remarqué qu'il avait un petit peu de sang qui, heu, qui provenait d'une minuscule, heu, blessure au-dessus de son œil droit, déclare Hurley.

— Comment a-t-il reçu cette blessure ? demande Kitching.

— Je ne sais pas. »

Aucun des deux policiers ne lui demande d'émettre une hypothèse. À la place, Robinson se demande si Hurley n'a pas lui-même reçu des blessures.

« Juste une petite éraflure de rien du tout au bras, là ; sans doute suite au, heu… à la petite bagarre qu'on a eue. C'est tout ce que je vois. »

Alors Robinson, offrant peut-être une porte de sortie à son ami, lui demande : « Et vous n'êtes pas tombé sur lui ?

— Non, répond Hurley de la façon la plus catégorique qui soit, je suis tombé à côté de lui. »

Ce soir-là, Robinson, Kitching et Webber retrouvèrent Hurley chez lui, et Robinson prépara à dîner. Le brigadier Leafe les rejoignit plus tard et ils prirent tous place sur le balcon pour bavarder, boire des bières. Lors de l'instruction, Hurley déclara qu'il ne se rappelait pas sur quoi portaient les discussions. Il était trop bouleversé. De toute façon, Robinson et Webber, ajouta-t-il, ne lui adressaient presque pas la parole. « Je n'étais pas traité en ami… j'étais traité comme un lépreux. »

À l'instruction, on demanda à Robinson : « Avez-vous fait un effort pour le consoler, ou lui apporter un soutien à défaut de le consoler, par des propos tels que : *Ne t'en fais pas* ?

— Ah non, réagit Robinson.

— Ou bien : *Tu n'y es pour rien* ?

— Non.

— C'est un ami proche, n'est-ce pas ?

— C'est un ami, mais je ne suis pas ici pour le congratuler de ce qui s'est passé.

— Mais si un de vos amis est complètement bouleversé, en règle générale vous faites ce que vous pouvez pour soulager sa détresse, non ?

— Ah, pas dans cette situation, non. »

Ce n'était pas la première fois que Webber avait chargé Robinson d'enquêter sur Hurley. (En fait,

Webber avait un jour chargé Robinson d'examiner une plainte contre son propre comportement, d'enquêter sur lui-même.) Robinson avait lavé Hurley de tout méfait en au moins une occasion… et il savait que son ami pouvait être prompt à se servir de ses poings. Robinson avait vu Hurley frapper un autre résidant de Palm Island, un schizophrène ivre qui avait fait irruption au poste un soir et commencé à invectiver le brigadier-chef et cinq autres policiers assis là en train de discuter. Hurley avait déclaré avoir donné un coup de poing quand il s'était dit que l'homme allait lui donner un coup de boule. Le direct avait envoyé l'ivrogne au tapis.

Le samedi matin à huit heures, le lendemain de la mort de Cameron, Darren Robinson se rendit à Dee Street et dénicha Roy Bramwell. Aucun des policiers, y compris Hurley, ne savait si Bramwell avait été réellement témoin de quoi que ce soit. Robinson et Kitching l'interrogèrent au poste. Bramwell déclara qu'il avait vu une agression. Son champ de vision était partiellement coupé par un meuble classeur, mais Hurley était grand et avait de longs bras : « Je voyais le coude qu'allait en bas, en haut et puis en bas, comme ça… "Vous en voulez encore, monsieur, monsieur Doomadgee ? Vous en voulez encore, hein ?" » Roy raconta qu'il avait regardé les pieds de Doomadgee qui se tortillaient tandis que le coude de Hurley allait et venait. Interrogé sur son absence de réaction, il dit aux deux policiers : « Si je m'étais levé pour voir où ce que pleuvaient les coups il m'aurait frappé, il m'aurait foutu dans la putain de cellule. »

Presque deux ans plus tard, le 6 octobre 2006, alors que Roy Bramwell était en prison pour son agression sur Gladys Nugent et ses sœurs, il fit appel à un représentant de l'assistance judiciaire. Son neveu Patrick Nugent venait de se faire arrêter une nouvelle fois et il avait peur pour lui. Roy déclara sous serment :

> Le 20 novembre 2004… j'ai eu la visite de quatre démons [officiers de police] qui ont obtenu de moi une déclaration à propos de ce que j'avais vu… Un des quatre inspecteurs présents était Darren Robinson et après avoir signé ma déposition il m'a menacé si jamais il arrivait quelque chose à son copain Chris Hurley, il viendrait me trouver. J'ai parlé de cette menace à personne jusqu'à aujourd'hui parce que aujourd'hui j'ai peur pour ma sécurité et aussi pour ma famille.

En 1987, après que les médias eurent ébruité des allégations de corruption au sommet de la police du Queensland, une enquête judiciaire avait été ouverte, sous la houlette de Tony Fitzgerald, avocat de la Couronne. Ce dernier avait révélé au grand jour les liens illégaux de la police à la prostitution, au jeu, aux pots-de-vin, dévoilant une institution « affaiblie par les abus, l'inefficacité, l'incompétence, et l'incurie de ses chefs ». Endémique, la corruption remontait jusqu'au Premier ministre d'extrême droite depuis longtemps en fonction, Sir Joh Bjelke-Petersen, et à son fidèle vassal, le préfet de police Sir Terence Lewis. En septembre 1987, Sir Terence fut contraint de démissionner, avant d'être condamné à dix ans de prison pour corruption. Chris Hurley prêta serment pour entrer dans la police le mois suivant. Un mois plus tard, en novembre 1987, après dix-neuf ans aux commandes de l'État, Sir Joh passait ses derniers instants en fonction à déchiqueter des documents compromettants.

L'enquête Fitzgerald identifia au sein des forces de l'ordre l'omniprésence d'un « code » non écrit, qui stipulait que les policiers « n'appliquent pas la loi contre d'autres policiers, qu'ils s'abstiennent de coopérer à toute tentative en ce sens, et peut-être même qu'ils fassent obstacle à ces tentatives ». La police avait justifié ce code en prétendant que ses membres « avaient besoin de pouvoir se faire confiance ». Fitzgerald concluait que cela « plaçait de facto les officiers de police au-dessus des lois ».

Ce même samedi matin où Robinson et Kitching interrogèrent Roy Bramwell, l'inspecteur Mark Williams arriva sur Palm Island. Williams était du Service de la réglementation déontologique[1], autorité compétente pour conclure à la mort en garde à vue. À 10 h 52, l'inspecteur Webber et lui eurent une entrevue enregistrée sur vidéo avec Bramwell, où ce dernier répéta ses dires : il avait vu le coude de Hurley monter et descendre trois fois.

À quelques pas de là, Hurley était assis dans son bureau derrière la porte close.

Une fois l'entrevue terminée, Webber, Williams et Hurley se rendirent à Dee Street pour inspecter le lieu de l'arrestation. Les conversations entre les deux enquêteurs et Hurley juste après l'entrevue avec Bramwell ne furent pas enregistrées. À l'instruction, Webber nia avoir parlé à Hurley des allégations de

1. En Australie, la police est dotée d'un service spécifique garantissant le respect des règles éthiques et déontologiques de la pratique policière.

Bramwell : « Je n'ai absolument rien dit, et absolument aucun policier n'a rien dit en ma présence. » Mais Webber ne pouvait dire où s'était trouvé Hurley – au poste de police ou alentour – après 8 h 15, au moment où Roy faisait pour la première fois sa déclaration, ni à quels policiers il avait parlé.

De retour au poste une fois de plus, Hurley eut droit à son interrogatoire filmé avec Webber et Williams, enregistré à 11 h 53. On voit Hurley debout, bras ballants et dos voûté. Il est tendu. Il ne parvient pas à empêcher ses mains de bouger ; il serre les poings, agite les doigts, les plie sans arrêt. Ses grands bras paraissent avoir beaucoup de puissance. Il connaît les techniques de la boxe et fait la démonstration de quatre coups de poing différents en l'espace de quelques secondes, pour expliquer comment Cameron l'a frappé. Cela le détend. Hurley s'exprime bien quand il utilise sa force physique. Il se lance dans la description de leur « baga… » avant de se reprendre et d'appeler cela une « dispute » : « J'ai compris qu'il allait y avoir une dispute s'il se mettait à vouloir frapper un flic », raconte-t-il aux inspecteurs sur un ton qui semble s'attendre à ce qu'on l'approuve.

L'inspecteur Webber joue le rôle de Cameron tandis que Hurley rejoue sa version des faits : il avait reçu un coup, avait-il raconté ; ils s'étaient disputés en allant vers l'entrée, avaient trébuché et étaient tombés l'un à côté de l'autre dans l'encadrement de la porte. Mais à présent, il ajoute un élément nouveau.

La vidéo le montre debout près du meuble classeur, comme Roy Bramwell l'avait indiqué. Mais là où Bramwell décrivait le geste de donner des coups, Hurley fait le geste de « relever » quelqu'un. Il se penche jusqu'au sol et plie les coudes en montant et en descendant. Quand il se redresse, sa tête touche presque le plafond. Il explique aux inspecteurs qu'il essayait de soulever Doomadgee par la chemise. Au lieu de dire : « Vous en voulez encore, monsieur Doomadgee ? Vous en voulez encore ? » comme l'avait soutenu Bramwell, il insistait pour que Doomadgee se redresse : « Debout, monsieur Doomadgee ! Debout ! »

Cet entretien frappe par son atmosphère bon enfant. Webber parle à Hurley en lui disant « mon gars » ou « mon pote » ; Hurley l'appelle « chef ». Quand il illustre le geste de relever Cameron par son col de chemise, Hurley s'esclaffe avec les deux enquêteurs : ils blaguent en disant de ne pas déchirer la chemise de l'inspecteur Webber comme Hurley l'avait fait avec la chemise hawaïenne délavée de Cameron. Aucun des deux inspecteurs ne demande à Hurley pour quelle raison Doomadgee avait été placé en garde à vue à l'origine. Ils ne demandent pas pourquoi il avait contesté son arrestation. Ils ne demandent pas si Hurley a frappé Cameron en réaction. Ils ne demandent pas comment le défunt s'est retrouvé avec une contusion à l'œil.

Après la reconstitution, les inspecteurs Webber et Williams s'assirent pour visionner la cassette de vidéosurveillance de la cellule. « Le brigadier-chef Hurley a dû la mettre en marche pour nous, en fait », déclara Webber à l'instruction. Ils ne savaient plus si Hurley l'avait regardée avec eux, tout comme Robinson et Kitching ne savaient plus s'il l'avait regardée avec eux la veille.

Le lendemain matin, 21 novembre, deux jours après la mort de Cameron, l'inspecteur-chef Kitching retrouva la trace de Penny Sibley, la femme aborigène qui se tenait devant le poste de police au moment de la bagarre entre Cameron et Hurley. Elle avait quitté Palm Island et se trouvait dans la ville sucrière d'Ingham, à une heure de voiture de Townsville. Elle n'avait pas entendu la nouvelle de la mort de Cameron : « J'ai eu la trouille de ma vie. » Penny, qui connaissait Cameron depuis toujours, le décrivit en termes traditionnels comme étant son neveu. Elle rapporta à Kitching qu'elle l'avait vu frapper Hurley au visage, et qu'ensuite Hurley s'était « énervé » et avait balancé un coup de poing à Cameron. Elle ajouta qu'en voyant cela, elle s'était mise à pleurer. Kitching lui demanda si elle était sous traitement. Penny reconnut qu'elle prenait « un max de médocs » pour « le cœur, la tension, le sucre, ouais, le diabète ». La fille de Penny se demandait si sa mère devait dire du mal de Hurley : « Tous ces trucs que maman elle fait, demanda-t-elle à Kitching, est-ce que ça peut la mettre en danger ? »

Pendant ce temps-là, Darren Robinson avait entendu dire que Cameron avait bu de l'eau de Javel, et il faisait des recherches pour déterminer d'éventuelles autres causes du décès. Le lundi 22 novembre au matin, Kitching suggéra l'idée de passer à l'hôpital pour se procurer le dossier médical du défunt. Voici ce que trouva Robinson : Doomadgee avait été admis en 1991 pour une hépatite ; en 1993 pour un traumatisme crânien ; en 1994 pour une crise d'épilepsie liée à l'alcool et pour un traumatisme rénal ; en 1999 pour de multiples coups de couteau à la poitrine et au ventre. En 2000, on l'avait admis pour des coups de couteau à la cuisse droite et un bras cassé ; en 2003, c'étaient des déchirures à la main et à la lèvre suite à une bagarre ; et plus tard cette même année, il fut admis pour des côtes fracturées. Ainsi allait la vie d'un jeune homme à Palm Island. À compter de la visite de Robinson à l'hôpital, la rumeur (populaire au sein de la police) se propagea selon laquelle Doomadgee avait été victime d'un accident de voiture juste avant que Hurley ne l'arrête.

Kitching, l'homme à la bague d'onyx ornée d'un crucifix, signa le rapport de police sur Cameron Doomadgee et l'expédia au légiste. Il n'y fit pas figurer l'allégation de Roy Bramwell au sujet de coups et blessures : la cause de la mort était une chute.

Mais dès le lundi après-midi, la version de Bramwell selon laquelle il avait vu et entendu Hurley tabasser Doomadgee avait fait le tour de l'île. Le maire, Erykah Kyle, avait lancé un appel à tous les témoins éventuels pour qu'ils viennent s'exprimer par le biais d'une sono qu'elle avait fait installer sur la place de la ville. Une centaine d'habitants écoutèrent Roy Bramwell, devenu une sorte de héros à présent, raconter son histoire : Cameron était étendu sur le dos ; Hurley le maintenait à l'aide de son genou et le bourrait de coups. À la suite de cela, une foule en colère se rendit au commissariat pour exiger de savoir ce qui se passait dans le cadre de l'enquête. À leur surprise, ce fut Chris Hurley qui sortit.

Du haut de ses deux mètres, Hurley se tenait face à la foule. Il leur déclara qu'il n'avait rien fait de mal. Rien… et depuis qu'il était sur l'île, l'endroit était plus sûr. Il avait l'air en colère, blessé qu'ils viennent l'interroger. Certains se mirent à lancer des injures, et d'autres policiers vinrent voir si Hurley avait des problèmes. Selon un agent, quelqu'un menaça « de le traîner hors du poste et de le tabasser à mort comme il avait censément fait au délinquant Doomadgee ».

Un groupe de femmes plus âgées, dont Erykah Kyle, se précipitèrent pour s'interposer entre la foule et la police.

L'une d'elles, Rosina Norman, raconta qu'elle ne pouvait pas regarder Hurley. Ça la faisait pleurer. « Arrête ça ! lui avait intimé sa sœur, il pourrait deviner à quoi tu penses.

— Il lui a fait quelque chose », répliqua Rosina.

Bien que ce soit elle qui ait rassemblé la foule, Erykah me raconta qu'elle les « implorait presque » de partir : « Ce n'est pas ici qu'on trouvera des réponses. On n'arrivera à rien. »

Une fois les manifestants dispersés, Hurley rentra à pied depuis le poste de police, traversant la poussière de Police Lane jusque chez lui, une maison tout en hauteur recouverte de planches de bois blanc à la façade ornée de treillis blancs, entourée de palmiers et garnie de protections en bois aux fenêtres. De la vigne vierge aux couleurs sombres envahissait la barrière anticyclone. Il déverrouilla le portail, traversa sa pelouse bien entretenue et monta l'escalier latéral. Il avait pourvu son logis de tout le confort, se mettant à l'abri des soucis du boulot. Entreprit-il de faire ses valises, sachant qu'il partirait pour ne plus jamais revenir ? Commença-t-il par l'essentiel, avant d'ajouter les choses qu'il ne voulait pas perdre ?

En quelques heures, Hurley fut à l'aéroport avec deux gros sacs de vêtements et d'effets personnels. Il fut rejoint par Lloyd Bengaroo, qui avait commencé à recevoir des menaces de mort. Les deux hommes embarquèrent à bord d'un avion et quittèrent l'île.

L'inspecteur-chef Kitching fit le voyage jusqu'à Cairns le mardi 23 novembre, et assista à l'autopsie de Doomadgee, qui eut lieu cet après-midi-là. Lorsque, avec le médecin légiste, le Dr Guy Lampe, il discuta des signes matériels, Kitching s'abstint une fois encore de mentionner les allégations selon lesquelles Cameron avait subi des coups et blessures.

Un médecin impliqué dans l'affaire me confia qu'à cause de la contusion oculaire de Cameron, la première enquête de la police tout comme l'autopsie étaient parties de l'hypothèse suivant laquelle la cause du décès était une blessure à la tête. En fait, l'autopsie révéla quatre côtes cassées, une rupture de la veine porte, et un foie presque entièrement fendu en deux. Le sang s'était rapidement épanché dans la cavité abdominale de Doomadgee, restreignant l'approvisionnement de ses organes vitaux. Ses lésions internes étaient si sévères que même avec une prise en charge médicale immédiate il n'aurait pas survécu. Sur le certificat d'autopsie, le Dr Lampe indiqua que Cameron était décédé d'une hémorragie intra-abdominale provoquée par une rupture du foie et de la veine porte. Sous la rubrique « Causes », il écrivit « Chute ».

Le lendemain matin, le Dr Lampe appela l'inspecteur-chef Kitching au téléphone et lui indiqua que ses supérieurs ne voulaient pas qu'il écrive « Chute » sur le certificat de peur qu'on ne « considère qu'il s'agissait d'aider la police à étouffer l'affaire ». Il devrait refaire le certificat. Plus tard ce même jour, le 24 novembre, la Commission des crimes et fautes disciplinaires (CCFD), organisme gouvernemental du Queensland créé à la suite de l'enquête Fitzgerald et surnommé « la flicaille » parmi les policiers soumis à ses enquêtes, retira l'affaire aux acolytes de Hurley.

Le 30 novembre, une seconde autopsie fut pratiquée par le Dr David Ranson, un médecin légiste britannique installé à Melbourne. C'est le coroner de l'État du Queensland qui avait fait appel à lui, désireux qu'une personne extérieure à l'affaire donne un deuxième avis. Ranson s'accorda avec Lampe pour attribuer la mort de Cameron Doomadgee à un épanchement de sang dû à des lésions internes. Mais il découvrit aussi d'autres ecchymoses sur l'œil droit et la paupière droite de Cameron, sur le front, l'arrière de la tête, la partie supérieure du dos, le long de la mâchoire droite ainsi que sur les deux mains.

Malheureusement, comme me le confia un membre de la CCFD, à ce point de l'enquête la police avait déjà « tout bousillé ». Au cours des cinq jours durant lesquels ils avaient contrôlé l'enquête, la vérité avait commencé à s'évaporer. Lorsque la CCFD interrogea Lloyd Bengaroo, il avait de toute évidence décidé de garder le silence.

Commission des crimes et fautes disciplinaires : Le brigadier-chef Hurley a-t-il frappé Mr. Doomadgee lorsqu'il était étendu au sol ?

Bengaroo : Je m'en souviens pas non plus.

La famille

Elizabeth Doomadgee nous invita à dîner, les deux avocats et moi. Elle recouvrit la table d'une nappe en batik pourpre et posa dessus un grand paquet de biscuits format économique et deux coupes de fruits. Sa maison était méticuleusement propre et bien rangée, dépourvue d'autres meubles, excepté des matelas et des rayonnages pleins d'histoires tirées de la Bible et de photos de famille. Dans un cadre, une Elizabeth encore jeune riait, un hibiscus dans les cheveux : une beauté. Elle avait trois filles – la benjamine, Sylvia, étant âgée de dix ans –, mais six autres bambins, certains portant encore des couches, se glissèrent jusqu'à nous pour avoir des biscuits ; ils grimpèrent sur nos genoux comme si nous étions de vieilles connaissances, se chamaillant pour qu'on les porte, leur fasse des câlins et leur prête attention. Les Aborigènes appelaient leurs aînés tante ou oncle en signe de respect, mais moi c'était mademoiselle, comme les institutrices de l'école. Les enfants venus manger des biscuits étaient les petites-nièces d'Elizabeth – qui avait élevé certaines d'entre elles – et des gamins du voisinage qui s'étaient invités, échappant à la rue et à la tiédeur de la nuit : elle avait pour principe de leur laisser toujours la porte ouverte. C'est en voyant les enfants de Palm Island qu'Andrew Boe avait décidé de se charger de l'affaire. À présent ces gosses se relayaient pour jouer avec lui.

Le coroner était venu faire un rapide tour de l'île le 8 février. Après une audience préliminaire à l'instruction tenue au gymnase, il avait déclaré que lorsqu'elle débuterait, le 28 février, les témoins de Palm Island feraient leur déposition sur l'île et ceux de la police à Townsville.

Une fois le dîner prêt, le reste de la famille alla regarder la télévision et Elizabeth apporta sur la table deux grands plats de sauté de chèvre sauvage avec du riz. La chèvre, je le compris plus tard, avait été chassée par Cameron. Elizabeth remercia le Seigneur pour la nourriture et pria pour ceux qui n'avaient pas autant à manger. Elle pria pour la guérison du pied de Sylvia, et pour tous les enfants à l'hôpital : « Que Dieu les guérisse de ses grandes mains. » Elle remercia Dieu de notre présence chez elle : « Toi seul sais ce qui est dans leur cœur. » Elle pria pour la bouche des avocats, afin qu'à l'instruction elle parle avec assurance, et pour mes oreilles, afin qu'aucun détail important ne m'échappe.

Elizabeth posa trois assiettes sur la nappe en batik, et on nous fit don de la générosité du défunt. En vérité, ce repas était en l'honneur d'Andrew Boe. Pour les Doomadgee, comme pour de nombreuses familles indigènes, être pris dans l'engrenage de la loi c'était être entraîné dans un labyrinthe impénétrable, plein de murs et sans aucune porte de sortie. Boe pouvait le leur faire traverser. Il pouvait découvrir exactement ce qui était arrivé à Cameron. J'étais accueillie chaleureusement, comme si j'étais son disciple. Et plus tard, j'ai repensé à ce repas en me disant que c'est à ce moment-là que moi aussi j'avais été happée, que je m'étais lancée dans une quête.

Après que nous eûmes dit non à une deuxième assiette, le reste de la famille mangea à la cuisine. Parmi eux se trouvait Eric, le fils unique de Cameron, seize ans, calme et poli, qui portait un T-shirt d'une équipe américaine de basket. Cameron emmenait souvent son fils faire de la plongée, pêcher ou chasser l'opossum, la chèvre et l'échidné, avec chiens et lances. Eric habitait, quelques maisons plus loin avec sa tante Valmae, la vieille demeure de sa grand-mère. Vingt-deux autres membres de la famille vivaient aussi là-bas. Certains avaient des problèmes d'alcool. Si Valmae était en difficulté, elle appelait Jane et Elizabeth.

« On y va et on les fait marcher au pas, me raconta Jane.

— Comment vous faites ? » lui demandai-je en riant. L'une comme l'autre, elles étaient toutes frêles.

« On leur donne des coups de poing, ou alors des coups de bâton. »

Valmae me confia qu'elle se faisait du souci pour son neveu. « Lui il est perdu, si vous voulez mon avis. Il est assis à côté de vous et on dirait que son esprit il est à des milliers de kilomètres. Ça se voit sur sa figure maintenant. » Elle avait quant à elle essayé de l'intéresser à la boxe en lui faisant prendre des cours chez un ex-boxeur qui habitait l'île. « Ça lui occupe la tête », disait-elle, ajoutant que sinon « il disparaît petit à petit, c'est tout ».

Valmae me montra une photo de Cameron et elle vers dix-huit ou vingt ans, deux jeunes remarquables, rayonnants. Aujourd'hui, trente ans et cinq enfants, elle avait de longs cheveux bouclés qu'elle aimait bien teindre en roux, un penchant qu'elle attribuait à la présence d'un Écossais parmi ses ancêtres. Jeune femme très douce et sensible, elle était facilement blessée et accablée par le deuil, pas seulement celui de son frère. Peu de temps après la mort de celui-ci, Doris Doomadgee était décédée. Les mères, m'avait expliqué Elizabeth, cherchent toujours à protéger leur fils ; celle de Cameron le suivait dans l'au-delà pour prendre soin de lui.

Toute la fratrie n'était pas du même père. Celui des aînés s'appelait Arthur Doomadgee, de la tribu des Ganggalida près du golfe de Carpentarie. Il avait été banni de la mission de Doomadgee à Palm Island au milieu des années 1950, après avoir fait sauter toutes les dents de la bouche d'un missionnaire qui avait fouetté son oncle presque à mort. On lui avait passé les fers aux pieds pour l'expédier sur l'île avec sa jeune femme, Doris, membre de la tribu des Waanyi originaire des environs de Nicholson River dans le golfe. À Palm Island, Arthur était devenu alcoolique. Doris avait conçu ses deux derniers enfants, Cameron et Valmae, hors mariage. Leur père s'appelait Francis Anderson et il avait grandi à l'internat de Palm Island. Les deux enfants avaient vécu à Townsville avec lui jusqu'à sa mort. Âgés de six et cinq ans, ils étaient venus habiter chez leur mère et leur beau-père qui leur avait donné son nom.

Tous les enfants Doomadgee avaient grandi en écoutant les histoires du Temps du Rêve que racontait Doris. Le Rêve, ou *Wanggala* pour les Waanyi, c'est pour les Aborigènes l'équivalent de la Genèse : une saga de la création riche de strates philosophiques complexes, expliquant comment furent créés les trous d'eau et les rivières, le soleil, la lune et les étoiles. Selon le grand anthropologue australien W. E. H. Stanner : « Il est impossible de "situer" le Rêve *dans* le temps : il fut et demeure en tous temps. » C'était et c'est encore « une époque de héros », lorsque voyageaient les Esprits ancestraux sous forme d'animaux et de plantes, s'arrêtant pour combattre, faire l'amour, enfanter… et laisser les preuves matérielles de leurs aventures dans le paysage. Les enfants de Doris entendaient les contes du Rêve et se récriaient : « Oh, allez ! Tu as lu ça dans des livres de la bibliothèque ! » Mais Doris avait appris cela dans les histoires qu'on lui avait racontées enfant.

La nuit, les jeunes Doomadgee écoutaient tandis que leur mère restait assise toute seule, s'adressant en waanyi à son père mort, Jack Diamond, qui croyait-elle revenait sous la forme d'un corbeau si quelque chose n'allait pas. Elle croyait qu'il continuait à lui envoyer des signes.

Avant sa mort, Arthur Doomadgee était rentré dans son territoire natal de Doomadgee pour aller voir sa mère, Lizzy Daylight. Doris et les enfants l'accompagnaient. Lizzy Daylight, dont le nom traditionnel était Yella Gundgimara, est restée dans les souvenirs de l'anthropologue contemporain David Trigger comme « la grande dame » des Ganggalida.

Trigger m'écrivit :

> Lizzy Daylight était connue pour être en relation avec les forces spirituelles liées au Rêve du [Serpent] Arc-en-ciel, et par conséquent avec des phénomènes comme les tempêtes, les cyclones, la foudre, etc. Elle [savait chanter] des chants réputés posséder le pouvoir de déchaîner

ou d'apaiser Arc-en-ciel et donc aussi les phénomènes physiques liés à ce Rêve-là. Et quand elle mourut, les gens racontèrent comment ils avaient vu des arcs-en-ciel à la fois au nord (le pays côtier de sa mère ganggalida) et à l'ouest (le pays waanyi de son père en amont de la rivière).

Dans de nombreuses régions d'Australie, le Serpent Arc-en-ciel, même si ses caractéristiques et ses pouvoirs varient, est considéré comme le plus puissant des Esprits ancestraux, symbole de fertilité qui règne sur les eaux et le climat. Les anciens de Doomadgee croyaient que Bujimala, le Serpent Arc-en-ciel, avait façonné le paysage, laissant des points d'eau comme marques de son passage. Sa voix était le tonnerre, la foudre sa langue ; les arbres sacrés étaient ses côtes ; une étoile filante, peut-être, l'œil du serpent, tandis que son corps se tordait dans l'obscurité. « Tu peux voir ombre debout, quand la pluie… jolie couleur », avait dit une vieille femme à un juge lors du procès de la Revendication territoriale de la Nicholson River en 1983. En d'autres termes, un arc-en-ciel était le corps du serpent dans la lumière. « Tu sais [qu'il y a] tous ces livres qui parlent des choses des Aborigènes, m'affirma Valmae, tout est vrai. On a jamais pu dépasser ça. C'est vrai de vrai. »

Sylvia, tout en mangeant son repas et en écoutant, me confiait un secret à présent : il existait une bonde sur Palm Island, et si un jour la guerre se déclarait, les anciens pourraient l'ouvrir et l'île disparaîtrait.

« Qu'arriverait-il à tous les gens ?

— Ils nageraient », me répondit-elle comme à une demeurée.

Je demandai à Sylvia ce qu'elle voulait faire quand elle serait grande. Elle voulait travailler aux cuisines du nouveau centre aéré du club de la police. Sa sœur de dix-sept ans, prénommée Doris comme sa grand-mère, voulait être médecin depuis qu'à douze ans on lui avait fait un pontage coronarien. Mais l'école de Palm Island n'allait que jusqu'à la seconde et elle n'avait pas réussi l'examen d'entrée à l'université. Une autre des nièces de Cameron voulait être mannequin ; sa mère me dit qu'il faudrait qu'elle lui fasse quitter l'île avant que… et elle leva son poing près de sa joue, pour signifier avant que la beauté de sa fille ne soit abîmée par les passages à tabac.

Jane, la quarantaine, déclara qu'elle voulait être pilote de chasse parce que lorsqu'elle jouait à des jeux vidéo dans une salle de Townsville, elle était si rapide que les gens s'attroupaient pour regarder. Sinon, elle serait cantinière, et sinon gardienne de sécurité. Mais pour l'instant elle n'avait pas de travail.

L'instruction était programmée pour commencer dans deux semaines et Chris Hurley comparaîtrait. Il avait été muté sur un poste en or à Surfers Paradise, dans la zone de Gold Coast, la contrepartie australienne de Miami. Il aurait pu être en train de goûter aux délices de ses fonctions entre soleil, plage et sexe au pays des fêtards et des retraités, mais selon un reportage du *Courier Mail* le brigadier-chef « souffrait » en attendant de pouvoir exposer sa version des événements survenus à Palm Island. « Il est tout simplement écœuré », rapportait une source. « Dans l'ensemble, il se sent abandonné par la communauté. Voilà un type qui a fait la majeure partie de sa carrière dans des communautés aborigènes à essayer d'aider les gens et il a le sentiment que là, ils se sont retournés contre lui. »

Andrew Boe demanda à Elizabeth si elle se sentait prête à aller sur le continent pour assister aux dépositions de la police.

« Je leur pardonnerai ce qu'ils ont fait, parce que Jésus a dit : *Aime ton ennemi.*

— Si vous dites cela, alors peu importe ce qui se passe, lui suggéra Boe.

— Peu importe, parce que c'est entre les mains de Dieu.

— Je n'ai pas cette patience-là, rétorqua-t-il.

— Le peuple aborigène, il n'a pas d'autre choix que la patience. Si je n'avais pas Dieu dans ma vie… » Elle s'interrompit.

Elizabeth avait autre chose que la chrétienté dans sa vie : elle avait la coutume aborigène. Chris Hurley avait été muté, mais le transfert de Lloyd Bengaroo lui avait été refusé et il était de retour sur l'île, aidant les flics blancs dans leurs arrestations. Elizabeth l'avait vu dans la rue et il n'avait pas pu la regarder en face. Si elle était quelqu'un de différent, me confia-t-elle, elle irait prendre des habits à lui sur sa corde à linge et en enverrait un à ses proches de l'autre côté de la frontière en face de Doomadgee, dans le Territoire du Nord. Ils s'en serviraient pour jeter un sort qui rendrait Bengaroo malade et le tuerait. Mais au lieu de cela, Elizabeth essayait de l'aimer et d'être patiente. Dans les rassemblements de prière, elle priait pour la justice. « Nous voulons la justice pour Cameron… c'est pour libérer son esprit. Nous voulons la vérité. Nous voulons entendre la vérité. »

Elizabeth était à la fois chrétienne et aborigène. Nouveau Testament et Ancien. Elle pouvait se permettre d'aimer son ennemi parce qu'elle croyait farouchement à la rétribution divine. « Je travaille pour Dieu, alors il faut qu'il travaille pour moi. » Elle avait suivi une formation de pompier volontaire. Un jour, debout devant un incendie, elle avait pensé : « C'est à ça que l'enfer doit ressembler. C'est ça que celui qui a tué Cameron ressentira. C'est là qu'il ira. Imagine un peu à quel point ce sera sec. On doit avoir envie de boire, boire, boire. »

Après le dîner, j'accompagnai les avocats jusqu'à la jetée. Il était onze heures ; la Voie lactée était toute proche, et il y avait des gens assis le long du môle qui se tenaient par la main, avec des lignes à appâts tendues au-dessus de l'eau. C'étaient surtout des femmes et des enfants, peut-être là pour échapper aux pochards. Il y avait un gosse allongé au milieu de la jetée, endormi sur une taie d'oreiller ; deux autres sommeillaient dans leur poussette. Je n'aurais pas cru qu'on pouvait attraper grand-chose à marée basse, mais les enfants se servaient d'une lampe torche pour éclairer l'eau sombre. S'ils trouvaient un poisson, ils le poursuivaient avec leur lumière tandis que leurs copains jetaient leurs lignes dans le secteur.

J'étais assise au bord et la brise marine m'apaisait, après la chaleur de la journée. L'eau léchait les pilotis de bois. Il n'y avait pas d'horizon : le ciel rejoignait la mer. Il était liquide lui aussi, ses étoiles comme une phosphorescence. Dans un article sur l'astrologie aborigène, j'avais lu ceci : « Comme les vitraux des cathédrales médiévales, [le ciel nocturne] offrit, de fait, un manuel illustré de morale et de culture durant les milliers d'années où le seul moyen de transmettre la sagesse accumulée de la tribu était la tradition orale. » On naviguait et on prédisait les changements de saison à l'aide des étoiles, mais celles-ci étaient également le sujet d'histoires religieuses. La Voie lactée était communément considérée comme un fleuve où les étoiles les plus brillantes étaient des poissons, les autres des bulbes de nénuphars, et les zones sombres des lagons. Certaines tribus pensaient que les morts vivaient dans ce monde céleste de munificence.

Dans toute l'Australie, à mesure que la colonisation s'étendit au long du dix-neuvième siècle et jusqu'au vingtième, les Aborigènes prirent les envahisseurs blancs pour les esprits de leurs proches parents revenus d'entre les morts. Dans le Queensland septentrional, écrivit W. E. Roth en 1903, de nombreux mots pour « personne blanche » pouvaient se traduire par « croquemitaine », « fantôme », « cadavre », ou même par « tombe ». Et ces noms, bien sûr, se chargèrent d'une terrible ironie. Les Aborigènes montrèrent à ces fantômes blancs où se trouvait l'eau. Les fantômes blancs amenèrent bœufs et moutons, ils occupèrent les terrains de chasse traditionnels et les sites sacrés. Ils prirent les femmes noires. Et dans le Queensland septentrional, comme en bien d'autres endroits, chaque acte de représailles de la part des Aborigènes était réprimé par une violence le dépassant de très loin. « Tuez à coups de fusil ceux que vous ne pouvez pas attraper et pendez ceux que vous avez faits prisonniers à l'arbre le plus proche en guise d'exemple pour les autres », exhortait le *Northern Territory Times* en 1875. Les Aborigènes de la région du golfe, d'où était originaire la famille de Cameron, appelaient cette période-là le Temps de la Fureur. Les survivants furent évacués vers des missions ; et cette période-ci fut appelée le Temps de la Mission.

Quand j'allais à l'école dans les années 1980, on n'apprenait rien de l'histoire des Aborigènes ; on ne connaissait pas le nom de la tribu qui avait habité Melbourne avant la colonisation, sans parler des religions ou de la cosmologie aborigènes. On se débrouillait pour grappiller les principes de base. On savait que la terre constituait le cœur de l'identité aborigène, qu'en fait les *blackfellas* se percevaient comme inséparables de cette terre. Pas de terre, cela signifiait pas de Rêve, et pas de Rêve pas d'identité, pas de signification. Le Temps de la Fureur ce fut, entre autres choses, un violent bouleversement religieux. Il signifia l'éclatement de ces vitraux dans le ciel nocturne.

Palm Island fut colonisée par des réfugiés du Temps de la Fureur ; ils vécurent coupés de la religion et de la culture de leurs terres traditionnelles, et le désespoir qui accompagna cet exil fut souvent fatal. Au tournant du vingtième siècle, W. E. Roth entendit des anciens dans une mission chanter une chanson : « Ce [pays] l'a fait mourir. L'endroit auquel il n'appartenait pas. C'est ça [qui l'a fait] mourir. »

Sur la jetée, une Aborigène maigre aux cheveux blancs se tenait assise avec trois de ses filles, dont l'une était une alcoolique invétérée, de cette espèce que les insulaires appellent les « flemmards ». La mère paraissait avoir plus de quatre-vingts ans, mais elle était sans doute plus proche de soixante. Boe vint se poser près d'elle et ils entamèrent la conversation. Elle lui dit qu'à son avis, les choses allaient mieux au temps des missionnaires. Palm Island, c'était parfait à l'époque. Tout le monde avait un travail, même si on ne les payait pas. Il y avait un jardin maraîcher, des parcs à bestiaux, un élevage de tortues, des chantiers navals. Toutes les maisons étaient impeccables, et grâce à des concours de jardinage tous les jardins étaient entretenus à la perfection. Il y avait des sapins de Noël pour les enfants. Des bals. Une équipe de foot. L'alcool était proscrit. Il y avait beaucoup moins de violence.

Comme la plupart des personnes âgées que j'ai rencontrées, cette femme, une métisse, avait été retirée à ses parents par la police, soustraite à l'« influence débilitante des miens », les Aborigènes traditionnels, et expédiée à l'internat de Palm Island. Cette île était une île d'enfants volés.

Dans toute l'Australie, on estime qu'entre un sur trois et un sur dix enfants aborigènes furent arrachés de force à leur famille durant la période 1910-1970 et déportés dans des missions lointaines, des orphelinats ou bien des familles d'accueil. Nombre d'entre eux furent séparés de leur frères et sœurs. On leur disait souvent que leurs parents étaient morts, et on leur donnait un nouveau nom. Une femme de Palm Island, Bethel Smallwood, me raconta que sa mère avait été hantée pendant toute sa vie par son incapacité à se rappeler à quoi ressemblait sa propre mère. Elle parvenait à se représenter son apparence générale, mais jamais à lui donner un visage.

Les enfants de l'internat étaient contraints de se lever à cinq heures du matin et d'aller à l'église trois fois le dimanche. Les missionnaires trouvaient plus simple de leur enseigner que Jésus les sauverait ; les adultes étaient ancrés dans leurs croyances traditionnelles. Les enfants surpris à parler une langue vernaculaire se faisaient laver la bouche avec du savon.

Les châtiments corporels étaient banals. Souvent la nourriture manquait.

« On te donnait une gamelle en fer-blanc et un gobelet, et si tu l'oubliais, il fallait attendre que les autres aient fini et aller faire les fonds de marmite pour récupérer ce que tu avais le courage de manger », me raconta Bethel Smallwood. Les filles portaient des robes en toile à sac et si elles n'étaient pas sages on les tondait. La police aborigène escortait les filles partout. Parmi elles, Amy Atkins, qui vit aujourd'hui à Brisbane. Elle m'a raconté que dans les années 1950, les fenêtres de l'internat étaient clouées pour empêcher les filles de s'enfuir. Quand elle pleurait pour rentrer à la maison, on l'enfermait en prison pour la nuit. On enseignait à ces filles les bases de la lecture, de l'écriture, du calcul et de l'économie domestique. À leur majorité elles étaient souvent envoyées sur le continent pour travailler comme servantes.

Dans les années 1940, la mère de Cameron avait été élevée à l'internat pour filles de Doomadgee ; son beau-père, Arthur, à celui des garçons. Le couple fut expédié à Palm Island quand ils eurent vingt ans, et comme la plupart on les autorisa à élever leurs propres enfants jusqu'à l'âge de cinq ans, puis les gamins devaient vivre dans les internats de l'île. Les trois sœurs aînées de Cameron Doomadgee, Henrietta, Carol et Victoria, furent retirées à Doris et, afin de pouvoir les voir plus de quelques heures par semaine, celle-ci prit un emploi à l'internat. Henrietta Doomadgee s'était fait un nid douillet dans les hautes herbes près de l'internat quand « un homme blanc », ne se rendant pas compte qu'elle était là, versa de l'essence et fit brûler les herbes. Elle mourut dans les bras de sa mère.

Cette nuit-là sur la jetée, nous rencontrâmes aussi trois jeunes garçons. Ils ne paraissaient guère plus de treize ans, mais déclarèrent en avoir seize. L'un d'eux, mégot de cigarette sur l'oreille, s'approcha d'Andrew Boe et lui demanda une clope. Boe fit non de la tête. Parmi ses six enfants, l'aîné, un Aborigène adopté, avait eu maille à partir avec la police. Il n'avait que quelques années de plus que ce gamin à la peau douce, curieux et vif, qui était maintenant assis à côté de Boe, désireux de parler.

Le gosse se vanta d'être un buveur de Jim Beam. Il se moqua d'un des deux autres, un gamin calme au visage joufflu, parce qu'il buvait de la pisse de chameau, de la bière XXXX[1]. Il se saisit du mégot derrière son oreille, tenta de l'allumer, et quand il y parvint enfin ils partagèrent tous les trois la minuscule tige. Je demandai au troisième où il voudrait partir, si on lui offrait un billet pour la destination de son choix. À Brisbane, me dit-il, parce qu'il avait entendu dire qu'il y avait un parc avec une piscine qui offrait à bouffer gratuitement une fois par semaine.

« Est-ce qu'il y a des flemmards à Brisbane ? demanda-t-il à Boe.

— Oui.

— Tu leur donnes du fric, des fois ?

— Parfois.

— Madame, vous aimez quoi comme chanson ? » demanda le garçon calme à Paula.

Elle réfléchit un moment.

1. Marque de bière très populaire en Australie.

Eux, ils aimaient le rap : Eminem, Usher, et Destiny's Child. Michael Jackson, c'était « Nez Pointu ».

Le leader se leva pour exécuter un numéro de danse. Le gamin qui voulait aller à Brisbane nous montra des coups de poing qu'il avait appris à la boxe. Le plus calme lança une série de cris d'oiseaux en se servant de ses mains. Ils étaient pleins de vie, pleins d'entrain.

Boe leur demanda pourquoi il y avait écrit GRAND HOMME sur le rocher près du terrain d'atterrissage. Ils ne savaient pas. Mais ils savaient qui était Grand Homme. Il faisait partie de leur éducation, mélange local du yéti et du croquemitaine. Grand Homme était dangereux, tandis qu'un autre esprit qui hantait l'île, l'Homme Poilu, était petit, laid, et malicieux. En toute candeur, le leader montra du doigt un lampadaire pour indiquer la taille de Grand Homme. « Ses pieds, ils sont grands comme ceux d'un géant. Tu vois ses yeux rouges quand ils ont éteint les lumières du terrain de foot. »

Quand je demandai à d'autres enfants de me parler de Grand Homme, ils me dirent : « Il sent mauvais. » « Il sent aussi mauvais qu'une poubelle. » « Une poubelle renversée. » Une adolescente du nom de Rae Rae Clumpoint m'affirma : « La nuit, quand on est autour du feu de camp, y a du vent qui souffle fort et tu sens la chèvre morte, tu le sens, c'est fort, ça pue et c'est le vent qui souffle, alors y a Grand Homme, c'est lui qu'est là derrière les arbres et c'est lui qui bouge avec le vent, c'est lui qu'est très vilain. » Elle me raconta qu'un jour, elle était à Townsville au sommet d'une colline. « On sent la chèvre morte, on sait que ce truc il était tout autour de nous. Si il t'attrape, c'est qu'il va te tabasser, mais pas te tuer. C'est tout ça qu'il te fait. »

Les ados de la jetée déclarèrent que Grand Homme vivait dans les collines mais qu'il descendait pour observer les gens pendant leur sommeil. Sans raison, il vous donnait une claque.

« Lui il est grand, grand, grand, tu sais », avait dit Roy Bramwell à propos de Hurley. Un autre témoin, une vieille femme, s'était souvenu : « Le grand homme il sort et il l'arrête. J'ai vu le grand homme le prendre par le bras… »

Quand nous reprîmes le chemin du motel, les gamins nous suivirent. Au bout de la route, des gardes surveillaient le nouveau poste de police. Les garçons avaient vu l'ancien partir en flammes lors de l'émeute.

« Vous faites quoi comme sport ? leur demanda Boe.

— On balance des cailloux sur les flics. »

Boe fouilla dans sa poche et leur lança un défi. Il donnerait 2 dollars pour chaque caillou qui toucherait le vieux cadran de la pendule depuis longtemps brisé.

Pas un seul tir ne manqua la cible.

Des phares signalèrent l'approche d'un fourgon de police et les gamins détalèrent. Ils avaient disparu avant même qu'on leur dise au revoir.

L'émeute

Sept policiers étaient d'habitude en poste sur Palm Island, mais dans les jours qui avaient suivi la mort de Cameron Doomadgee, il y en avait eu vingt-deux. Une grand-mère aborigène aux cheveux grisonnants s'était tournée vers un agent qui venait de débarquer sur le terrain d'atterrissage et lui avait demandé : « Pourquoi vous foutez pas le camp d'ici, bande de salopards ? »

La fièvre montait. La nuit, un déluge de pierres mitraillait les toits du poste de police et de la caserne, et quand les policiers sortaient dans l'obscurité il leur était impossible de voir les auteurs du méfait. Le soir du jeudi 25 novembre, six jours après la mort, le jeune médecin de l'île, Clinton Leahy, rencontra la famille Doomadgee et Erykah Kyle pour expliquer les résultats de la première autopsie. Cette nuit-là fut d'un calme perturbant. C'était la semaine de la paie, même si durant les autres semaines il y avait toujours des fêtes à droite et à gauche. Les fêtards faisaient hurler la musique à fond, les gosses jouaient dehors, les gens se bagarraient. À présent les rues, éclairées par la pleine lune, étaient silencieuses et désertes.

Deux agents faisaient leur patrouille. Vers onze heures, ils garèrent leur véhicule et s'assirent dans la véranda d'un vieil homme qui jouait de son accordéon à clavier. Des gens sortirent de chez eux en hurlant : « Barrez-vous, connards ! Blancs de merde ! Saloperies de Blancs ! » Les agents détalèrent. Lors de la ronde suivante, la police récupéra une femme avec un œil au beurre noir et deux dents de devant cassées dont le mari l'avait tabassée et traitée de « salope de flic » parce qu'elle défendait Chris Hurley. À part cela, cette nuit fut la plus calme de mémoire récente : « Rien que le silence toute la nuit. »

Le lendemain matin, le coroner d'État autorisa Erykah à informer la communauté des conclusions du légiste. Sur la vidéo tremblotante filmée par un badaud, des hommes, des femmes, des enfants et des chiens occupent tous les côtés du mail, zone pavée devant le grand magasin et les bâtiments du conseil, et ils écoutent la façon dont Cameron est mort. C'est une journée lumineuse et chaude. L'exposition du film amateur inonde la scène de soleil et d'ombre. Erykah Kyle se tient à côté d'une sono portative, un micro à la main. Elle porte une chemise et une jupe noires et, malgré la chaleur, des collants noirs. Les doigts crispés sur ses notes, elle est à la fois digne et perdue. Les sœurs Doomadgee sont derrière elle, accompagnées de Tracy Twaddle, qui garde un mouchoir devant son visage. Elizabeth a les yeux rivés au sol.

Erykah demande à chacun d'observer un moment de silence. Des centaines de gens baissent la tête. Elle leur annonce que le médecin légiste croit la mort de Cameron due à une chute accidentelle et qu'il n'a trouvé aucun signe de brutalité policière.

« Nous comprenons que vous vouliez des réponses, finit-elle par dire, parce que c'est un mystère pour nous tous. » Elle s'interrompt, puis lit ses notes : « Un accident s'est produit près de la cellule vers 10 h 40. On a découvert le corps à 11 h 23 ce jour-là. Il y a eu une chute et le médecin, le Dr Clinton, a expliqué que c'était une force de compression sur son corps ; quatre côtes ont été cassées, plus une rupture du foie, et ça a causé un important saignement… » Elle souligne « important ». « Il y a eu une grosse perte de sang, une énorme perte. C'est tout ce que je peux vous dire aujourd'hui. Pas d'autres questions à la famille. Merci de leur témoigner votre respect et d'avoir une pensée pour la vie de cet homme. Nous remercions Dieu pour la vie de Cameron Doomadgee. »

La foule observe sans bouger. Ils ont entendu cette annonce comme un verdict d'innocence. Ils ont compris que la mort de Cameron va être classée définitivement comme un énième accident, une énième faute absoute. Une voix s'élève pour demander plus de détails. Mais Erykah agite les bras en l'air. Les mots lui manquent.

« Je vais aller à la CCFD et de là… » Se retournant vers les gens derrière elle, elle implore : « J'ai besoin d'aide, là. » Mais il n'y a personne qui puisse lui en donner. Ses notes s'envolent au vent. Elle pense peut-être à son propre fils, qui jouait avec Cameron quand ils étaient gosses, et qui s'est suicidé en prison deux ans plus tôt. « On ne se remet jamais de la perte d'un enfant, m'a-t-elle dit un jour, absolument jamais. »

La vidéo enregistre des gens qui hurlent. Erykah est dépassée par la situation. Elle tourne le dos et rentre dans la mairie. Les Doomadgee la suivent.

Un plombier de trente-sept ans du nom de Lex Wotton était en train de réparer un tuyau non loin de là et s'était joint à la foule. Il avait prévu de prendre l'avion jusqu'à Townsville ce matin-là pour aller faire des provisions à l'épicerie, mais ce tuyau avait cédé et le seul autre plombier de l'île était ivre. À présent il s'avance et prend le micro, torse nu, pantalon en jean, lunettes de soleil rouges à verres réfléchissants.

Enfant, Lex avait entendu les cloches de la mission dire aux gens l'heure à laquelle se lever et se coucher. À l'époque, on faisait encore la queue pour des rations de nourriture. Dans un vieil appentis où il allait se réfugier, il avait trouvé une bible illustrée. Il ne savait pas bien lire mais il était fasciné par les images montrant Samson, qui était malin, héroïque et puissant, et qui brisait ses chaînes chaque fois que les Philistins l'attachaient, puis les défiait de sa force surnaturelle. Lex regardait Samson luttant avec un lion, ou bien arrêtant toute une armée avec la mâchoire d'un âne ; et même les yeux crevés, il parvenait à jeter bas le temple de ses oppresseurs. Le père de Lex était un Kalkadoon, originaire d'une tribu guerrière connue pour sa férocité et sa capacité à disparaître aux yeux de ses ennemis. En 1884, ses membres avaient livré leur dernier combat contre les Européens à Battle Mountain, chargeant lances levées en dévalant la colline face aux tirs de fusil. En langue kalkadoon, le terme pour balle de fusil signifie « faiseur de trou ». On dit que des années après, leurs os jonchaient encore le sol.

Devenu adulte, Lex possède le torse musculeux et taillé en V d'un homme qui travaille en plein air. Des cicatrices courent de son épaule à son aisselle des deux côtés, héritées du football et des bagarres.

D'une famille de onze enfants, il a quitté l'école à quinze ans, athlète accompli et ivrogne notoire. Il a passé du temps en prison, mais, sobre depuis dix ans, il fait à présent la navette pour aller travailler à Townsville, où les commerçants posent sa monnaie sur le comptoir plutôt que dans sa main.

« Écoutez-moi, vous tous ! lance Lex, est-ce qu'on va accepter cette histoire d'accident ? *Non !* Je vais vous dire, moi, on va tout faire cramer. On décidera quand on le fera. Moi, je vais pas avaler ce truc-là et je sais qu'y en a plein parmi vous qui pensent pareil. Alors faut faire quelque chose ! » Sur la vidéo, l'éloquence de Lex s'exprime en partie dans son corps. Au lieu de la décrépitude il y a la force, le muscle, la présence. Il incarne le fantasme de l'Aborigène avant le contact avec les Blancs.

Un autre homme s'avance devant le micro. David Bulsey est grand et mince, empreint d'une dignité bancale, et son regard fixe luit de fureur. Il a grandi à l'internat, mais a appris tout seul à lire et à écrire dans une prison du continent. Son frère est mort en prison après avoir été condamné pour meurtre. Bulsey pointe le doigt vers le ciel tel un prédicateur, puis sur la foule. « Moi, j'ai fait des conneries ! hurle-t-il, et je suis allé en taule. Comme beaucoup de gars. Alors pourquoi lui, il s'en tirerait si c'est un meurtrier ? (Applaudissements.) Nous on veut pas de problèmes sur cette île, ce qu'on veut c'est la justice, nom de Dieu ! S'il s'en tire sur ce coup-là, ça va recommencer encore, et encore, et encore ! »

Ensuite Bulsey change de ton, il parle doucement, d'un air entendu, et il porte le coup de grâce : « Si vous autres, vous relevez pas la tête, ça va recommencer, et ça sera peut-être un de vos gosses la prochaine fois. »

L'inspecteur-chef Darren Robinson avait le sentiment qu'il allait se passer quelque chose. Assis à son bureau au poste ce vendredi-là, il mangeait un sandwich au steak haché en écoutant le son crachotant du haut-parleur sur le mail : « Un son familier, raconta-t-il aux enquêteurs le lendemain. Au moment de Noël ils sont tous là à chanter des cantiques et toutes ces conneries. » Il savait qu'on annonçait les conclusions de l'autopsie de Cameron, et pour son pote Hurley, le foie éclaté ça allait créer des histoires. Rien dans le récit des événements fait par Hurley n'expliquait comment Cameron avait subi des lésions si importantes.

Il était treize heures pile. Au moment où Robinson posa son sandwich, il entendit un bruit de verre brisé et il comprit. « Je me suis dit : "C'est parti. Ils arrivent." » Il courut jusqu'à la pièce voisine ; du verre jonchait les bureaux et le sol. Partout, les fenêtres éclataient derrière les stores vénitiens tordus et effilochés ; les policiers déplaçaient bureaux et meubles classeurs pour barricader les portes. Le bâtiment était une boîte avec neuf flics à l'intérieur. Des gens couraient sur le toit. Des pierres frappaient les murs. « C'était juste le moment que j'attendais, raconta-t-il plus tard aux enquêteurs, je savais que là, on avait un gros problème. »

Il courut dehors. Le plus haut gradé, l'inspecteur Brian Richardson, tentait de raisonner la foule. L'inspecteur, sa femme (l'agent Kathleen Richardson) et le brigadier-chef Roger Whyte faisaient, selon les termes de ce dernier, face à « une grosse quantité d'indigènes ». Deux cents insulaires se tenaient derrière Lex Wotton et criaient après « Hurley, ce salopard d'assassin ». Pourquoi n'était-il pas en garde à vue ? Pourquoi ne l'avait-on pas accusé de meurtre ? Voir un uniforme bleu ne fit qu'accroître leur colère. Chaque flic était Hurley. Les femmes beuglaient. Les adolescents lançaient des pierres. Les plus petits faisaient des doigts d'honneur aux flics. Des garçons d'à peine dix ans tenaient des bouteilles de lait remplies d'essence.

Mais Darren Robinson n'avait jamais vu personne d'aussi furieux que Lex Wotton. Lex était tout en biceps, abdos, dents blanches aux bords irréguliers, et fureur. Il portait deux énormes clefs à tuyau – de longs outils de plombier en fonte. Lex fit tourner les clefs au-dessus de sa tête et fracassa les murs du commissariat. « Oh, Seigneur Dieu, souviens-toi de moi et fortifie-moi ! » s'était écrié Samson en jetant bas le temple des Philistins. « Vous l'avez tué, putain ! brailla Lex. Salauds de Blancs, bande de meurtriers ! Salauds, vous l'avez tué ! »

Pour la première fois en deux années passées à Palm Island, Robinson éprouva le besoin d'avoir son arme. Avec les policiers, ils « se précipitèrent à l'intérieur comme des dingues » et ouvrirent le coffre-fort où étaient rangées les armes à feu. L'inspecteur Richardson suggéra qu'ils s'enferment à clef dans le poste de police, mais Robinson trouva que c'était « des conneries… On va crever, mon pote, ils vont nous faire cramer ». Le gros de la foule se tenait devant l'entrée du poste. Robinson fit sortir ses camarades par la porte latérale pour traverser Police Lane jusqu'au jardin de chez Hurley, puis passer une grille menant à la caserne.

Dix officiers de police les attendaient là-bas. Trois autres en provenance du terrain d'atterrissage avaient été contactés par radio ; ils observaient la foule du haut d'une colline comme « un banc de poissons ». Parmi les policiers, vingt étaient blancs, un aborigène, un originaire des îles du détroit de Torres ; trois seulement étaient en poste permanent sur l'île. À présent, une haute clôture de grillage séparait la police dans la caserne de la foule qui se pressait dehors. Personne n'avait l'air ivre, remarqua Robinson. « Ils étaient absolument sobres. »

« On va vous faire cramer ! » « Salauds de Blancs ! » « À mort, salopards ! Sales bâtards au capitaine Cook ! »

Les policiers entendaient les fenêtres de la maison de Hurley qui éclataient juste à côté. Les gens lançaient tout ce qu'ils pouvaient ramasser : noix de coco, mangues, pavés ; un piquet métallique long de deux mètres vola par-dessus la clôture comme une lance.

« J'ai vu des gosses s'avancer avec des sacs à provisions pleins de pierres, raconta plus tard un policier, et tous jetaient tout ce qu'ils pouvaient ramasser par terre ou arracher dans les arbres. » C'était une explosion de dégoût viscéral. C'était la revanche : le choc symbolique de deux lois. Les furies étaient déchaînées, pas seulement à cause de la mort de Cameron, mais à cause de tous les Noirs morts en détention, tous les Noirs morts et toutes les injustices depuis le Temps de la Fureur. Le commissariat commença à vomir une épaisse fumée noire.

Des bandes vidéo montrent des insulaires de tous âges massés de l'autre côté de la route, regardant le commissariat en train de brûler. Les Doomadgee étaient là eux aussi. La cellule où leur frère avait trouvé la mort fut rasée. On entendit des hourras quand elle s'effondra. Tout le pouvoir que représentaient ces murs était vaincu. Plus tard, les photos de la scène de crime montreraient des gilets pare-balles et des pistolets Glock décomposés, leur armature polymère réduite à l'état de flaques de plastique.

Une sirène se mit à ululer et la police prise au piège dans la caserne comprit que les gosses avaient forcé le fourgon et s'amusaient à allumer et éteindre le gyrophare et la sirène. Un réservoir de gaz explosa. Des flammes orange vif provenaient de la maison voisine, la résidence de Hurley. Les policiers sentaient l'odeur du gaz.

« Oh merde ! c'est Fort Alamo ! s'écria un flic qui téléphonait au commandement, implorant qu'on leur envoie l'armée par avion. Il faut qu'on se tire d'ici, bordel… C'est simple, ils vont nous prendre. » Les policiers commencèrent à mouiller des serviettes, remplissant d'eau tous les récipients qu'ils pouvaient trouver, mais à ce moment-là les robinets se tarirent. Lex Wotton avait coupé l'alimentation.

Ils étaient nombreux à croire qu'ils allaient mourir. Ils se passaient un téléphone portable pour appeler leur famille et lui dire adieu. Les hommes demandaient à leur femme de dire aux enfants qu'ils les aimaient. Les femmes pleuraient mais les maris devaient raccrocher et passer l'appareil à leurs voisins.

Puis le brigadier-chef Roger Whyte sortit, et s'avança jusqu'à la clôture mains en l'air. Il avait travaillé six ans dans les anciennes missions de la péninsule du cap York et sentait « instinctivement » jusqu'où « on peut les pousser. J'ai dit à mon inspecteur, je lui ai dit : “Écoutez, chef, on va se faire déborder ici, il faut qu’on tente de communiquer… sinon… il va falloir qu’on en tue un.” » À mesure que Whyte approchait de la clôture, les pierres volaient plus nombreuses.

Mais Lex Wotton, qui essayait de forcer le cadenas de la grille, ordonna à la foule d’arrêter de jeter des cailloux. Ce qu’ils firent. « Vous avez gagné ! Vous avez gagné ! » cria Whyte. Il négocia une heure de répit, soixante minutes pour quitter l’île. Le flic du détroit de Torres, Bert Tabaui, entendit Wotton glapir : « On vous donne une heure pour quitter notre île, et après on vous tue ! »

La foule regagna le mail tout proche et attendit. Tandis que l’incendie rugissait dans son dos, le brigadier-chef Whyte s’adressa au reste des policiers. « Il se peut que vous ayez à décharger quelques salves en l’air pour faire peur à ces fils de pute ! » Selon Robinson, l’inspecteur Richardson ajouta l’ordre de « tirer… en l’air en guise d’avertissement, et si ça ne marchait pas y avait pas de problème, hein, on avait le soutien de la police pour se mettre à tirer sur les gens ».

Les policiers savaient qu’il y avait très peu d’armes à feu sur l’île, même si certains craignaient d’être battus à mort s’ils ouvraient le feu. Ceux qui avaient un pistolet comptèrent leurs balles. Ceux qui n’en avaient pas jetèrent un coup d’œil alentour : l’un prit un manche de pioche accroché au mur, l’autre une batte de cricket, un troisième un jeu de queues de billard, qu’il cassa en deux et distribua à ceux qui n’avaient rien. Un agent s’empara d’une plaque à barbecue pour faire office de bouclier.

Ils découpèrent une ouverture dans le grillage et descendirent au pas de course Mango Avenue, cette rue d'où les Noirs étaient autrefois proscrits. L'hôpital se trouvait à deux cents mètres de là. Arrivés au parking des ambulances, ils se mirent en position pour monter la garde pendant que l'inspecteur Richardson entrait dans le bâtiment afin de faire le point sur les renforts avec le commandement. À l'arrière-plan, la vue était paradisiaque : mer bleue et îles tropicales. Au premier plan, la foule s'était reconstituée : deux cents personnes, armées de morceaux de bois, tournevis, lances, barres de fer, ou même de couteaux à beurre. Les policiers entendaient des pierres s'abattre sur l'hôpital derrière eux. Les gens hurlaient toujours : « À mort, sales Blancs ! » « À mort, c'est des meurtriers. » « C'est notre île, ici. » Cendres et débris flottaient en l'air. La fumée s'épaississait. Partout alentour, des bruits de bois de construction fracassé, de métal qui se tord, provenant du commissariat et de la maison de Hurley en train de s'effondrer.

Un groupe d'hommes se tenait sous le grand manguier de l'hôpital, buvant des bières volées à la caserne. Un gosse de dix ans sillonnait les rues au volant d'une berline. Chaque fois qu'il repassait, la foule l'acclamait. Un flic qui tenait une pelle à la main pour se protéger s'entendit dire qu'on allait le tuer et utiliser la pelle pour creuser sa tombe. Les policiers aborigènes se faisaient accuser de « lécher le cul de l'homme blanc » et on leur intimait de « rejoindre le bon côté ».

Lex bravait la police. Il était toujours en colère, mais une colère contenue à présent : « Ça va être l'heure ! Tout ce que je vous ai demandé, c'est de foutre le camp d'ici ! »

Erykah Kyle, qui avait observé de loin la foule exploser, était choquée de voir jusqu'où les choses étaient allées. Elle commença à se disputer avec Lex. « T'as eu ton tour ! lui cria-t-il, maintenant c'est moi qui commande. »

Une femme d'un certain âge à côté d'Erykah s'interposa pour dire à Lex : « Nous, on veut la police ici. Qui c'est qui va nous protéger de vous autres, les hommes, s'ils s'en vont ? » D'autres commencèrent à l'insulter, Erykah et elle se replièrent.

Tandis qu'ils restaient là à s'observer, émeutiers et policiers voyaient peut-être en l'autre leur contraire. Les Aborigènes voyaient des hommes issus de familles stables, des hommes qui avaient un père, des hommes qui avaient fini l'école, des hommes avec un travail, qui possédaient une maison, qui avaient voyagé, qui avaient eu leur chance, des hommes dont la mort ferait l'objet d'une enquête en bonne et due forme. Ils voyaient la police qui les avait mis en prison, eux et leurs frères et leurs pères.

Les policiers voyaient une « meute » devenue enragée, des enfants ingrats. Et ils se croyaient les véritables victimes – des flics mal payés contraints de faire le sale boulot de la société.

Les flics dirent à Lex qu'ils ne pouvaient pas partir. Ils n'avaient pas de moyen de transport. Une voiture passa et Lex l'arrêta, expliquant au chauffeur qu'il voulait donner le véhicule aux flics pour aller jusqu'au terrain d'atterrissage. Le chauffeur refusa et poursuivit sa route. Alors Lex s'arrangea pour que deux voitures de la mairie soient mises à disposition ; on les gara devant l'hôpital, clefs sur le contact. La police était convaincue que c'était un piège. Ils avaient entendu dire qu'une embuscade avait été tendue sur la route à la sortie de la ville.

Lex Wotton ne le savait pas, mais des renforts de police avaient débarqué par avion et se dirigeaient vers l'hôpital. Darren Robinson s'avança parmi la foule dans l'espoir de gagner du temps auprès des meneurs jusqu'à l'arrivée des secours. L'air était lourd de fumée. Les gens pressaient leur chemise contre leur bouche. « Je disais juste des conneries pour gagner du temps », expliqua Robinson aux enquêteurs de la police le lendemain.

Chose incroyable, il choisit le moment pour faire la leçon aux insulaires. La police locale, leur dit-il, avait besoin de faire partie de la communauté. Il entretenait d'excellentes relations avec les enfants. Il avait dépensé de sa poche en tours de magie pour établir ces relations-là. Il déclara à la foule qu'en sa qualité de policier à Palm Island, il arrêtait « plus de délinquants sexuels que jamais auparavant et que… heu, ils ont sans doute pigé à ce stade qu'ils ont détruit les preuves contre les pédophiles de la communauté, des gens qui violent les gosses, et qu'ils n'ont qu'à s'en prendre qu'à eux-mêmes de laisser des délinquants sexuels se promener là en toute liberté ».

Quand l'enquêteur lui demanda comment la foule avait réagi, il déclara : « Oh, tout ce qu'ils savaient dire c'était "salauds de Blancs", vous voyez le genre. "Foutez le camp de notre île"… ils embrayaient sur cette histoire de génération volée… vous voyez, et moi je me contentais de hocher la tête, j'en croyais pas mes oreilles qu'ils me sortent toutes ces conneries à ce moment-là. »

Le grondement des hélicoptères emplit le ciel chargé de fumée. Les renforts de police étaient enfin là et d'autres suivaient. L'inspecteur Richardson sortit et s'adressa à Lex : « On ne quitte pas cette île. C'est nous la police. C'est vous qui créez le problème… on n'ira nulle part ! Pas en Australie ! »

Lex Wotton se retourna et fit face à la foule. La révolution avait échoué. Son idée de voir la police quitter l'île était biblique dans son ambition et sa naïveté, une déclaration de guerre sans espoir de victoire. Ses actes attireraient l'attention de tout le pays sur la mort de Cameron Doomadgee, mais à ce moment précis il comprit que ce serait bientôt lui le prisonnier en cellule.

« La fête est finie, lança-t-il, chacun rentre chez soi ! » Puis, à l'intention de la police : « Vous pouvez venir me coffrer plus tard. »

La maison de Hurley avait brûlé jusqu'au plancher. Masse froissée de tôle, ce qui avait été son toit gisait au sol, arraché pour montrer au grand jour un intérieur réduit en cendres. « Absolument toute sa vie se trouvait dans cette maison, il avait des milliers et des milliers de dollars de trucs à lui », fit remarquer plus tard un jeune agent de police. Des gamins avaient cassé la serrure du portail d'entrée. Ayant trouvé de l'essence près de la tondeuse, ils en avaient aspergé la moto et le vélo de Hurley ainsi que le fourgon de police, et y avaient mis le feu.

Darren Robinson découvrit sa porte enfoncée et ses pièces sens dessus dessous. Vêtements, CD et livres étaient éparpillés par terre. La nourriture était sortie du frigidaire. Une télé était couchée sur l'écran. Son futon était cassé. Il commença à faire une liste de ce qui manquait : les couteaux du présentoir de cuisine, cinq jeux de sa Playstation II Sony, une boîte de pièces de monnaie (« valeur approximative 100 dollars »), de la bière, un téléphone sans fil, des moulinets de pêche, un fusil à harpon, un VTT, du matériel de ski, un jean Calvin Klein, des chaussures de course Adidas, des tongs Nike. Avaient aussi disparu ses tours de magie.

Cette nuit-là, Robinson devint le flic le plus important de Palm Island. Il était le seul capable de reconnaître tous les émeutiers en plus de Lex Wotton. Par ordre du préfet, il y avait à présent quatre-vingts officiers de police sur l'île, transportant des poubelles pleines de matraques, de pistolets paralysants et de fusils semi-automatiques. L'inspecteur principal Warren Webber, initialement enquêteur en chef sur la mort de Cameron Doomadgee, venait de se voir retirer l'affaire par la Commission des crimes et fautes disciplinaires. Il avait maintenant un autre job temporaire : coordonner l'intervention après l'émeute. Webber décréta l'état d'urgence en vertu de la loi de maintien de l'ordre public de 1986, qui octroyait à la police des pouvoirs renforcés.

Allant de maison en maison au petit matin du samedi 27 novembre, Darren Robinson conduisait une équipe de vingt-quatre officiers en passe-montagne et équipement antiémeute, dont treize appartenaient au Groupe spécial d'intervention d'urgence, tous nouvellement entraînés à la lutte antiterroriste ; il y avait sept membres du Groupe d'intervention de l'ordre public, deux maîtres-chiens accompagnés de rottweilers, et deux négociateurs. Il les emmena d'abord jusqu'à la maison basse aux murs couleur moutarde de Lex Wotton, sur Farm Road, où Lex reçut un tir de Taser en pleine poitrine. Il tomba à genoux et fut alors, selon sa femme et ses enfants, encerclé par des flics qui le frappèrent aux jambes à coups de matraque, le menottèrent et le traînèrent au sol.

En tout, la police investit dix-huit maisons, mais dans cinq d'entre elles ne trouva personne qu'elle recherchait. Dans l'une des maisons, un homme sourd et muet, qui n'ouvrait généralement sa porte que lorsque sa vieille maman cognait un hochet contre l'extérieur pour qu'il perçoive les vibrations, vit sa porte défoncée à coups de pied et on le força à s'allonger au sol face aux chiens et aux fusils. Enfants et femmes enceintes eurent les lasers rouges des fusils braqués sur le visage. Des jeunes arrêtés à Wallaby Point, loin de là, prétendirent que les flics leur avaient dit que s'ils les flinguaient, personne ne saurait ce qui leur serait arrivé.

La CCFD contesta ultérieurement la légitimité de l'état d'urgence décrété par Webber. Il était difficile d'enquêter sur la conduite individuelle des officiers de police parce qu'ils portaient tous des passe-montagnes et se parlaient en utilisant des noms de code – Horse, Hippy, Speed, Buzz ou Law.

Dix-huit hommes et trois femmes furent accusés de trouble à l'ordre public. Les hommes furent expédiés par avion à Townsville et incarcérés. Au bout de dix jours, on leur accorda la liberté sous caution à condition qu'ils ne retournent pas sur l'île.

Dix-neuf des vingt-deux officiers de police impliqués dans l'émeute préparèrent une déclaration de la victime[1], première étape en vue de recevoir un

1. *Victim Impact Statement* : dans le droit britannique, canadien, australien et américain, déclaration écrite par la victime des conséquences d'un acte criminel, qui lui permet de se porter partie civile.

dédommagement. Ils disaient souffrir de stress post-traumatique. Ils ne pouvaient plus dormir, faisaient des cauchemars, et pleuraient de façon incontrôlée. Neuf d'entre eux suivaient une thérapie, deux étaient sous traitement. Certains ressentaient de la peur, d'autres de la haine.

Un policier écrivit que ses enfants ne faisaient plus de sport le week-end parce qu'ils ne voulaient pas avoir des copains noirs. Un autre déclara qu'il n'avait rien à faire des habitants de Palm Island, et « je trouve que ça m'a rendu un peu moins humain ». Un troisième disait ne plus contribuer à trois organismes de charité. Un dernier affirmait avoir du mal à se faire des amis qui ne soient pas flics. Il y en avait un qui avait le sentiment d'avoir perdu sa foi catholique, et maintenant « je ne fais pas confiance aux Aborigènes par peur de la violence… J'ai peur pour ma famille parce que s'ils peuvent essayer de me brûler vif, ils voudront brûler mes proches ». Encore un autre restait debout toute la nuit à veiller son fils nouveau-né parce qu'il avait la trouille que les Noirs trouvent sa maison et l'attaquent. Il avait vendu au cas où ceux qui auraient pu voler son identification à la caserne de Palm Island viennent réclamer vengeance.

Un autre officier écrivit : « Je vais dépenser tout ce que j'ai en alcool », et un autre qu'il envisageait sans arrêt de se tirer une balle depuis l'émeute, où il avait « mis une balle dans ma poche de chemise au cas où s'il fallait que je tire et que j'avais plus de balles, je pourrais toujours en avoir une pour me flinguer vu que j'étais sûr qu'ils allaient me massacrer ou me brûler vif ».

La seule femme présente sur la scène écrivit :

Je m'inquiétais de ce qu'on allait non seulement me tabasser mais aussi me violer s'ils gagnaient la bataille. La pensée que ça allait se produire devant mon mari et mes collègues ne me quittait pas et aujourd'hui, elle continue à me hanter. Je me disais qu'il faudrait qu'ils violent un cadavre parce qu'il n'était pas question qu'ils me prennent vivante. J'étais prête à les combattre jusqu'au bout.

J'imaginais qu'on me casserait les dents de devant. Ça arrive fréquemment que les femmes aborigènes n'aient plus de dents de devant à cause de la violence qu'elles endurent de leur mari. Je croyais sincèrement qu'au minimum, à la fin de la journée, je serais à l'hôpital avec mes dents en moins. Ça ou bien morte.

Il y avait un officier qui voulait « forcer tous ceux qui ont participé à l'émeute à éprouver la même impuissance que moi j'avais endurée. Je voulais me venger ». « Que ce soit bien ou mal, écrivait un autre, j'ai nourri un désir malsain de vengeance qui dévore souvent toutes mes pensées. » L'affaire était maintenant une sorte de guerre.

Croyance

À la fin du mois de février 2005, le dimanche précédant le début de l'instruction, Elizabeth m'emmena à son église avec sa fille Sylvia. C'était un édifice en bois tout simple avec des bancs de bois blanc, des compositions florales en plastique, et des vitres brisées. Deux hommes aux cheveux blancs jouaient de la guitare à cordes métalliques tandis qu'une vingtaine de fidèles se balançaient en chantant : *Je n'avais rien à Lui offrir sauf la misère et les conflits, mais Il a fait une chose si belle de toute ma vie !* Toute l'assistance applaudit ce que Dieu avait fait de leur vie. Ensuite on chanta : *Lève-toi, lève-toi pour Jésus !* Les enfants se tortillaient comme dans toutes les églises du monde. Une petite fille avec des fanfreluches et des nœuds blancs jouait le long de l'allée centrale. On se faisait passer les bébés de main en main et on les tenait comme s'ils pouvaient accorder une sorte de bénédiction.

La prédicatrice était en retard. En l'attendant nous chantions, et l'un des paroissiens se leva pour remercier le beau ciel bleu et le soleil brillant. Un homme arriva avec son berger allemand. Il prit place et le chien tourna en petits cercles avant de trouver un coin d'ombre sous le banc de son maître.

Trois mois s'étaient à présent écoulés depuis l'émeute, et les dix-huit hommes arrêtés durant le raid de l'aube étaient toujours interdits de séjour à Palm Island, loin de leur maison et de leur famille. Ils étaient en liberté conditionnelle à Townsville, soumis à un couvre-feu de dix-neuf heures à sept heures, forcés de se présenter quotidiennement au commissariat. Ils n'avaient pas le droit d'être en contact avec les autres émeutiers présumés et ne pouvaient participer à aucun « événement lié à la mort de Cameron Doomadgee ». Les avocats de la police avaient plaidé le fait que si ces hommes revenaient à Palm Island pour assister à l'enterrement de Cameron le 11 décembre, ils s'en serviraient « comme excuse pour se livrer à de nouvelles déprédations et attaquer la police ». En règle générale, les émeutiers présumés passaient le temps sur le canapé chez leurs proches de Townsville. Quand, une nuit sur deux, la police venait contrôler le respect du couvre-feu, elle débarquait entre une heure et quatre heures du matin et réveillait toute la maisonnée.

Encadré sur le mur de l'église, un petit tableau au point de croix lançait un avertissement :

Comment nous échapperons-nous
Si nous négligeons un si grand salut.
Fuyez le courroux à venir.

Il y avait quatre églises à Palm Island ; celle d'Elizabeth était pentecôtiste, même si nous chantions un cantique luthérien : *Lève-toi, lève-toi pour Jésus !*

Le combat ne sera pas long. Aujourd'hui la bataille fait rage ; demain les vainqueurs chanteront. Dans les années 1930 et 1940, les missionnaires catholiques et anglicans se livraient une compétition féroce. À dix kilomètres de Palm Island se trouve Fantome Island, qui jusqu'en 1973 servit de léproserie pour les Aborigènes, avec un « hôpital des vénériens » pour les patients atteints de MST. Les deux confessions se battaient pour le salut des âmes, et les lépreux mourants recevaient parfois plus d'un baptême.

La chrétienté s'était mêlée sans peine aux religions aborigènes. Des peuples qui croyaient à la sorcellerie n'avaient aucun problème avec les miracles ou le diable. Les transformations qu'exécutaient leurs Esprits ancestraux étaient apparentées à la transsubstantiation. Et ceux qui avaient tout perdu accueillirent la promesse qu'ils verraient Dieu et hériteraient de la terre.

Elizabeth partagea sa feuille de cantiques avec moi, pointant du doigt tel ou tel vers si mon chant mollissait. Elle était heureuse d'être là, discrète au fond de l'église. Cela la soulageait. « Sans tout ça, là-dehors, fit-elle en désignant la communauté et le reste du monde, il n'y a rien. »

W. E. H. Stanner a décrit le Rêve comme offrant une « clef poétique pour ouvrir le réel », une lunette mythique à travers laquelle interpréter la vie de tous les jours. Pour Elizabeth, cette clef poétique était devenue la Bible. Elle citait des versets des Écritures au hasard, des métaphores qui la soutenaient dans l'épreuve. Elles l'aideraient la semaine suivante quand elle verrait au tribunal l'homme qui, croyait-elle, avait tué son frère.

Au milieu d'un cantique, la prédicatrice noire fit son entrée : c'était une femme imposante à l'air sévère avec une longue natte grise et des demi-lunes sur le bout du nez. Sa robe pendait de son buste comme une tente. Elle chantait plus fort que le reste, d'une voix stridente et haut perchée. « Le temps de la tribulation est venu ! lança-t-elle à la fin du cantique, et il sera très dur, mes bien chers frères et sœurs ! »

Elle avait surfé sur le Net, nous dit-elle, et voyait à présent que la fin du monde était proche. « Le Seigneur reviendra à un moment inattendu, mais un moment dont les signes spécifiques peuvent être observés. Il y a des signes tout autour de nous. Il y a des meurtres, il y a des viols, il y a toutes sortes de choses qui se passent. » Je supposais qu'elle parlait de Palm Island, mais à ma grande surprise elle poursuivit : « Nous avons de la chance dans cette communauté parce que rien ne nous est encore arrivé. »

La prédicatrice fit un geste derrière elle, peut-être vers les collines abruptes couvertes de rochers, et nous déclara que, lorsque viendrait l'apocalypse, il pleuvrait des pierres. « Quand il parle, au seul son de sa voix même les rochers crient et chantent ses louanges en éclatant. Les petits galets se fendent, comme sa parole nous le dit. » Elle nous demanda de nous poser la question : « Suis-je vraiment lavé de tous mes péchés, suis-je vraiment prêt pour sa venue, suis-je préparé ? » Des millions de gens, y compris de nombreux chrétiens qui n'étaient pas entièrement dévoués, allaient passer un sale quart d'heure quand viendrait l'apocalypse. « Quand il refermera la porte, tonna-t-elle, elle sera fermée comme la porte de l'arche une fois Noé et sa famille embarqués ! Une fois le reste du monde perdu ! Qu'avons-nous à dire face à cela ? »

Vu de mon banc, la porte semblait avoir été refermée depuis très longtemps. J'avais entendu raconter avec un tel détachement des histoires horribles de frères et sœurs ou d'amants qui se poignardaient et se tabassaient. Durant les six semaines précédentes, un homme avait gravement blessé son frère d'un coup de couteau à cause d'une bière. Une femme avait arraché la lèvre d'une autre d'un coup de dents. Un homme avait aspergé sa compagne d'essence et l'avait brûlée vive. Le taux de chômage atteignait 92 %. L'espérance de vie était de plus de vingt ans inférieure à la moyenne nationale. Cet endroit était un trou noir au fond duquel les gens étaient tombés. Il pouvait bien pleuvoir des pierres.

Nous nous levâmes pour chanter : *Oui, Jésus m'aime / Oui, Jésus m'aime / Oui, Jésus m'aime / C'est écrit dans la Bible*...

Par la fenêtre, j'observais des enfants lancer en l'air un ballon gonflable en plastique qui représentait un globe terrestre, le faisant rebondir comme des dieux capricieux. Assise à côté de sa mère, Sylvia donnait le biberon à un bambin, mais elle voulait aller dehors rejoindre les autres. Elle plaça entre mes bras ce bébé potelé à la peau noire et aux yeux d'un bleu ciel surnaturel. C'était la petite-fille de la prédicatrice et elle reposait sur mes genoux, tétant le lait, les doigts d'une main serrés entre les miens. Autour de nous, des paroissiens à l'air épuisé priaient sur leurs bancs. Il y avait vingt personnes dans cette église, qui tentaient de contenir la marée.

La veille, j'avais rencontré un policier, en short et T-shirt, qui pêchait sur la jetée. Dès qu'il avait pris quelque chose, des oiseaux fondaient dessus et l'emportaient. Je lui demandai s'il se plaisait sur l'île. Il me dit qu'il ne parvenait pas à croire qu'il y ait trois mille habitants ici et pas un seul coiffeur. C'était bizarre, et c'était tout aussi bizarre d'être enfermé à double tour la nuit dans la caserne. Tous les policiers en poste avaient été retirés de l'île après l'émeute : lui était ici pour une durée de trois mois.

Pendant que nous parlions, des jeunes enfants s'approchèrent de lui. « Je peux essayer, monsieur ? »

Il leur montra comment se servir de la ligne en Nylon avec des petits hameçons et des perles de verre coloré pour attirer les poissons.

La jeune mère des gamins était assise à l'autre bout de la jetée, le dos tourné à l'eau, les yeux rivés sur le policier qui, sans en avoir conscience, regardait vers le large. Quand les enfants se tournèrent vers elle, tout excités d'avoir essayé la ligne, elle articula en silence : « C'est un flic. » Elle souriait tout en faisant cela.

Le policier continua à taquiner le poisson. Le soleil se couchait. Le ciel, baigné d'orange et de lilas, était scandaleusement beau, mais autour de nous tout s'assombrissait. Même si les habitants du coin avaient l'air sympa, me confia l'homme, ça lui faisait peur de savoir qu'à tout moment ils pouvaient se retourner contre nous. Il me recommanda de ne pas me promener seule la nuit. « C'est des gens très violents », me dit-il tranquillement.

Pourquoi un officier de police choisirait-il de travailler uniquement au sein de telles communautés ?

Jadis, ces postes étaient une punition, ou bien des endroits pour les flics qu'on avait besoin de cacher aux yeux de la société. Chris Hurley s'était porté volontaire pour de telles missions, parce qu'il était ambitieux. Une de ses connaissances m'a dit que Hurley avait une vision claire et bien particulière de la façon dont il avait prévu d'avancer, et dont il aimait bien parler. Tout avait été soigneusement calculé, mesuré. Hurley savait que pour un homme ayant la force d'encaisser, ces communautés constituaient le chemin le plus rapide vers le haut de l'échelle.

« Je vise le sommet », s'était-il vanté auprès d'un vieux copain. Hurley venait d'une famille de policiers : son frère aîné était officier de police, et cet ami m'a raconté que l'oncle de Hurley, policier lui-même, avait atteint le grade d'inspecteur. Hurley voulait aller au moins aussi loin. Brigadier-chef, il lui manquait juste une seule promotion. Il endurait donc le désagrément et plaçait la rallonge de salaire, octroyée aux policiers en poste parmi les communautés isolées, dans un portefeuille immobilier ; il possédait déjà deux appartements en front de mer dans la station balnéaire en pleine expansion de Burleigh Heads.

Mais l'ambition n'était qu'une partie de l'explication. Les lieux isolés peuvent créer une dépendance. Un inspecteur jouissant d'une grande considération qui avait servi six ans à Palm Island m'a confié comment, peu après sa prise de fonction, il s'était fait méchamment rosser par les insulaires, mais qu'il avait décidé de ne pas se faire muter et avait par la suite gagné un immense respect. « J'ai vu une violence que les gens normaux ne peuvent pas comprendre », m'a-t-il dit, une violence qui ne laissait aucun répit. Vivre sur l'île c'était « comme vivre dans un aquarium. Il n'y a pas d'issue. Le premier clampin venu sait ce que vous fabriquez, et s'il le sait pas il l'invente ». Malgré tout, à ses yeux, ces années-là avaient été les plus belles de sa vie. Les journées sur Palm Island, m'expliqua-t-il, semblaient plus vivantes, plus intenses. D'une certaine façon la vie était plus proche de la surface. Et lui, il sentait qu'il contribuait à changer les choses.

Il peut aussi y avoir un versant plus sombre à cette attirance. Pour quelqu'un qui se sent différent des gens normaux, ou bien déconsidéré, en situation d'échec, ou encore laissé pour compte, il peut s'agir d'endroits bénéfiques, des lieux où n'importe quel Mr. Kurtz peut aller amasser de l'ivoire… ou du pouvoir à l'état brut. Dans ces communautés, la police exerce un énorme contrôle sur la vie des gens. « J'étais comme le roi de l'île », se souvenait l'inspecteur. Je lui suggérai que c'était là une tentation à laquelle certains officiers de police succombaient : la communauté devenait leur fief. « Non, me répondit-il en comprenant peut-être de travers ce que je voulais dire, c'est juste que c'était mon endroit à moi. »

Ce que je n'ai pas demandé à l'inspecteur, ce sont les choses suivantes : Est-il possible de mettre un pied dans tous ces dysfonctionnements, tout ce désespoir, et de ne pas s'en trouver corrompu d'une façon ou d'une autre ? Dans une communauté d'une extrême violence, est-on soi-même forcé d'être violent ? Si l'on est méprisé, comme l'est la police, ne ressent-on pas le besoin d'être méprisant à l'occasion ? Qui pourrait ne pas être envahi par « les regrets accumulés, le désir de s'enfuir, le dégoût impuissant, l'envie de capituler, la haine » ? Ou bien avais-je lu *Cœur de ténèbres* de trop nombreuses fois ?

Je me demandai si Chris Hurley avait entendu parler de l'histoire du premier commissaire de Palm Island, Robert Curry. Mr. Curry, connu sous le nom de Boss ou Oncle Boss, était un ancien combattant de la Grande Guerre qui supervisa la colonisation de l'île pendant les années 1920. Les détenus aborigènes défrichèrent la terre et édifièrent les bâtiments, sans même un cheval ou un fardier, et quand enfin on apporta un fardier – sans cheval –, Oncle Boss donna l'ordre aux hommes de le tirer par leurs propres moyens. C'est lui qui introduisit les danses européennes, l'orchestre de jazz et les concours de jardinage. Il déchargeait son fusil à Noël. Il déchargeait son fusil sur les mouettes et, quand il naviguait, sur les baleines qui croisaient sa route.

Véritable personnage de Conrad, Oncle Boss tolérait mal que d'autres fonctionnaires blancs se mêlent des affaires de l'île. Comme le nota l'un d'eux, « Mr. Curry considérait pour ainsi dire cette colonie comme l'enfant de son imagination ». Lorsque des rumeurs atteignirent le continent l'accusant de flageller les jeunes femmes aborigènes, Curry soupçonna ses rivaux. Mais ces allégations étaient vraies. Sans ces coups de fouet, déclara-t-il à ses supérieurs, son « autorité... aurait été affaiblie ». La violence était sa manière de garder le contrôle. Il était devenu tyrannique dans un lieu qu'il décrivit comme semblable à « la vie sur le cratère d'un volcan ».

Curry détestait le médecin de Palm Island, et son inimitié s'accrut lorsque sa femme mourut en couches. S'adonnant à la boisson dans son chagrin, et abruti par la novocaïne qui traitait ses névralgies,

Curry enfila un long costume de bain rouge et, armé d'un fusil dans chaque main, il laissa libre cours à sa fureur. Il commença par dynamiter sa propre maison avec ses enfants drogués à l'intérieur, puis s'en fut tuer le docteur et incendier les bâtiments de la colonie : tuer l'enfant de son imagination. Tandis que tout brûlait, les fonctionnaires blancs donnèrent un fusil à un jeune Aborigène, Peter Prior, et le députèrent pour abattre Curry – sur quoi, ils allèrent se cacher.

Prior fut accusé de meurtre et emprisonné pendant six mois. Les charges furent alors abandonnées, mais le reste de sa vie durant, Prior rêva de Robert Curry.

Tony Koch, chroniqueur vétéran pour *The Australian*, un journal à diffusion nationale, m'a raconté qu'il avait interviewé Peter Prior alors qu'il était très âgé et amputé des deux jambes à cause du diabète. Prior s'était mis à pleurer parce qu'il avait peur de mourir. Dieu avait dit : « Tu ne tueras point », et lui, il l'avait fait.

Comme Kurtz, Oncle Boss mourut sur un territoire qu'il avait confondu avec le sien propre. *Ce pays l'a fait mourir*, chantèrent les anciens de la mission. *Cet endroit où il n'avait pas sa place. C'est ça qui l'a fait mourir.*

Après notre matinée à l'église, Elizabeth nous emmena, Boe, Paula et moi, faire un tour pour trouver du taro, une racine légumineuse de consommation courante sous les tropiques. Cette diversion n'était pas une simple marque d'hospitalité. Elizabeth et les avocats allaient mener une bataille ensemble ; elle voulait les garder à ses côtés avant le début de l'instruction.

À mi-pente de la montagne, Boe ne put malgré tous ses efforts faire grimper plus haut le 4×4 qu'il avait emprunté. « Pensez à Jésus », lui recommanda Elizabeth. Mais Boe était athée. Il se gara et s'allongea sous un arbre pendant que les trois femmes s'aventuraient dans la plantation laissée à l'abandon de l'ancienne mission. Je portais une pelle, et Paula une paire de bottes appartenant à Elizabeth.

Des pins gigantesques s'étiraient au-dessus de nos têtes. « Ça me rappelle *Blair Witch* », dit Elizabeth. Le long de la piste, à main droite, les îles avoisinantes s'offraient à la vue. Sur la gauche j'apercevais des vallées où des chevaux sauvages paissaient sur les bords d'un ruisseau.

« C'est encore loin ? » demandais-je sans cesse. « Jusqu'au pont », répondait-elle de même. Dans la chaleur nous passâmes d'énormes rochers gris, des fleurs sauvages, un arbre dont le feuillage était rassemblé sur chaque branche comme un bouquet. Aucun pont ne se matérialisa jamais.

Je demandai à Elizabeth de me parler de Grand Homme.

« Lui, c'est comme le yéti. » Elle croyait qu'il avait toujours habité ces collines.

L'activiste aborigène Murrandoo Yanner m'a raconté que les histoires de Grand Homme existent dans toute l'Australie indigène. En Terre d'Arnhem, dans le Territoire du Nord, il y a les mimihs – des esprits des rochers grands et maigres, capables de faire le mal. Il y a aussi le personnage appelé Namorrorddo, décrit par l'expert en art rupestre George Chaloupka :

> Esprit maléfique, personnage fantomatique, spectral, [il] est généralement représenté sur les

peintures rupestres comme un être très grand, maigre et extrêmement allongé, avec de longs membres fins, et des griffes en lieu et place des doigts et des orteils. Il n'est pas rare de trouver des images dépeignant cet être qui mesurent plus de huit mètres de long. Il se déplace seulement la nuit, où on peut le voir le temps d'un éclair se précipiter à travers le ciel. Quand les gens aperçoivent la traînée d'une étoile filante, ils savent que c'est Namorrorddo qui se rend en un lieu où quelqu'un est mourant. On dit qu'il vole à la poursuite des malades, guettant pour leur déchirer la poitrine, leur prendre leur « souffle » et emporter leur cœur. Plus l'étoile brille et plus le mourant est important. Quand quelqu'un meurt durant le jour, son « ombre » est emportée par des oiseaux qui sont, dit-on, Namorrorddo, ou qui agissent en son nom.

J'avais vu des peintures sur écorce contemporaines venues de l'ouest de la Terre d'Arnhem et représentant le géant appelé Luma Luma. Il y avait une rue nommée Luma Luma Street à Palm Island. Elizabeth me raconta que Grand Homme était un voyageur, une créature qui pouvait changer de forme à volonté afin de se déplacer en toute liberté. C'était aussi l'un des pouvoirs de Luma Luma.

Dans les années 1920 et 1930 de nombreux Aborigènes furent expédiés à Palm Island qui venaient de la région de Laura, au sud-est de la péninsule du cap York. Près de Laura on disait qu'il y avait un géant qui mangeait les humains, appelé Turramulli, ainsi que de nombreux esprits très grands, bons et mauvais, qui, comme les mimihs, étaient des esprits des rochers. Ceux-ci étaient appelés quinkans, et on disait qu'ils possédaient des haches de pierre prolongeant leurs genoux et leurs coudes et dont ils se servaient pour fondre sur leurs ennemis et les frapper. Un des anciens de Laura, Tommy George, expliquait :

> Les quinkans sont des esprits malveillants. Ils se cachent dans les coins sombres et sortent la nuit. C'est le moment où ils sont actifs. Nos légendes racontent qu'ils vivent dans le grès, les fissures et les lieux étroits. Il fait noir là-dedans et on ne peut pas s'y introduire. Ils sortent la nuit et parcourent subrepticement les zones rocailleuses. Comme ça ils peuvent se cacher rapidement s'il le faut. Ils se coulent tout simplement dans une faille des rochers. Leurs longs membres leur permettent aussi de se cacher facilement derrière le tronc ou dans les branches d'un arbre. Ces occupations nocturnes auxquelles ils se livrent peuvent être maléfiques. Les gens, ça les inquiète encore beaucoup. Cette croyance au *purri purri*, elle est encore très forte.

Il y a cinquante mille ans, les Aborigènes vivaient effectivement parmi des géants. La mégafaune comprenait des kangourous hauts de trois mètres, et d'autres animaux gigantesques – wombats, koalas, serpents, crocodiles et lézards. On donnait aisément la présence de leurs ossements sur tout le continent comme preuve de l'existence des Esprits ancestraux du Rêve.

Elizabeth nous fit descendre, Paula et moi, le long d'un talus à pic couvert de hautes herbes, au pied duquel se tenait un cheval acajou sorti tout droit d'un rêve de jeune fille. Tandis que nous cheminions entre les rochers et les touffes d'herbe, il nous contemplait, l'air interrogateur. Dans le lit peu profond d'un ruisseau poussait le taro : hautes tiges vertes et larges feuilles à la surface desquelles la boue et l'eau forment des billes comme du mercure. Elizabeth chaussa ses bottes et se mit à dégager les racines à la pelle.

Puis elle se redressa, s'attendant à ce que j'arrache les racines – ce que je fis. C'était une tâche ridiculement primitive. Je m'accroupis et agrippai la tige, tirant le plus fort possible, glissant plus profondément dans la boue. Un énorme tubercule où germaient des racines boueuses émergea lentement. À mesure qu'il se libérait, j'étais éclaboussée d'une boue qui dégageait une intense odeur végétale rappelant le fumier. C'était extraordinaire, toute cette affaire. Bientôt, Paula et moi pataugions dans la boue en essayant d'arracher ces taros bulbeux. La mère d'Elizabeth lui avait enseigné comment faire, et peut-être sa mère avant elle.

Pour Elizabeth, la cueillette traditionnelle était une coutume que les missionnaires de Palm Island n'avaient pu détruire. C'était la même chose pour les hommes sur l'île : son frère était très admiré pour ses talents de chasseur.

Les chrétiens avaient tenté d'éliminer « la sorcellerie et la superstition tribales… la vie sauvage… les hommes médecine et les faiseurs de pluie des nations barbares ». Comme beaucoup à Palm Island, Elizabeth avait sa manière bien à elle de concilier la spiritualité traditionnelle à la chrétienté. Elle s'inquiétait de ce que le Serpent Arc-en-ciel, totem de sa grand-mère Lizzy Daylight, soit le serpent du jardin d'Éden, mais croyait toujours que les Esprits ancestraux étaient partout alentour.

Je passai les taros à Elizabeth, qui trancha les tiges avec la lame de la pelle. Les racines entremêlées ressemblaient à des cheveux. C'était comme si je remplissais notre sac de têtes humaines. Paula et moi, nous étions maintenant couvertes de boue, tandis qu'Elizabeth restait immaculée. Je compris qu'il nous faudrait porter le sac sur une longue distance et le contemplai d'un air sinistre.

« Qu'est-ce que c'est ? demanda soudain Elizabeth, c'est le cri de l'Oiseau Signal ! »

Je tendis l'oreille pour entendre l'appel.

« Il nous signale que maintenant il faut partir. » Elle se mit vivement en marche, alors je ramassai le sac chargé et suivit le mouvement. Elizabeth était sévère mais chaleureuse, rusée mais protectrice. Impossible de dire si elle nous menait en bateau. « Merci beaucoup, l'entendis-je dire à l'adresse des esprits du lieu, nous partons maintenant. »

Les membres de l'église d'Elizabeth avaient cherché la grâce. Elizabeth cherchait la grâce et des réponses. Le père Tony, prêtre catholique de Palm Island, me confia plus tard que sur l'île il avait eu des discussions théologiques plus substantielles qu'en bien d'autres endroits. Au sein de familles détruites à ce point par l'alcoolisme et la violence, le pardon atteint une autre dimension.

Le père Tony avait invité Elizabeth à se rendre à Townsville avec lui pour s'adresser à des fidèles. Elle avait raconté l'histoire de la mort de son frère, et un policier blanc s'était levé et avait fondu en larmes. Il avait dit avoir vu des choses terribles commises à l'encontre des Aborigènes ; il avait dit à quel point il était désolé.

« Il pleurait à cœur brisé », me dit Elizabeth. Elle était allée le prendre dans ses bras. « Mon frère, je te pardonne. »

L'instruction

Trois mois et demi après que Cameron Doomadgee et Chris Hurley eurent trébuché en passant la porte du poste de police de Palm Island, s'ouvrit l'enquête du coroner sur la mort de Cameron. L'émeute avait mis l'affaire à la une des journaux du Queensland, et le premier matin, accompagnant les ténors du barreau, de petits avions déposèrent sur l'île des ténors de la presse. Après l'arrivée d'un de ces avions, un Aborigène attendait le débarquement des passagers. « Les Blancs arrivent, ricana-t-il, alors nous on part.

— Que va-t-il se passer, selon vous ? lui demandai-je.

— Comme d'habitude : rien. »

Le tribunal se réunit dans le gymnase du tout nouveau centre aéré du club de la police, une structure de plusieurs millions de dollars financée par l'État. Sous un panier de basket, on installa un bureau pour le coroner. Au mur derrière lui était accroché un drap sur lequel on lisait :

LA COMMUNAUTÉ DE PALM ISLAND
VOUS ACCUEILLE
À L'AUDIENCE DE L'ENQUÊTE DU CORONER

SUR FEU MULRUNJI DOOMADGEE.
QUE LA BEAUTÉ ACCORDE SA MISÉRICORDE
ET SA CHARITÉ
À SON ÂME BÉNIE ET MEURTRIE,
POUR L'ÉTERNITÉ.

Cette enseigne colorée avait été cousue par la mère de Lex Wotton, une femme à l'air doux et aux yeux cerclés de lunettes prénommée Agnes, qui avait appris la couture et la broderie à l'internat de la mission. Ouvrant le parapluie dont elle se servait pour se protéger du soleil, Agnes me confia qu'elle faisait une nouvelle carrière d'activiste. Avec son fils et sa fille, elle avait été accusée d'actes séditieux. Les femmes n'avaient pas été expédiées hors de l'île, mais sur l'enseigne Agnes avait fait la liste des hommes interdits de séjour, accompagnée du message suivant :

LES GUERRIERS BWGCOLMAN LUTTENT
POUR LA JUSTICE.
NOUS RÉCLAMONS JUSTICE.

Malgré la charge de travail qu'impliquait l'instruction, Andrew Boe avait demandé l'annulation des conditions de liberté provisoire qui frappaient les hommes. Aujourd'hui il était assis à la table servant de barre avec dix-sept autres avocats, tous blancs. Ils se connaissaient, ayant travaillé ensemble sur des procès différents au fil des ans. Ils savaient qui parmi eux était buveur, qui était joueur, qui avait l'esprit vif, qui était plus lent. C'était un club avec ses vieilles alliances et ses vieilles rancœurs. Dirigeant l'instruction en qualité d'assistant du coroner, Terry Martin,

SC[1], était un avocat tiré à quatre épingles, empreint d'ironie, lui-même assisté de deux autres hommes de loi. Martin interrogerait tous les témoins. D'autres avocats auraient alors l'occasion de mener un contre-interrogatoire. Le coroner devait déterminer ce qui avait causé la mort de Cameron. S'il soupçonnait Hurley d'être coupable de crime, il était tenu de renvoyer l'affaire devant le procureur général, qui avait le pouvoir de prononcer l'inculpation.

Toutes les parties ayant un intérêt à l'issue de l'instruction avaient un représentant légal. C'était l'avocat Steve Zillman et l'avoué Glen Cranny qui plaidaient pour le brigadier-chef Hurley. Cranny, accompagné d'un autre avocat, représentait également les autres policiers qui se trouvaient dans le commissariat au moment de la mort de Cameron : Lloyd Bengaroo, Michael Leafe et Kristopher Steadman.

Les avocats Peter Callaghan, SC, et Tony Moynihan, ainsi que l'avouée Stephanie Hack, tous trois payés par l'aide juridictionnelle, étaient venus de Brisbane pour représenter la famille Doomadgee ; Boe et Paula Morreau devaient représenter le Conseil aborigène de Palm Island. Deux avocats de l'aide juridictionnelle de Townsville auprès des Aborigènes et des insulaires du détroit de Torres représentaient Tracy Twaddle. Le préfet de police du Queensland avait aussi deux avocats. Encore un autre plaidait pour la Commission des droits de l'homme et de l'égalité des chances.

1. SC : *Senior Counsel*, titre remplaçant en Australie celui de QC (*Queen's Counsel*), qui n'est plus attribué depuis 1995 dans le Queensland. Il s'agit d'avocats de statut supérieur, pouvant représenter la Couronne (l'État).

Même s'il s'agissait d'une audience d'instruction, et non pas d'un procès, et si les débats n'étaient pas censés être contradictoires, les camps étaient clairement définis : cinq avocats pour les flics, qui tenteraient de persuader le coroner que Hurley n'avait à répondre de rien ; dix avocats pour les Aborigènes, qui insisteraient pour prouver le contraire. On obligea Agnes Wotton à retirer son enseigne.

Sous le panier de basket, en chemise de lin, pantalon et bottines neuves, avait pris place le coroner d'État, Michael Barnes. Son chapeau à larges bords était posé par terre. On aurait dit qu'il avait essayé de s'habiller décontracté, mais il n'avait réussi qu'à se donner l'air d'un planteur colonial. Il se leva, dit bonjour… et se tira une balle dans le pied :

> Tout d'abord, je pense que je dois signaler mon implication antérieure dans un certain nombre d'affaires concernant l'une des principales parties, à savoir le brigadier-chef Hurley. De 1992 à 2000, j'ai dirigé le Service des plaintes de la Commission pénale[1]. En cette qualité, j'étais tenu d'émettre une recommandation en rapport avec toutes les plaintes déposées à la commission. Un examen des dossiers de plaintes déposées contre l'officier Hurley montre que j'ai traité un certain nombre de ces affaires dans l'exercice de ces fonctions… Je n'ai aucun souvenir des affaires en question. Je ne crois pas que mon implication pourra en quelque

1. La Commission pénale fut instituée en 1989 pour enquêter sur les réclamations contre la police du Queensland à la suite de l'enquête menée par Fitzgerald sur la corruption. Cette commission fut remplacée en 2001 par la Commission des crimes et fautes disciplinaires (CCFD).

manière réduire mes capacités à examiner de façon impartiale les éléments matériels de la présente instruction.

Bienvenue dans le Queensland, où même le coroner d'État avait un lien presque direct avec le suspect principal. Cette coïncidence fit l'effet d'un avertissement pour les avocats de la famille Doomadgee. Ils avaient écrit plus d'une fois au bureau du coroner d'État au cours du mois précédent, demandant à consulter les dossiers des plaintes contre Hurley. Ils cherchaient des preuves de « faits similaires », tentant de découvrir si par le passé Hurley n'avait pas été accusé de violence sur prisonniers. Rapide et agressif, Peter Callaghan déclara sur-le-champ qu'il voulait un accès immédiat à ces dossiers, afin de mesurer le degré d'implication du coroner… et de voir en quoi consistaient ces plaintes.

Les avocats du préfet de police firent objection, de même que celui de Hurley, le grand et mince Steve Zillman, qui, toujours prêt à mordre, affirma que la plupart des plaintes étaient « sans fondement » ou bien conduisaient à « des recommandations non officielles… Il n'y a rien du tout là-dedans. »

Callaghan se leva à nouveau. Âgé de quarante-deux ans, il était considéré dans le milieu juridique de Brisbane comme une étoile montante. C'est Boe qui l'avait incité à prendre part à l'affaire, car il savait l'avocat obsédé par le travail qu'il avait accompli quinze ans plus tôt dans les « tribunaux du golfe » : Callaghan, alors jeune procureur de vingt-sept ans, prenait l'avion pour passer la journée auprès des communautés aborigènes du golfe de Carpentarie, rencontrer une première fois au tribunal les femmes victimes de viol, puis il devait se battre pour les défendre sans conseiller à ses côtés, sans ressources, sans temps pour préparer les dossiers.

Peter Callaghan s'adressa au coroner Barnes : « Je fais objection à ce que vous continuiez à conduire l'instruction, et je vous demande de vous récuser vous-même, étant donné que vous nous avez révélé avoir eu précédemment affaire à cet homme [Hurley] et que vous ne nous avez pas accordé le droit de consulter les pièces ayant trait à ces affaires, ce qui ne peut que confirmer une impression de parti pris. »

Le coroner décida que Callaghan pouvait examiner les dossiers, mais ils étaient à Brisbane. Et puisque tout le monde était rassemblé et attendait que l'audience commence, déclara-t-il, l'instruction devait suivre son cours.

Assise en rang avec ses sœurs et Tracy Twaddle sur le banc de devant, Elizabeth observait l'expression des avocats pour évaluer la nature des événements. Elles avaient mis leurs plus beaux vêtements et tenaient à la main des torchons de cuisine au cas où elles auraient besoin de sécher leurs larmes. Plus tôt dans la journée, Elizabeth avait entraîné ses avocats dans ses prières et leur avait ordonné de se tenir debout bien droits, la tête haute. Je l'avais aussi entendue demander à Erykah Kyle s'il était possible d'interdire à l'assistance de prendre des notes. « On a notre écrivain avec nous », avait-elle dit en me désignant.

Il était tombé une petite pluie. « Pluie bienfaisante », avait dit Valmae. Elle n'avait pas pu trouver d'appareil auditif et avait pris place tout près d'un haut-parleur, concentrée pour suivre la présentation des faits. Autour des haut-parleurs se tenaient aussi une quinzaine de journalistes, photographes et caméramans venus de tout le Queensland, accablés par la chaleur. Parmi eux se trouvait Tony Koch, l'homme qui avait fait le plus pour rendre publique l'affaire Doomadgee. La bonne cinquantaine, Koch était à la fois un dur à cuire et un gentleman ; cela faisait vingt-cinq ans qu'il écrivait sur les affaires aborigènes. Venu du fond de sa campagne, fils et frère de flics, Koch était considéré comme un traître par le syndicat de la police pour ses critiques à l'encontre de la répression des émeutes. Tandis que tous les autres journalistes étaient placés sous le contrôle de la police, lui logeait chez une famille aborigène et avait sillonné les rues pour faire du reportage.

Une centaine d'insulaires avaient pris place au fond de la salle ou bien se tenaient debout près de la porte, comme s'il était plus important de pouvoir sortir rapidement que d'entendre correctement.

L'instruction était pareille à une grosse machine à broyer d'autrefois, lente à démarrer mais qui, une fois lancée, écrasait ses victimes avec une efficacité sans pitié. Tracy Twaddle, vêtue de noir, fut le premier témoin cité par Terry Martin. D'une voix fluette, elle démontra que Cameron n'avait pas été impliqué dans un accident de voiture et n'avait pas de blessures visibles lorsqu'elle l'avait vu pour la dernière fois. Le matin de sa mort, déclara-t-elle, il avait quitté la maison à l'aube pendant qu'elle dormait encore. Elle se mit à pleurer et se tamponna les yeux avec son torchon.

Le témoin suivant était Victoria Doomadgee, également vêtue de noir, la sœur alcoolique qui ne parlait qu'en monosyllabes. Le coroner lui rappela qu'elle devait parler à voix haute, elle ne pouvait pas se contenter de hocher la tête. Elle déclara qu'elle avait passé la nuit chez Cameron et Tracy. Ce matin-là, son frère lui demanda de l'accompagner pour boire des bières. Il n'avait pas de blessures visibles. C'était la dernière fois qu'elle l'avait vu.

Ce fut au tour du vieux Reginald Barry. Il avait perdu un œil en voulant parer les coups d'un de ses fils sous l'empire de l'alcool, et il s'avança lentement jusqu'au micro des témoins. Il avait parlé à Cameron aux alentours de sept heures du matin.

> J'étais assis chez moi et je prenais mon petit déjeuner là quand il passe par là et qu'il me lance : « Hé, mon oncle, qu'il me dit, t'as pas une clope ? » Il rentre et il me dit : « Je vais essayer de me faire prêter un bateau pour aller à la pêche. » Alors moi je le regarde et lui il avait absolument pas bu. « Mon oncle, qu'il me dit, je te laisse maintenant. Tu veux que je te rapporte du poisson ? » Et moi je lui réponds : « Oui, ça marche. »

Environ une heure s'était écoulée quand Cameron fit son entrée dans Dee Street. Il s'arrêta pour bavarder avec Edna Coolburra, une petite vieille aux pommettes roses et aux longs cheveux gris. Edna venait à présent témoigner qu'ils avaient parlé de son fils, avec lequel Cameron était autrefois très copain. Il était mort presque vingt ans auparavant dans un accident de la route. Cameron « disait juste qu'il lui manquait terriblement, et tout ». Elle remarqua qu'il avait bu mais qu'il était « gai et prêt à faire des blagues ».

Ayant quitté Edna, Cameron alla continuer de boire. Quand Edna le revit, il était en train de se faire arrêter : « Il pouvait pas résister parce que Chris était trop grand pour lui… Chris, il est grand et costaud à côté de lui. » Elle n'entendit pas Cameron insulter Hurley, mais dans son contre-interrogatoire, Steve Zillman émit l'hypothèse que c'était parce qu'elle était dure d'oreille. Zillman interrogea Edna en détail sur le déroulement des événements, mais comme la plupart des insulaires elle ne portait pas de montre. Elle ne savait plus si c'était dix minutes ou bien deux heures après leur première conversation.

C'était avec Gerald Kidner que Cameron avait éclusé des bières, chez Gerald, un peu plus loin dans Dee Street. Quand, avec sa compagne, Verna Snyder, ils eurent décidé d'aller chercher leur chèque d'allocations, Cameron leur emboîta le pas pour s'en retourner chez Tracy. À l'audience, Gerald portait une chemise noire ornée de motifs en forme de flammes. Il avait du mal à lire le serment. « Le seul truc qu'il disait, déclara-t-il à la cour, c'était une chanson qu'il chantait, *Qui a lâché les chiens*, après avoir vu Patrick Nugent se faire coffrer… Il chantait ça juste comme ça et il continuait de marcher. »

Boe se leva et demanda : Gerald, vous êtes un ami proche de Mulrunji, pas vrai ? Vous étiez son ami ?

Gerald Kidner : Ouais.

Andrew Boe : Est-ce qu'il chantait souvent ?

Gerald Kidner : Oh ça, oui.

Andrew Boe : Et est-ce qu'il chantait sans faire attention aux gens qui étaient là ?

Gerald Kidner : Ouais.

Andrew Boe : Et donc il ne chantait pas cette chanson-là pour une raison particulière, n'est-ce pas ?

Gerald Kidner : Non.

Andrew Boe : Il la chantait, un point c'est tout.

Gerald Kidner : C'est ça, il la chantait, un point c'est tout.

Le témoin suivant était la compagne de Gerald, Verna Snyder, visage maigre, pieds nus, grelottante, apparemment ravagée par l'alcool. Le greffier fut obligé de lui lire son serment et elle le répéta d'une voix lente et calme. Son témoignage ressemblait aux paroles d'une chanson incohérente : « Rien qu'à chanter sur la route et les flics se pointent… Ils mettent Cameron [à l']arrière. »

Terry Martin, assistant du coroner, lui demanda qui chantait.

Verna Snyder : Cameron.

Terry Martin : Qu'est-ce qu'il chantait ?

Verna Snyder : « Appelez les chiens dehors. »

Elle s'effondra au beau milieu de son témoignage et s'assit la tête entre les mains, affolée, déboussolée.

Un cheval errant passa la tête dans l'embrasure de la porte. Une bourrasque s'engouffra et éparpilla les papiers du coroner. Verna Snyder pleurait sur sa chaise. Impossible que j'aie été la seule personne de toute l'assistance à avoir la nausée, à sentir que toute l'affaire était désespérée. Sur cette île, la loi ne se rapprochait nullement de la vérité, elle s'en éloignait.

La veille, j'étais allée avec Elizabeth et Boe faire le tour des témoins pour leur dire de ne pas trop boire. Nous nous étions arrêtés devant une maison qui tremblait au son d'une puissante musique de danse. Des adolescents, tous bourrés, vinrent s'agglutiner autour de la voiture. Ils étaient jeunes, certains n'avaient pas plus de treize ans, et on aurait vraiment dit des zombies. L'une des filles posa la main sur la vitre, scrutant l'intérieur, n'y voyant manifestement personne. Des canettes de bière traînaient partout ; des jeunes enfants traînaient partout alentour. Il était neuf heures du matin.

« Les Noirs c'est du mal pour comprendre la langue des Blancs », me confia un des témoins.

Dans ce gymnase, il apparaissait tout aussi clairement que les avocats comprenaient à peine la langue des habitants de Palm Island. La plupart d'entre eux auraient préféré être ailleurs. C'était un cas de « lever le coude » – le terme qu'employaient les Aborigènes pour désigner la façon dont les Blancs regardaient leur montre, pressés de prendre l'avion du retour.

Terry Martin s'adressa au coroner : « Je suis désolé, Votre Honneur, je ne comprends rien du tout. » Erykah Kyle s'approcha de Verna et lui passa le bras autour des épaules. Elle fut autorisée à quitter l'audience.

Gladys Nugent, le témoin suivant, parlait d'une voix douce, « sous sa peau ». Terry Martin lui demandait sans cesse de répéter parce qu'il ne l'avait pas entendue. Gladys se trouvait près de l'avant du fourgon de la police quand Hurley avait arrêté Cameron. « [Cameron] marchait tranquillement quand je le vois… Je l'ai jamais entendu jurer. » Mais Zillman lui demanda quelle quantité d'alcool elle avait bue ce matin-là et souligna le sous-entendu : elle était trop ivre pour savoir si Cameron avait juré ou non.

Nobie Clay s'était à ce moment-là trouvée assise avec son bébé dans sa véranda, observant l'arrestation de Cameron. La vingtaine, elle était pieds nus et dans la force de l'âge. À l'adolescence, c'était une grosse buveuse, mais plus maintenant. Nobie était une championne de boxe locale, et elle avait interrompu momentanément sa carrière pour élever son fils. À l'inverse des autres témoins, elle était impatiente de raconter ce qu'elle avait vu. Elle décrivait l'allure qu'avait Cameron quand il était passé devant chez elle :

> Il n'avait pas l'air malade. Il ne boitait pas ni rien. Il m'a regardée droit dans les yeux. Il n'avait pas de marques ni de bleus à la figure. Chris est sorti d'un bond côté conducteur. Oncle Cameron, il ne lui a rien dit pendant qu'il s'approchait de lui. Tout ce qu'il a dit, c'est les paroles de la chanson *Qui a lâché les chiens*. Il était gai quand il buvait. Il se tenait là sur le chemin, et Chris il est sorti d'un bond, et des deux mains il l'a attrapé par le bras et il l'a traîné vers le véhicule. Et oncle Cameron, il lui a juste dit : « Oh ! mon pote, tu me coffres sans raison. » Alors Chris il lui a dit : « La ferme, monsieur Doomadgee. Je vous coffre. » Oncle Cameron, il n'a pas essayé de résister à l'arrestation. Il n'a pas essayé de le frapper. Ni de l'insulter. Alors Chris l'a attrapé par les deux bras, il l'a poussé contre l'arrière du panier à salade. Et quand oncle Cameron a voulu se retourner pour lui faire face, alors là Chris lui a attrapé les deux jambes et il lui a rentré dedans en lui faisant un genre de croche-pied pour l'envoyer valdinguer au fond du panier à salade. Et c'est là que j'ai entendu un gros boum. Et sur ma déclaration ça dit que je l'ai pas vraiment vu le frapper sur la tête mais je sais qu'il l'a frappé à la tête parce qu'il avait encore les bras le long du corps et les jambes en l'air… Il n'a donné aucun prétexte à Chris pour qu'il le maltraite de cette façon-là.

Steve Zillman suggéra qu'elle ne pouvait pas avoir vu tout cela si elle surveillait son bébé en même temps. Nobie déclara que si, c'était possible, et elle l'avait fait. À ce moment-là la sono tomba en panne et l'audience fut suspendue le temps de la remettre en service.

L'image que je me faisais de Hurley était tour à tour nette et floue : silhouette tantôt clairement dessinée, tantôt sans bords, simple présence, force diffuse à l'intérieur de son cadre. J'avais entendu dire qu'il flirtait volontiers avec les femmes de l'île et qu'il coffrait les ivrognes pour les emmener jusqu'au terrain d'atterrissage et les laisser là-bas, les forçant ainsi à dessoûler en parcourant à pied le long chemin du retour. Ce matin-là, le préfet de police avait décrit le brigadier-chef comme un « excellent officier de police ». Mais dans le gymnase, deux mères m'avaient raconté que chacun de leurs fils était rentré de garde à vue avec des contusions ; j'avais aussi rencontré une jeune femme qui se trouvait être la nièce de Cameron Doomadgee, et qui s'appelait Barbara Pilot. Barbara me confia qu'un jour Hurley lui avait écrasé le pied en voiture et l'avait laissée étendue à terre.

Dans l'histoire confuse du matin où Cameron avait trouvé la mort, Hurley était tantôt le Bon Samaritain, aidant Gladys à aller chercher ses médicaments, tantôt une brute, qui mettait Cameron de force dans le fourgon. Était-il le bon flic et le méchant flic à la fois ? Ou bien, dans la confusion des échanges et des arcanes juridiques, le véritable Chris Hurley s'était-il évaporé ?

Venu de nulle part, le chien de Cameron fit son entrée et vint s'asseoir à côté des sœurs Doomadgee. (Plus tard, Elizabeth prétendit que le chien avait mordu un témoin dont la déclaration était douteuse.) D'autres chiens étaient déjà couchés à l'ombre. Les enfants ramassaient les bouteilles d'eau vides que les avocats avaient laissé traîner. Le fils de Cameron, Eric, était assis avec un copain. J'avais donné à Elizabeth des graines et des outils pour son jardin, dont une griffe rouge qu'Eric avait attachée à son mollet à l'aide d'un bandana. Il la transportait comme une arme, comme s'il nourrissait des idées de vengeance.

La cour entendit le témoignage de Patrick Nugent, l'homme que Hurley était en train d'arrêter quand Cameron passa pour la première fois devant le fourgon. Pâle et maigre, tel un personnage du Greco avec une main bandée, un maillot de football sans manches et les pieds nus, Patrick était beau et ravagé. (« Vous ne trouvez pas que ça sent le lait tourné ? » m'avait demandé un peu plus tôt l'administrateur blanc de l'île, fronçant le nez en sentant l'odeur âcre que dégageait Patrick.) Le soir de la mort de Cameron, Patrick avait été interrogé par les inspecteurs Robinson et Kitching. Il leur avait raconté qu'on l'avait emmené au poste dans un autre véhicule que Cameron, puis placé dans une cellule distincte. En d'autres termes, il n'avait rien vu. Lorsque la Commission des crimes et fautes disciplinaires l'avait interrogé deux semaines plus tard, il avait prétendu :

> J'ai vu que Cameron était dans la pièce devant la porte des cellules. Il était étendu par terre sur le dos. Chris était sur lui… il le bourrait de coups dans les côtes, dans les flancs. À ce moment-là, Chris il disait à Cameron de la fermer et de se tenir tranquille. Et puis il a rajouté : « Vous en voulez encore, encore Doomadgee ? »

Mais la vidéosurveillance montrait que Patrick était dans les vapes, et n'aurait pas pu voir quiconque faire quoi que ce soit. Quand on lui demanda de se relire et de prêter serment sur la foi de sa déclaration à la CCFD, Patrick ne broncha pas.

Terry Martin : Si vous considérez votre déclaration additionnelle, diriez-vous que le contenu de cette déclaration est vrai ? Relisez-la intégralement avant de répondre à cette question, s'il vous plaît. Je veux savoir si la déclaration est vraie, vous comprenez ?

Patrick Nugent : Ouais.

Le coroner d'État : Monsieur Nugent, savez-vous lire ?

Patrick Nugent : Non.

Le greffier se leva et, se tenant près de Patrick, lut à voix haute sa déclaration. Les deux hommes avaient probablement le même âge, mais l'anglais de Patrick était limité et on voyait bien qu'il ne comprenait que très partiellement ce qui se passait. Pire encore, il semblait s'efforcer de deviner la bonne réponse. Les avocats ont un terme pour désigner la tendance qu'ont les témoins aborigènes à acquiescer à tout ce qu'on leur dit, de façon à faire preuve de politesse, à éviter tout conflit et à quitter la barre le plus vite possible : cela s'appelle la « participation injustifiée ».

Steve Zillman : Alors, pourquoi avez-vous fabriqué ces contrevérités, pourquoi les avoir mises dans votre déclaration ?

Patrick Nugent : Ouais.

Steve Zillman : En fait, je pense que vous étiez incapable de tenir debout.

Patrick Nugent : Non, j'étais assis.

Steve Zillman : Hmm ?

Patrick Nugent : J'étais assis et je me suis levé.

Steve Zillman : Vous aviez tellement bu que vous étiez quasiment inconscient !

Patrick Nugent : Non.

Steve Zillman : En fait, vous n'avez pas la moindre idée de ce qui s'est passé ce jour-là ?

Patrick Nugent : Non.

Steve Zillman : Je n'ai rien à ajouter. Merci.

Patrick fut escorté hors du gymnase par des photographes qui le poursuivirent le long de la route. Tandis que leurs flashs crépitaient, il se protégeait le visage de sa main bandée. Ce soir-là, il rentra chez lui et tenta de se brûler vif. Sa grand-mère le trouva et lui sauva la vie. Quelqu'un venait de dire à Patrick qu'il était étendu dans la cellule avec Cameron quand celui-ci était mort. Il ne le savait même pas.

Au bout de six heures d'audience, les chemises blanches des avocats étaient transparentes et leur collaient dans le dos. Les femmes s'éventaient. Dehors, les cigales bourdonnaient, une musique de fête résonnait, les enfants babillaient en sortant de l'école.

C'était à présent au tour de Roy Bramwell de venir à la barre. C'était un jeune homme aux épaules voûtées et au visage de vieillard ; c'était aussi le témoin favori des insulaires. Sur la jetée un jour, j'avais demandé à Roy s'il aimait aller à la pêche. Il m'avait montré du doigt un canot en aluminium qu'il avait l'espoir d'acheter et de conduire au-delà de la barrière de corail pour pêcher. Il était né et avait grandi à Palm Island, ne quittant l'île que pour faire de la prison. Il était allé à l'école jusqu'à l'âge de neuf ans et savait lire « un peu ».

Le matin où Cameron s'était fait arrêter et enfermer pour avoir insulté Chris Hurley, Roy, qui avait battu trois femmes, fut autorisé à rentrer chez lui. Traduction par les habitants : vous pouvez bien faire ce que vous voulez entre vous, mais pas question d'insulter un flic.

Roy Bramwell était un ivrogne, violent qui plus est – pas vraiment le genre de type solide à partir duquel on pouvait bâtir une bonne argumentation, même si le père Tony, qui assistait à l'audience, fit remarquer qu'il avait au moins l'honnêteté de reconnaître son inconduite. Roy avait relu sa déclaration faite à la police jour après jour, tâchant de la mémoriser. « Pour lui, c'est comme une prière quotidienne », disait Elizabeth. Mais Roy craignait que les avocats « emballent tout ça pour en faire un sac de nœuds ».

Terry Martin : En agressant votre concubine, Gladys Nugent, l'avez-vous assommée ?

Roy Bramwell : Je l'ai cognée.

Terry Martin : Oui. Je sais que vous l'avez cognée, mais l'avez-vous assommée ?

Roy Bramwell : Non.

Terry Martin : Vous l'avez cognée avec le poing ?

Roy Bramwell : Oui.

Terry Martin : Et après, lui avez-vous fait autre chose ?

Roy Bramwell : Je lui ai donné des coups de pied et je l'ai tapée avec une chaise.

Terry Martin : Des coups de pied ?

Roy Bramwell : Oui.

Terry Martin : Où ça ?

Roy Bramwell : Dans la figure.

Martin amena Bramwell au moment où il se trouvait au poste de police, et Roy déclara : « Ce que je voyais… Je voyais juste Chris. Parce que y a un grand classeur… un classeur gris qui fait le coin. J'ai vu Chris qui le frappait par terre, quand il était par terre… j'ai vu son coude qui montait et qui descendait et lui il beuglait : "Encore ? Vous en voulez encore, monsieur Doomadgee ?"… Il s'est mis à genoux. Lui c'est un grand homme. »

Roy avait d'abord dit à la police que même s'il n'avait pas vu où portaient les coups de Hurley, il supposait que c'était au visage de Cameron. À présent il tenait à dire que c'était sans doute dans les flancs de Cameron, où se trouvaient les blessures fatales. Il tenta de convaincre Martin et l'assistance que dans sa première déclaration devant Darren Robinson le lendemain de la mort de Cameron, il avait eu trop peur de dire ce qu'il avait vu. Aujourd'hui, il regardait sa déclaration et il affirma : « Tous les mots que j'ai dits dans cette déclaration je les ai pas dits. »

Toute la communauté avait entendu auparavant Roy donner sa version des faits et à présent, tous étaient attentifs. Mais à l'examen légal, cette version-là s'effilochait. Lui-même le sentait. Les avocats le sentaient. Toute l'assistance le sentait. Roy changeait son témoignage dans une tentative – héroïque, pensait-il – pour montrer que Hurley était l'auteur des blessures infligées à Cameron. Mais en réalité il sabordait toute l'affaire.

Roy déclarait à présent qu'il s'était levé de sa chaise pour voir par-dessus le meuble classeur. Il décrivit la position de Hurley : « Eh ben, il était à genoux sur Cameron. »

Terry Martin : Il était à genoux sur quoi ?

Roy Bramwell : Sur Cameron.

La frustration de Roy était tangible. Il avait besoin de faire quelque chose pour convaincre le coroner. Sans qu'on le lui demande, il se leva et posa un genou en terre, comme il prétendait que Hurley l'avait fait, puis donna des coups de poing dans la zone des flancs.

Terry Martin : Et là, il a les deux genoux sur lui ?

Roy Bramwell : Oh, juste un seul.

Terry Martin : Et où se trouvait l'autre genou ?

Roy Bramwell : De l'autre côté… un sur lui et l'autre qu'était là quoi, sur le sol.

L'espace d'un instant tout se tut. Soudain, je voyais toute la scène clairement : le genou d'un grand homme costaud maintenu sur la poitrine d'un autre homme cloué sur un sol de béton. Le genou qui appuyait.

À l'audience le lendemain matin, Boe fut le premier des avocats à se lever. Il voulait introduire une demande pour que les témoins aborigènes bénéficient d'une aide juridique plus importante, puis il ajouta : « Je dois faire porter au procès-verbal, Votre Honneur, que Votre Honneur a rendu visite à mon domicile hier soir. »

C'était vrai. La veille au soir, au motel, on avait entendu quelqu'un frapper fort à la porte. « J'ai un mandat », tonna une voix masculine. Paula, Boe et moi-même restâmes figés. C'était Michael Barnes, en short et T-shirt.

Boe et lui échangèrent des salutations cordiales. Boe l'invita à entrer et insista pour lui offrir une bière. Le coroner semblait content d'avoir de la compagnie. Nous discutâmes de la journée écoulée, à quel point tout cela était déprimant. (« Alors c'est comme ça que parlent les hommes de loi quand ils se retrouvent entre eux », pensai-je.) Mais il vint un moment où Boe exprima ses réserves sur tant de convivialité. Ce n'était pas convenable de fraterniser ainsi. Si les policiers de la caserne juste à côté avaient vu cette scène, cela aurait pu compromettre l'instruction.

Ensuite, Peter Callaghan se leva et annonça : « J'affirme que vous ne pouvez pas continuer à présider dans cette affaire. » La veille au soir, il avait finalement eu accès à un certain nombre des dossiers de plainte concernant Hurley, qui venaient d'arriver de Brisbane. Dans tous les cas, le coroner Michael Barnes en personne – dans ses précédentes fonctions – avait signé en faveur de Hurley.

C'était déjà un coup dur pour Barnes, mais au cours d'une brève suspension d'audience Boe aggrava encore bien plus la situation. Il raconta à Steve Zillman les détails de la visite de Barnes la veille. Lorsque la cour revint siéger, Zillman et les avocats du préfet de police se joignirent à la demande de récusation du coroner.

Steve Zillman : Je suis informé du fait que vous avez commencé par frapper à la porte du logement. Que Mr. Boe est venu à la porte. Que vous lui avez annoncé que vous aviez un mandat… Qu'une bière vous a été offerte et que vous l'avez acceptée et bue.

Le coroner avait l'air accablé. Il avait l'air d'un homme venu faire son travail et se retrouvant la corde au cou. Humilié. Barnes n'eut pas le choix, il devait accepter la récusation. C'était le 1er mars 2005. Il faudrait attendre le mois d'août avant que l'instruction ne reprenne.

Le fait qu'il ait été prêt à donner la priorité aux principes en dit long sur Andrew Boe. Il aurait été tellement plus facile de s'accommoder de petits arrangements ! Et Boe allait en payer le prix : l'instruction serait plus longue et pour lui, surtout – puisqu'il travaillait gratis –, plus coûteuse.

Le processus judiciaire s'était effondré. Tandis que les avocats rangeaient leurs documents dans leurs valises à roulettes, les habitants de Palm Island discutaient en se demandant ce qui s'était passé. Ils n'étaient pas surpris par l'ajournement de l'audience. La loi des Blancs était ainsi faite. Et pourtant toute l'île sentait bien que quelque chose pourrait se produire. Avec toute cette énergie accumulée, c'était une possibilité.

À ce moment précis, comme si on lui avait donné le signal, l'activiste aborigène Murrandoo Yanner arriva en provenance de son lieu de résidence dans la région du golfe. Le nom de Murrandoo signifie « tourbillon », et l'homme le mérite. Jeune prince charismatique, il s'avança comme une rock star dans la salle pleine de reporters groggy. Murrandoo était le chef d'un clan ganggalida ; la grand-mère maternelle de Cameron, Lena Diamond, et sa grand-mère par alliance, Lizzy Daylight, appartenaient toutes deux aux Ganggalida. Les sœurs Doomadgee, qui étaient ses cousines éloignées, s'agrippaient à lui tandis que les flashs crépitaient tout autour.

Murrandoo, trente-quatre ans, était un héros pour certains, un voyou pour les autres. Depuis la mort de Cameron, il plaidait pour la vengeance à l'ancienne, défendant l'idée que la résistance était honorable. « Cassez la gueule de ce policier qui brutalise votre frère, incendiez ce commissariat qui protège un meurtrier. Arrêtez de tabasser vos femmes et allez tabasser les flics racistes. » C'était une resucée maladroite des propos de Malcolm X disant : « Le temps est passé où vous et moi, nous nous laissions brutaliser sans violence[1]. » Si Hurley avait été soumis à la loi aborigène, on lui aurait infligé un coup de lance dans la jambe en guise de châtiment – ou pire, peut-être –, épargnant ainsi à tout le monde beaucoup de douleur, d'angoisse, de temps et d'argent.

Murrandoo était venu à Palm Island soutenir la famille Doomadgee et présider une cérémonie de fumée – sorte d'exorcisme aborigène – devant le poste de police reconstruit à neuf. Cela faisait plusieurs années qu'on n'avait pas vu une telle cérémonie sur Palm Island ; les missionnaires avaient découragé cette pratique. « Le but de la cérémonie de fumée, me confia Yanner, c'est quand des gens se sont suicidés, ou fait tuer, ou sont morts dans un accident, de mort violente, et que plein de choses n'ont pas été faites ou pas été dites. Ils ne savent pas où ils vont se retrouver dans l'autre vie, alors leur esprit est très, très troublé. Et alors, il risque de s'attarder. » La cérémonie de fumée pouvait soulager l'impression d'être hanté, et empêcher les morts de visiter les rêves des vivants. « Ça permet à l'esprit de partir vers la vie meilleure, la vie au-delà, *gingari* dans notre langue. Le paradis pour nous autres du peuple ganggalida. »

Tôt le lendemain matin, le ciel était bas et les cacatoès criaillaient pendant que Murrandoo enduisait les bras des amis et de la famille de Cameron d'ocre rouge, symbole du sang, pour les lier à l'esprit du défunt. Parmi les hommes du groupe il y avait

1. Discours de Malcolm X au meeting fondateur de l'Organisation pour l'unité afro-américaine le 28 juin 1964 à Harlem.

Roy Bramwell, Patrick Nugent et Eric Doomadgee. Ils ôtèrent leur chemise. Puis tout le monde fit un cercle autour d'un seau où brûlaient du charbon et des branches d'eucalyptus, avant de reparcourir le dernier chemin du père d'Eric.

Le groupe se tenait devant la vulgaire cabane en alu qui tenait lieu de poste de police. Tony Koch, quelques maçons, les officiers de police affectés sur l'île à ce moment-là, le commissaire divisionnaire de la région, Andrew Boe et moi-même observions la scène. Koch, qui était proche de Murrandoo, s'inquiétait pour son ami : on avait trouvé un portrait de lui sur une cible de tir qu'utilisait la brigade d'intervention ayant arrêté les émeutiers.

Murrandoo transporta le seau de braises dans le poste de police ; l'assemblée suivit, comme hypnotisée. « La fumée purifie, lave, et c'est une renaissance, me dit-il plus tard ce matin-là. C'est une genèse parce que quand le bois se consume, s'érode et meurt, une chose nouvelle se libère, bien plus pure, bien plus légère, bien mieux capable de bouger librement, presque aussi libre que la fumée qui monte dans le vent. »

Traditionnellement, on croyait que les gens portant le nom de phénomènes météorologiques avaient le pouvoir de les produire. Mais Murrandoo me frappa comme étant pris dans son propre tourbillon. En tant qu'officiant de la cérémonie, il était dans une position insoutenable. Il pleurait avec la famille Doomadgee, mais il tenait aussi en haute estime l'homme qui avait, croyaient-ils, tué Cameron. Murrandoo Yanner comptait Chris Hurley parmi ses amis. Il le connaissait mieux que quiconque sur l'île.

En 1998, quand Hurley avait trente-deux ans, il avait été promu brigadier et nommé à Burketown dans le golfe de Carpentarie. Là, Murrandoo et lui étaient devenus proches. L'officier de police rendait souvent visite au leader aborigène et à sa femme pour dîner, et c'était aussi un favori de ses quatre fils. En décembre 2004, Murrandoo avait parlé de leur amitié dans une interview avec Tony Koch, intitulée « L'amer dilemme de Yanner » :

> « Mon cœur souffre réellement, a confié Yanner au *Weekend Australian*. Je suis un Aborigène fier de l'être et je me ferai toujours un devoir d'être aux côtés de mon peuple, quelles que soient les circonstances. Mais Hurley était le flic le plus honnête que j'aie jamais rencontré et il n'était absolument pas raciste… On s'est soûlés ensemble des dizaines de fois et il venait chez moi pour manger en famille. C'est le seul flic qui soit jamais entré chez moi sans arme ni mandat de perquisition à la main. J'avais confiance en lui. Il donnait de son temps pour emmener les gosses murri [Aborigènes du Queensland] de Burketown camper à des endroits comme Lawn Hill Gorge. Un jour, il a emmené mon fils aîné. En temps normal, je ne laisserais pas un flic toucher mon chien, mais j'ai confié mon fils à ce gars-là. »

Yanner garde un souvenir très net d'une conversation avec Hurley dans laquelle le policier lui a raconté le jour où il avait compris son propre racisme et décidé de le combattre.

À l'époque, Hurley était en poste dans le détroit de Torres et il était en expédition de nuit à la recherche d'un pêcheur perdu en mer. « Hurley m'a dit qu'il pestait et jurait contre ce… de Noir mais qu'au bout d'un moment il avait regardé les étoiles et s'était entendu parler et qu'il s'était

> dit : “Je suis raciste.” Ç’a été le déclic pour lui. Ça l’a transformé. Ils ont fini par retrouver le type perdu et par la suite la sœur de Hurley est venue dans l’île d’où était originaire le gars et ils l’ont traitée comme une princesse. »

Murrandoo tendit à Carol Doomadgee, sœur aînée de Cameron, un tissu imbibé d’ocre rouge. Il fallait maintenant marquer le bâtiment d’une ligne rouge ininterrompue faisant le tour des murs, pour symboliser le fait qu’il était purifié. L’ocre ne devait pas être nettoyé. Carol frotta le tissu suivant une ligne continue le long de l’aluminium tout neuf du commissariat, et bien évidemment on aurait dit du sang.

DEUX

Doomadgee

L'histoire de Chris Hurley et celle de Cameron Doomadgee conduisaient toutes deux au golfe de Carpentarie. Je décidai de les suivre là-bas. C'était une partie de l'Australie que je connaissais seulement par ouï-dire. La région du golfe, c'est l'Ouest sauvage sous d'autres cieux, un reste de la frontière historique qui grouille de bétail en liberté, de rodéos, de cow-boys et de gens sans adresse permanente. Les plaines arides miroitent dans la chaleur et la nuit, les voyageurs qui empruntent les routes de traverse rudimentaires sont, dit-on, hypnotisés par les Feux de Min Min[1] qui planent mystérieusement devant leurs yeux. La ville d'où Murrandoo Yanner est originaire, Burketown, près de la côte du golfe, est l'endroit où Hurley a vécu de 1998 à 2002. À cent kilomètres de Burketown se trouve Doomadgee, village aborigène d'où vient la famille de Cameron, et où Hurley a parfois eu l'occasion de travailler. Il devait forcément y avoir des indices dans ces deux

1. Lumières inexpliquées apparaissant fréquemment en Australie orientale. Présentes à l'origine dans les mythes et traditions aborigènes, elles font aujourd'hui partie du folklore local.

lieux. Mais si j'y allais toute seule, accepterait-on de me parler ?

Elizabeth et Valmae voulurent m'accompagner pour rendre visite à leur famille. La fille aînée d'Elizabeth vivait à Doomadgee depuis dix ans, et Elizabeth voulait voir ses petits-enfants avant qu'ils soient trop « rouillés ». Valmae songeait à repartir avec sa famille à Doomadgee parce que, me dit-elle, la Bible montre qu'en général une catastrophe en annonce une autre : elle craignait que Palm Island ne soit frappée par un tsunami.

Je retrouvai les deux sœurs à Townsville. Elles transportaient leurs effets dans des sacs plastique. Je leur achetai un sac de voyage chacune et nous prîmes l'avion jusqu'à Mount Isa – survolant les cheminées de la ville minière – avant d'embarquer dans un appareil plus petit qui faisait halte comme un autobus dans différentes villes du golfe, dont Doomadgee. Les autres passagers, une quinzaine en tout, étaient des employés du gouvernement et des gens du cru. Deux jeunes femmes aborigènes rentraient de la maternité, tenant leur nouveau-né dans les bras.

Un détective privé occupait le siège en vinyle derrière moi. Il prenait le vol jusqu'à Cairns, le terminus. Un jour qu'il était dans un avion de ce genre, l'appareil avait piqué du nez après avoir heurté un kangourou sur la piste. Dans le temps, m'avait-il dit, il y avait des hommes alignés le long de la piste de Mount Isa qui tiraient des coups de feu pour effrayer ces bêtes ; aujourd'hui, c'était une sono qui imitait le bruit des fusils. Arrivés à cinq mille pieds, on entendit, couvrant le vrombissement du moteur et des hélices, un bruit strident comme celui d'une sirène. Le copilote jaillit du cockpit, le visage luisant de sueur, pour prêter l'oreille. Il blagua avec le détective, lui disant que c'était sans doute un vibromasseur qui s'était déclenché dans la soute à bagages, puis, se penchant tout près de moi, il ajouta : « C'est sans doute un sex toy. »

Du haut du ciel, le cours des rivières décrivait des serpentins verts, et la terre elle-même luisait d'un rouge pourpre primitif. Elle était élémentaire au sens littéral du terme. Le tableau périodique, incrusté sous la surface – Cu, Pb, Zn, Au, Ag, Ni, U –, s'exprimait en vastes mines poussiéreuses qui s'étiraient à nos pieds. Elizabeth regarda par le hublot : « Ne soyez pas surprise si vous voyez un os de dinosaure », me dit-elle.

Le sol était également marqué d'innombrables pistes de chant entrecroisées, aussi appelées pistes du Rêve, déposées durant la période de la création, quand les Esprits ancestraux avaient formé la terre. « Tout en créant cette topographie, ils se transformaient constamment, passant de l'état animal à l'état humain et inversement [...] un peu à la manière des dieux grecs », explique l'écrivain Robyn Davidson. Dans l'ancien temps, quand les Aborigènes du golfe voyageaient, ils se rappelaient la disposition du paysage grâce à des cycles de chants parlant des ancêtres du Rêve. C'était comme connaître l'*Iliade* et l'*Odyssée* par cœur et utiliser ce savoir pour rendre la terre intelligible. Certaines parties de ces chants expliquaient les caractéristiques naturelles laissées par les esprits, et les voyageurs suivaient ces pistes de chant comme des lignes électriques qui leur transmettaient leur propre charge spirituelle. Un Aborigène qui tentait d'expliquer ce phénomène en des termes qu'un Européen puisse comprendre avait dit à W. E. H. Stanner : « Vieil Homme, toi écoute ! Quelque chose il y a là ; quoi on ne sait pas ; *quelque chose*… comme moteur, comme électricité, beaucoup électricité ; ça travaille dur ; ça pousse. »

Murrandoo m'avait raconté que le peuple waanyi – la tribu de la mère de Cameron – était un peuple d'eau douce, un peuple des rivières, mais les Ganggalida, le peuple de Murrandoo et d'Arthur Doomadgee, qui vivaient plus au nord près de la mer, étaient à la fois eau douce et eau salée. Le ganggalida était la langue parlée par douze clans différents, et leurs Rêves comprenaient la Grue Brolga, le Serpent Arc-en-ciel, l'Autour, le Dingo, le Dugong, le Mérou, le Diable Barramundi, le Wallaby Gaucher, le Requin, et le Feu de Brousse.

Ayant grandi sur Palm Island, Elizabeth se considérait comme eau salée. Habituée aux montagnes, elle trouvait la région de Doomadgee trop plate. Le climat non plus n'était pas à sa convenance. Il est connu pour être difficile. Aux yeux des Européens, il y a deux saisons, humide et sèche. La période intermédiaire s'appelle la montée : des journées à plus de 38 °C et cent pour cent d'humidité, quand on sort on a la chemise trempée à l'instant même ; chaque goutte de sueur est pompée de votre peau comme si le soleil, désespérant de la terre desséchée, faisait appel à vous. À la saison sèche, la région du golfe pourrait être la plaine de Sodome et Gomorrhe : « Tout le pays n'est que soufre, sel et feu : pas de semailles, pas de végétation, aucune plante ne pousse », comme dit la Bible. Et puis chaque année à la fin novembre viennent les pluies.

Les Waanyi définissent cinq saisons. La période de décembre à mars s'appelle *wirrngil*, traduit par « pluie sans arrêt maintenant – pas possible marcher ». Lors d'une saison bien humide, les villes sont complètement isolées ; les routes sont sous l'eau, les terrains d'atterrissage inondés, les requins nagent aux alentours des élevages de bétail. Pendant trois ou quatre mois, ces villes pelées deviennent des îles luxuriantes.

Notre visite avait lieu fin avril, dans la saison appelée *ngajirr* – « quand il fait froid » –, la période de *wurrarra wala gulana* (« vent qui vient du sud »). Il régnait une chaleur torride, mais personne ne me signala si elle était hors saison.

Le vibromasseur se déclencha une nouvelle fois, puis nous nous posâmes, dérapant en décrivant un angle à vous retourner l'estomac qui fit basculer les gommiers et les eucalyptus rouges à quarante-cinq degrés. Le détective privé descendit derrière nous pour se détendre les jambes. Il me raconta qu'il avait occupé un poste de policier dans cette communauté en 1996, quand les Aborigènes s'étaient soulevés après qu'un flic avait été soupçonné d'avoir renversé un homme.

Il ne fit pas le lien entre moi et les sœurs Doomadgee, et me demanda si je faisais un reportage. Je lui dis que oui. « Vous êtes déjà allée dans une communauté aborigène ? » Je hochai la tête. Il m'avertit de me méfier des « jeunes mâles, vu que vous êtes une femme blanche toute seule ».

Ce n'était pas le premier avertissement qu'on me donnait. Un autre officier de police, qui connaissait Hurley et avec qui j'avais commencé à correspondre, avait autrefois travaillé à Doomadgee et m'avait adressé ce conseil :

> Faites bien attention où vous mettez les pieds, il y a toujours des allégeances, des contrevérités et des animosités cachées entre les principaux acteurs. En simple visite à Doomadgee, l'endroit vous paraîtra peut-être totalement négatif. Les gens ne sourient pas beaucoup et ce qui compte c'est de pouvoir contrôler la plus grande quantité possible d'argent du gouvernement et trouver des emplois pour son propre clan. Personnellement, je n'ai jamais vu autant de négativité, etc., dans d'autres communautés où j'ai vécu et travaillé. Mais ce sont seulement mes observations. Bonne chance.

Je savais que Doomadgee ne serait pas le paradis perdu. C'était une communauté parmi celles des quelque vingt anciennes missions installées dans le Queensland à la fin du dix-neuvième et au début du vingtième siècle pour préserver les indigènes de la violence de la colonisation et les civiliser. Mais je voulais savoir d'où venait la famille de Cameron Doomadgee, et si la vie dans cette région était différente de la vie à Palm Island.

La mission Doomadgee avait été établie au début des années 1930 par Lew et Dorothy Akehurst. Ils appartenaient aux *Christian Brethren*, une secte évangélique de l'Église anglicane, et venaient de Sydney. Au début, les Akehurst firent le tour du district en chariot, rassemblant les enfants en promettant à leurs parents qu'on leur apprendrait à lire et à écrire. (« A » comme « Adam » et « À chaque jour son péché ».) La toute première mission se trouvait sur un site appelé Dumadji, dans les marécages du golfe, mais les moustiques, les sauterelles, un cyclone et le manque d'eau potable – « Satan… qui nous éprouve durement » – forcèrent les Akehurst et leur mission à s'établir plus au sud en 1936, dans le lieu où se trouve la ville aujourd'hui. Les soldats amenèrent d'autres enfants de toute la région, en particulier des métis. Les mères aborigènes essayaient de les maquiller avec de la cendre, mais parfois ils avaient les yeux verts et, comme me le raconta une vieille femme, « quand ils allaient long bain tout le charbon c'était enlevé ».

Un rapport gouvernemental daté de 1950 sur les missions dans le nord du Queensland concluait que les Aborigènes de Doomadgee étaient « les plus propres, les mieux nourris et les mieux logés », mais aussi « les plus sévèrement tenus ». Les garçons âgés de plus de seize ans partaient travailler dans les ranchs, et les filles participaient à la construction de la mission, au jardinage et aux travaux ménagers. « On ne voit pas la différence avec l'esclavage… Les filles n'ont pas le droit de quitter seules l'enceinte de la mission durant la journée et sont enfermées à clef la nuit. Aucune distraction, à part les cantiques chantés en commun, n'est autorisée. »

Les missionnaires de Doomadgee ne cédèrent le contrôle de leur colonie qu'au début des années 1980, au moment où les clans locaux se virent reconnaître leurs droits territoriaux. Ils sont encore aujourd'hui considérés par de nombreux Aborigènes de la région avec beaucoup d'affection, mais ils ont laissé la communauté mal préparée à se gouverner elle-même. La population de Doomadgee atteint mille cinq cents habitants, tous aborigènes à l'exception du personnel blanc. Ces fonctionnaires contrôlent l'école, l'hôpital, la police, et toutes les ressources : certains les surnomment le Ku Klux Klan.

Doomadgee – ou *Doom City*, « Ville Damnée », comme on appelle l'endroit – se compose d'une boulangerie, un supermarché, un hôpital, une salle du conseil, un poste de police et un tribunal, une école et un monument aux morts, le tout réparti sur un quadrillage de routes de poussière rouge. Le samedi de notre arrivée, la commune était pratiquement déserte. La plupart des gens étaient à la pêche, ou bien avaient fait des centaines de kilomètres pour aller voir l'équipe de football de Doomadgee jouer contre Cloncurry.

L'administrateur blanc de Doomadgee – qui portait le titre de « P-DG » –, un ancien marin barbu et bien soigné, nous avait prêté une voiture, mais avait ordonné qu'elle lui soit restituée le soir pour éviter tout vandalisme. Nous nous rendîmes tout d'abord chez la fille d'Elizabeth, Rosie, où la famille se précipita pour accueillir les deux sœurs avec force larmes et embrassades ; les nouveau-nés aux joues rebondies firent l'objet d'une admiration enflammée.

À deux pas de là, des femmes étaient assises en rond sous un arbre, jouant de l'argent aux cartes. Des enfants sous l'arbre voisin faisaient de même. D'autres gamins s'amusaient avec des jouets qu'ils avaient fabriqués en fixant des bandes de plastique noir sur des canettes de bière. Plus tard dans l'après-midi, je vis des gosses faire rouler des vieilles roues de vélo ou de poussette le long de la route poussiéreuse tandis que leurs copains lançaient des canettes et des bouteilles de bière pour essayer de les dégommer. Des épaves de voitures gisaient dans la plupart des jardins. À moins que les gens ne dorment, leur porte était toujours ouverte. Ils se tenaient assis dehors sur des sièges auto ou des meubles de bureau hors d'usage, des cageots en plastique ou des roues.

« Je ne veux plus jamais revenir ici de toute ma vie, me déclara d'un air grave un apprenti peintre aux cheveux blond cendré, quand je vois comment ils traitent leurs bagnoles. »

Les peintres étaient en ville pour tracer des lignes blanches sur le terrain d'atterrissage. Pendant que les deux sœurs habitaient dans leur famille, je logeais avec eux dans une maison qui servait aux ouvriers temporaires, ainsi qu'aux employés blancs – institutrices et infirmières – et à des Noirs qui, parce qu'ils vivaient auprès des Blancs, se faisaient appeler par les autres Noirs du terme péjoratif de « frimeurs ».

Sur le pas de la porte de cette maison gisait une tortue desséchée qui avait perdu son chemin et était venue mourir là. Tout était écrasé de soleil, étourdi, comme si la ville souffrait d'insolation. Des geckos translucides rampaient le long des murs, des grenouilles occupaient la salle de bains, les ventilateurs ronflaient au plafond. Dehors, mes voisins blancs trimaient dans la chaleur torride, ruisselant de sueur tandis qu'ils tondaient la pelouse, nettoyaient leur barbecue, déplaçaient leur système d'arrosage sur différents carrés d'herbe brunie, s'efforçant de faire comme s'ils habitaient une banlieue pavillonnaire. Je commençais à comprendre ce qu'avait pu être la vie pour Hurley au sein de ces communautés. À Doomadgee, la claustrophobie le dispute à l'agoraphobie : c'est une minuscule communauté repliée sur elle-même au milieu de nulle part.

Le P-DG – un homme énergique et accueillant qui avait publié à compte d'auteur un ouvrage sur l'aristocratie britannique – me convia à la cérémonie de l'aube pour le Jour de l'Anzac. J'avais oublié que c'était presque le Jour de l'Anzac, jour de commémoration nationale en Australie, notre première manifestation de patriotisme, au cours de laquelle nous honorons les soldats australiens et néo-zélandais morts en nombre invraisemblable durant la Première Guerre mondiale[1]. Mon hôte m'indiqua comment se rendre au mémorial et me suggéra de prendre un gros bâton pour tenir en respect les chiens sauvages. Traverser la ville n'était affaire que de quinze minutes à pied, mais l'hôpital traitait trois morsures de chiens par semaine.

Je me levai avant l'aube et dénichai deux longs bâtons. Traversant l'obscurité, je marchais comme si je m'aidais de bâtons de ski. Des chiens aboyaient sur mon passage. Leurs aboiements en déclenchaient d'autres. Ils étaient invisibles dans la nuit pleine d'ombres, mais dans le rayon de lune, moi je ne l'étais pas. Le cœur battant, j'atteignis le mémorial. Quatre cents hommes aborigènes avaient rejoint les forces armées durant la Grande Guerre, et cinq mille pour la Seconde Guerre mondiale, mais ceux qui étaient rentrés dans le Queensland s'étaient fait confisquer leur solde par le gouvernement et n'en avaient jamais vu la couleur. Au mémorial, un mur haut d'environ un mètre vingt portait seulement une plaque où étaient inscrits les noms des soldats américains morts dans un accident d'avion durant la Seconde Guerre mondiale.

1. Anzac : *Australian and New Zealand Army Corps*. La cérémonie se tient à l'aube en commémoration du débarquement des troupes à Gallipoli, qui eut lieu à l'aube du 25 avril 1915.

Le P-DG était la seule personne présente. Son grand-père avait combattu à Gallipoli, son père dans la guerre suivante. Maladroitement, nous accrochâmes chacun un drapeau au sommet du mémorial, car la hampe avait été vandalisée, puis nous observâmes ensemble une minute de silence dans la nuit. Il murmura : « N'oublions jamais. » J'avais l'impression d'être une intruse, et quand il me demanda si j'avais perdu des membres de ma famille, j'avais bel et bien oublié… mon arrière-grand-père, qui avait trouvé la mort à Pozières. Le P-DG retira les drapeaux.

À onze heures il y eut une autre cérémonie. Le P-DG portait le costume, et des chaises étaient installées face au mémorial sur un coin de pelouse verte. Une infirmière blanche accompagnait un groupe de vieux Aborigènes venus de la maison de retraite et qui avaient l'air heureux d'être assis au soleil. À l'exception de deux ou trois grands-mères, les seules autres personnes présentes à la cérémonie étaient des fonctionnaires – institutrices, policiers, infirmières, les équivalents modernes des « missionnaires, mercenaires, dingues et désaxés » qui peuplaient autrefois ces avant-postes de la colonisation. Un infirmier au visage fripé portait tout un rang de médailles épinglées à la poitrine. La police était en uniforme. Nous ôtâmes nos chapeaux. Le soleil nous piquait la figure. Le P-DG fit un discours sur le sacrifice. Nous restâmes debout dans la chaleur pendant qu'un petit ghetto-blaster noir diffusait *The Last Post* enregistré sur cassette[1]. L'appel du bugle se mêlait aux bruits de la vie quotidienne qui suivait son cours.

1. Sonnerie militaire traditionnellement jouée à cette occasion et pour les services commémoratifs des armées du Commonwealth.

La plupart des Blancs présents dans cette assemblée étaient venus à Doomadgee parce qu'ils avaient besoin d'expérience pour trouver un emploi lorsqu'ils retourneraient à la « civilisation ». Ici, on pouvait gravir les échelons beaucoup plus vite que dans les villes, comme l'avait découvert Chris Hurley.

L'histoire de Hurley débute de la façon la plus ordinaire qui soit ; elle commence à deux mille cinq cents kilomètres de Doomadgee, dans une banlieue de Brisbane représentative des valeurs sociopolitiques de l'Australie. Hurley fit ses études secondaires au Saint Laurence's Christian Brothers College, une institution catholique perchée au sommet d'une colline dans le faubourg jadis ouvrier de Dutton Park. Jacarandas, poinsettias et frangipaniers entouraient le terrain. Dans la cour principale s'élevaient les anciens bâtiments en brique flammée de la mission espagnole aux pignons ornés de crucifix et aux façades ponctuées de châsses abritant des statues en plâtre blanc de la Vierge Marie.

Le père de Chris Hurley était président de l'Amicale des parents d'élèves de l'institution. Les Hurley – une « bonne famille de solide tradition catholique », « des gens comme tout le monde absolument adorables », aux dires de leurs connaissances – fréquentaient régulièrement la paroisse locale, où régnait un fort sens de la communauté, et s'impliquaient beaucoup dans les activités périscolaires, en particulier le sport. Chris Hurley jouait au rugby, participant au monde des chants de supporters et de la troisième mi-temps, mais il n'appréciait pas outre mesure le travail scolaire et il redoubla sa dernière année. Après l'obtention de son diplôme, il travailla un an dans une banque ; puis, en 1987, comme beaucoup d'anciens élèves ayant fait Saint Laurence's en même temps que lui, et comme son oncle et son frère aîné Tony avant lui, il entra à l'école de police.

Quand il commença l'école, les policiers étaient encore obligés d'informer le préfet de police avant de se marier ou de divorcer ; être père d'enfants illégitimes était un motif de renvoi. Un peu plus de 5 % seulement des officiers de police étaient des femmes, en dépit d'un vivier de candidats dont elles représentaient 25 %. Dans son rapport de 1989 sur la corruption au sein des forces de police du Queensland, Tony Fitzgerald note : « La propension à sélectionner les policiers les plus susceptibles de se conformer à la culture prédominante de la profession doit être éradiquée. »

Ceux qui connaissaient bien Hurley disent qu'il est sorti du lycée en voulant faire ses preuves. Il avait le sentiment d'avoir raté ses études ou sa vie sociale, et il allait trouver son chemin dans le monde par un autre biais. Il allait leur faire voir, aux anciens du lycée. Non pas qu'il se soit mis à les snober. Quand il cherchait des sponsors pour le club de sport qu'il avait fondé en 1990 sur l'île Thursday, l'une de ses nombreuses lettres était allée à l'Amicale des anciens élèves de Saint Laurence's. L'établissement, selon son site Web, « existe avant tout pour enseigner à ses élèves l'amour que Dieu leur porte et… met tout en œuvre pour que les valeurs de l'Évangile et le message de Jésus accompagnent chaque étape de la vie ».

Hurley n'aimait peut-être pas beaucoup l'école, mais durant toutes ces années il avait vécu dans le respect des principes enseignés à Saint Laurence's, répondant à une conception toute catholique du sacrifice, marchant comme Jésus parmi les pauvres et les déshérités, agissant comme le gardien de son frère. Faire la police était un travail physique, mais dans cette chaleur, dans ces bad-lands, Hurley avait mis tout son corps au service des bonnes œuvres chrétiennes, combattant la puissance du mal. Les Frères chrétiens éduquaient leurs élèves à la dure, par la prière et un usage abondant de la lanière de cuir, et Hurley pouvait se réclamer de tout cela en cas de besoin. Il avait l'étoffe d'un missionnaire laïque.

La vie dans le détroit de Torres, puis dans les contrées sauvages et retirées de la péninsule du cap York, avait dû être un défi pour un jeune homme issu de la banlieue. Là où régnait l'alcoolisme régnait aussi la violence, au sein des familles et entre factions rivales. Les bagarres pouvaient avoir lieu au stade, et en guise d'armes on utilisait poings, pierres, bâtons, objets métalliques, piquets de clôture. Un officier de police qui avait travaillé à Doomadgee me raconta : « Pour nous, c'est pas facile de comprendre comment trois cents personnes se mettent tout d'un coup à se bagarrer parce qu'un gosse de dix ans a traité la grand-mère d'un autre de pouffiasse. » Une haine tenace existe entre des familles et des clans, qui semble participer d'un très ancien cycle de vengeance.

En 1995, après cinq ans passés dans la péninsule, Chris Hurley essaya de faire la police à Surfers Paradise, station balnéaire à une heure de route de chez les siens à Brisbane. À présent sous-brigadier, il cherchait encore le moyen de gravir les échelons : avec un autre policier, il fut accusé d'avoir joué les huissiers et pratiqué des saisies sans autorisation pendant les heures de service. Hurley passa trois années dans le sud du Queensland, mais il aimait l'atmosphère des communautés isolées et de leurs petites villes. En 1998 il répondit à l'appel de la forêt en acceptant une promotion à Burketown. Il retrouva les rues larges, la poussière rouge, l'intensité qui vous prend aux tripes, la chaleur, les bagarres.

Ce poste sortait tout droit d'un monde d'histoires et d'aventures : courses de vitesse sur les pistes boueuses, slaloms entre les buffles et les kangourous, descentes le long des rivières en compagnie des jabirus, des grues et des crocodiles, pêche au barramundi. Il venait d'avoir trente ans, il était maître à bord, et on n'éprouvait pas de tels frissons à Surfers Paradise. Dans la péninsule, on lui avait donné un « nom de peau », c'est-à-dire un nom dans une langue traditionnelle, de sorte que les autochtones, dont les relations sont toutes dictées par des structures de parenté, savaient comment le situer. Les liens entre la péninsule et le golfe sont puissants : ce nom signifiait quelque chose pour les gens de la région. Et peut-être y avait-il une force supérieure à celle des promotions rapides qui l'attirait dans ces contrées. Peut-être ces communautés l'attiraient-elles par leur puissance : proximité du sexe et de la mort, de la beauté et de l'horreur ; voisinage des pistes de chant aujourd'hui bien usées mais toujours capables de faire de l'effet ; lien avec ce qu'il y a en nous de plus primitif – la peur enfouie d'être les jouets des esprits du bien et du mal.

Hurley avait peut-être dit à Murrandoo Yanner qu'il était un raciste repenti, mais une femme qui l'a bien connu durant son séjour à Burketown ne pense pas que son attirance pour ces communautés-là provenait d'un désir profond d'aider les peuples indigènes. Une fois établi là-bas, il s'était mis en quatre pour veiller sur les enfants aborigènes, mais selon cette femme sa façon d'être pouvait se révéler paternaliste, du genre « je les aime bien chacun pour ce qu'ils sont, mais ils ont besoin de quelqu'un qui s'occupe d'eux ». « Lui, c'était le papa. »

Les choses qui attirent un missionnaire vers les endroits sauvages séduisent-elles aussi un flic ? Le flic prend-il son pied face à l'anarchie de la même façon que le missionnaire face à l'impiété ? Les lieux sauvages révèlent qui vous êtes vraiment, vous débarrassent de tout le confort d'une jolie petite maison dans une jolie petite rue avec une jolie petite famille bien croyante. Certains flics se servent peut-être de l'uniforme bleu de la même façon que le missionnaire de son crucifix.

Et ce flic-là, se retrouve-t-il alors face au même dilemme que le missionnaire ? Et si le péché était contagieux ? Et si, me demandai-je une fois de plus, en faisant la guerre à la sauvagerie on devenait soi-même un sauvage ?

Au milieu de l'assistance assemblée pour le Jour de l'Anzac, je me demandai si cette cérémonie avait plus de sens dans les années 1940, quand les gens chantaient *God Save the King* et que la guerre et l'empire étaient des souvenirs encore frais. À présent, le ghetto-blaster diffusait *Advance Australia Fair* [1] et tout le monde articulait les paroles avec gravité. Les employés blancs s'avancèrent pour s'incliner et déposer diverses couronnes sur le reliquaire. Dans ces endroits-là, dit-on, tout le monde est au courant des

1. « Avance, belle et juste Australie » est l'hymne national australien depuis 1984.

affaires de tout le monde. On dit qu'il y a beaucoup de « relations cocotte-minute » et d'« affaires incestueuses », et dans la période qui précède la mousson, le couvercle déborde. Les pluies apaisent la tension mais elles signifient aussi qu'il n'y a pas moyen de s'échapper. Les gens ne restent pas longtemps. La plupart de ces employés n'avaient jamais entendu parler de Chris Hurley.

Il y avait des drapeaux australiens et néo-zélandais au sommet du mémorial, à côté des drapeaux aborigènes et du détroit de Torres, mais ils tombaient sans arrêt et le P-DG dut les lester avec des pierres. Il évoqua la nécessité de se souvenir de ceux qui s'étaient battus pour la liberté de notre pays, ceux qui étaient partis avant nous. Le bruit de quelque chose qu'on frappe s'éleva dans une maison voisine. Ce n'était pas leur pays à eux qui était libéré, ni leurs disparus à eux dont on se souvenait. Le P-DG remercia les anciens de nous laisser commémorer ce jour sur cette terre. Puis le groupe se dispersa, les Blancs pour aller à un barbecue organisé au club de la police, appelé « le Poing G ». Je remarquai que N' et JAMAIS avaient été grattés sur le monument. On ne lisait plus que OUBLIONS.

Il n'y avait aucune histoire de Grand Homme à Doomadgee. Ici c'était le domaine des petits hommes – *gurdidawa*. Ils étaient tout autour de nous, me dit-on à Blue Water, aux abords de la commune, où je pêchais en compagnie d'Elizabeth Doomadgee et de sa famille. Nous avions laissé Valmae dormir dans la chaleur de la journée et avions pris la voiture jusqu'à un méandre de la Nicholson River, territoire du grand-père maternel de Cameron – le territoire de

Jack Diamond, connu sous le nom de Vieux Poisson-chat, dont l'esprit était revenu parler à la mère de Cameron, Doris, quand elle fut bannie sur Palm Island. Et maintenant, Elizabeth et son frère aîné, Lloyd, étaient assis au bord de la rivière. Lloyd avait quitté Palm Island pour revenir au pays de ses parents et il vivait ici avec sa femme, Penny, et ses enfants auxquels il tentait d'apprendre les coutumes ancestrales. L'accompagnant à la pêche, il y avait sa tante Betty.

Tante Betty, la sœur cadette d'Arthur Doomadgee, tirait de l'eau des bébés poissons-chats. Elle avait de hautes pommettes saillantes, des cheveux frisés poivre et sel bouffant naturellement, et il lui manquait les dents de devant. C'était une grande dame comme sa mère, Lizzy Daylight, assise pieds nus au bord de l'eau dans une robe de coton. Au bout de sa ligne, les poissons émettaient de petits cris perçants avant qu'elle ne les étourdisse d'un coup de pierre sur la tête.

Devant nous, l'eau, bordée d'écorces d'arbre à thé, était d'un vert profond comme le jade. Partie du Territoire du Nord, une piste du Rêve Poisson-chat traversait Blue Water, et la famille était gardienne de cette portion-ci de la piste de chant. La rivière était aussi associée à un Rêve Bujimala (Serpent Arc-en-ciel), mais, dans ce méandre du moins, sa puissance était moindre. Il était présent ce jour-là, pourtant. Tante Betty me montra que l'eau verte luisait d'un très pâle reflet rouge, signe que Bujimala – le totem de sa mère – se trouvait dans les parages. Une forte brise se leva soudain, puis retomba. « C'est le serpent, expliqua-t-elle. Arc-en-ciel sent la famille. » Il pouvait percevoir son odeur et celle d'Elizabeth, assise à côté de sa tante, qui se plaisait à écouter parler de l'ancien temps.

À Blue Water il ne faut jamais jurer ni frapper un enfant, sinon le *gurdidawa* vous punira. Selon la croyance, les petits hommes sont des créatures mauvaises. Ils peuvent agir avec malveillance, en particulier envers les étrangers, en les égarant. Ils peuvent punir ou récompenser en contrôlant la quantité de nourriture. Si on ne leur laisse pas une offrande de victuailles, me dit tante Betty, « ils seront pas de votre côté. Eux c'est d'affreux gloutons. » Mais ce qui offusque le plus les *gurdidawa*, c'est qu'on frappe un enfant. « Si tu bats un enfant par ici, tu ne verras plus une seule partie de toi-même », me prévint-elle. En d'autres termes, on devient aveugle, « les yeux bouchés ».

Victoria, la fille de Lloyd âgée de cinq ans, portait juste une culotte à motifs de comètes, et elle envoyait sa ligne tournoyer sans effort dans l'eau. Elle attrapa un petit poisson-chat, puis lui fit décrire des demi-cercles dans les airs, sa tête venant s'écraser au sol au rythme du mouvement. Ses parents lui crièrent de ne pas s'approcher trop près de l'eau au cas où il y aurait des crocodiles. Le fils de Lloyd, Cyril, dix ans, était assis à l'écart et jouait avec trois petites voitures – un fourgon, une voiture de police et un camion de pompiers – comme s'il organisait la répression d'une émeute à lui tout seul. Il hésitait à me parler.

Elizabeth admit une fois que ses parents lui avaient appris à ne pas aimer les Blancs. En toute candeur, je fus surprise. « Ils traitaient nos anciens comme des chiens », me dit-elle en se tournant vers moi.

En 1911, le protecteur des Aborigènes nommé par le gouvernement du Territoire du Nord tomba sur une grotte près de Doomadgee abritant quarante à cinquante squelettes d'adultes et d'enfants. Son guide autochtone lui raconta qu'ils avaient tous été foudroyés par une sorte d'éclair – des balles, supposa l'Européen. David Trigger, qui fit le voyage jusqu'à Doomadgee pour la première fois en 1978, a noté que les récits oraux que font les Aborigènes du Temps de la Fureur

> décrivent d'atroces tueries d'Aborigènes, hommes, femmes et enfants, perpétrées par les Blancs et aussi des membres de la police montée indigène du Queensland… qui fracassaient les enfants contre arbres et rochers « jusqu'à ce que leur cervelle jaillisse », puis, après les fusillades, découpaient les corps, les brûlaient et suspendaient des morceaux de cadavres dans les arbres où d'autres Aborigènes ne manqueraient pas de les trouver plus tard.

« J'ai entendu dire que votre grand-père était né pendant le Temps de la Fureur et qu'un Blanc l'avait abattu, dis-je à tante Betty.

— Quoi ? vous avez lu ça dans le journal ? demanda-t-elle, stupéfaite.

— Je l'ai lu dans la Revendication territoriale. »

En octobre 1978, les tribus waanyi et garawa rédigèrent une revendication pour recouvrer la propriété de leurs terres traditionnelles dans la zone de la Nicholson River. Le rapport gouvernemental de 1983, détaillant l'issue positive de cette revendication, cite le témoignage de Lizzy Daylight : « Mon père lui c'est né au temps furieux. Hommes blancs ont dispersé, ils ont chassé. Ils ont enfui, pour pas être tués peut-être… mon père lui c'est touché à l'épaule. »

Cent ans auparavant, en 1883, une jeune Anglaise du ranch appelé Lorne Hill Station dans le territoire waanyi non loin d'ici notait dans son journal que le gérant du ranch avait « cloué quarante paires d'oreilles de Noirs aux murs, récoltées au cours d'expéditions punitives suite à d'importantes pertes de bétail tué à coups de lance par des Aborigènes ». Elle décrivait également une jeune femme qui venait d'être capturée : « Ils ont ramené une nouvelle *gin*[1] noire ; elle ne parle pas un traître mot d'anglais. Mr. Shadforth [le gérant] avait passé une corde au cou de la fille et la traînait à pied tandis que lui allait à cheval. C'est semble-t-il la manière habituelle. » La femme, qui ne parlait que ses langues traditionnelles, fut enchaînée à un arbre à l'extérieur du ranch, « et ne devait pas être libérée avant qu'ils l'estiment domestiquée ».

Tante Betty continuait à pêcher. Elle me raconta que son grand-père, qui s'appelait lui aussi Murrandoo, avait fui en traversant la frontière du Territoire du Nord jusqu'aux terres ancestrales de sa mère dans le golfe. « Il fuyait parce que les *whitefellas* prennent les grandes filles comme petites amies. » Un beau jour Murrandoo se retrouva dans un lagon, les soldats lui tirant dessus depuis le rivage. On dit qu'il survécut sous l'eau en respirant grâce à la tige d'un nénuphar.

Un autre membre de la famille me raconta que quand Lizzy Daylight était adolescente, des hommes en expédition punitive lui avaient tiré dessus. Elle se laissa tomber au sol, feignant d'être morte, tandis que ceux qui étaient avec elle s'enfuirent ou furent

1. Mot d'origine eora (tribu de la région de Sydney) repris par les colons blancs pour désigner les femmes aborigènes, d'emploi péjoratif.

tués. Lizzy survécut. Elle était la plus jeune épouse de King Peter – « King » étant un titre accordé aux anciens des tribus par les Européens.

Pour échapper à la violence de ces régions, les Aborigènes du golfe commencèrent à travailler dans les immenses ranches qui, à partir du dix-neuvième siècle, recouvrirent et traversèrent les pistes du Rêve. Les gérants de ces ranches, à la différence des missionnaires, autorisaient le plus souvent la pratique des cérémonies traditionnelles. Les *blackfellas* appellent leur activité rituelle « les affaires », et soulignent délibérément et astucieusement leur importance cruciale. Tante Betty me raconta que sa mère était jadis « très importante dans les affaires ». Lizzy Daylight était en possession de chants sacrés liés aux forces spirituelles du Serpent Arc-en-ciel, l'Esprit ancestral qui avait le pouvoir de contrôler le climat.

Lizzy et son frère Willy, mort au début des années 1990, étaient « ceux qui chantaient le serpent pour pas que lui se fâche. Ils chantent sa tête pour que lui se sent lourd », me dit tante Betty. Ils chantaient le menton du serpent et sa mâchoire, ils chantaient ses yeux pour le rendre aveugle, ils chantaient sa langue parce que « sa langue dehors, c'est la tornade. Ils chantaient son dos pour que lui ne bouge pas. Et ils chantaient la queue pour que le vent il devient pas trop fort. La tête est dangereuse et la queue aussi ». Leur battement créait les cyclones.

Selon la croyance, les personnes associées à un Rêve particulier peuvent prendre les caractéristiques physiques de leur totem. Tout comme le serpent avait besoin de demeurer dans l'eau, Lizzy Daylight enroulait des chiffons mouillés autour de ses pieds la nuit pour garder sa peau humide. Elle avait aussi un creux dans le cuir chevelu qu'elle appelait un « trou de serpent ». « Si elle tire un cheveu, tout le fer [le toit] il s'enlève de la maison, tout c'est chamboulé », me dit tante Betty. Un jour, elle vérifiait les cheveux de sa mère pour voir s'il y avait des « bébêtes » (des poux) quand elle oublia et brisa un œuf de pou sur sa tête à l'endroit du trou. « Et alors on entend *Mmmmmmmmmmmm !* Dans la cascade. Arc-en-ciel qui chantait. J'ai tué un œuf sur sa tête dans le trou. Elle s'est levée et elle a chanté et le vent s'est arrêté. Elle l'a arrêté. Elle avait le chant pour ça. »

À Blue Water, tante Betty était furieuse de ne pas attraper de gros poisson, seulement « poisson tout maigre ». Les bébés poissons-chats couinaient comme des jouets en plastique mou, tandis que plus loin sur la rive gisait le corps pâle et sans écailles d'un gros poisson-chat à la queue fourchue, ses trois paires de barbillons charnus comme des moustaches autour de sa bouche : la prise de son neveu Lloyd. Tante Betty me dit que comme elle n'avait pas respecté le protocole requis lors de sa visite sur ce territoire – le territoire de Jack Diamond, le beau-père de son frère –, elle avait offensé ce parent mort depuis longtemps, « et du coup lui il m'a donné seulement des petits, tout petits minuscules poissons tout maigres ». Selon sa loi, elle aurait dû s'enduire les mains et les aisselles de boue, une coutume décrite comme « donner l'odeur » au Serpent Arc-en-ciel. Tante Betty ajouta qu'elle aurait dû demander correctement la permission aux *gurdidawa*, les petits hommes, pour le poisson, et le faire « dans la langue », c'est-à-dire en ganggalida.

« Quand tu vas pêcher on appelle ce poisson-là *yaguli*. On *ngamanda* le *yaguli*, *wugunggi yaguli*, on *ngamanda windiyaya yaguli*, et ils nous donnent plein, quand on leur demande, ils nous donnent cette chose-là. On leur dit : *Yilagadi ngida ngalaja yaguli*, ça veut dire “Va chercher du bois pour cuire ton poisson”. » Tante Betty demandait aux petits hommes la permission d’attraper le poisson et de ramasser du bois pour le faire cuire.

Dans la pleine chaleur de l’après-midi, l’eau verte était parfaitement calme et on se sentait rafraîchi par le simple fait de s’asseoir au bord. Des libellules virevoltaient devant nous, et il y avait des oiseaux alentour, par dizaines, qui lançaient d’étranges et complexes mélodies – aiguës, graves, joyeuses, mélancoliques, des chants par cycles entiers. Une vitalité totale, incroyable. Par ici, les gens pensent que la nature tout entière est douée de sensation : chaque rocher, chaque feuille, chaque oiseau, chaque poisson, possède un esprit, et peut en réalité vous être intimement lié. Plantes et animaux sont votre famille. À mes yeux également, Blue Water paraissait animée d’une dimension supplémentaire.

Cameron demeurait pour moi un mystère. C’était troublant. J’avais contacté Hurley par l’intermédiaire de son avocat pour essayer d’entendre sa version de l’histoire. Le brigadier-chef refusait de parler à quiconque, mais il n’en devenait pas moins familier. Je pouvais en apprendre beaucoup en parlant à des gens qui le connaissaient, et il existait des points de référence communs. Par bien des côtés, il était plus facile de relier mon univers à celui de Hurley qu’à celui de Cameron.

C’était irritant de me retrouver à penser à la mort de Cameron sans pouvoir m’imaginer qui il était. Ses sœurs m’avaient impliquée dans leur famille, mais c'était un monde fait d'enfants, d'approvisionnement, d'inquiétude et de souci de cohésion. L'univers des hommes était différent. Les hommes de Doomadgee n'étaient pas enclins à me parler. Ils faisaient preuve de cordialité, certes, mais semblaient gênés si je leur parlais. (« Femme blanche ! » criait à l'adresse de Valmae l'un de ses neveux quand il répondait à mes coups de fil de Melbourne.) Cameron était né deux générations après le Temps de la Fureur et une génération – ou même moins, puisque ses frères et sœurs aînés avaient connu l'internat – après les générations spoliées. À l'adolescence, on l'avait expédié dans un centre de détention pour mineurs de Townsville suite à de petits cambriolages, mais son ami Lance Poynter m'assura que depuis, Cameron était resté « sur le droit chemin ».

Assise avec la famille de Cameron sur leurs terres ancestrales, je me sentais plus près de pouvoir imaginer ce qui l'avait rendu heureux. Dans ces communautés, la culture masculine conserve l'élément traditionnel de la chasse et de la pêche que Cameron aimait tant, et auxquelles il avait ajouté la boisson. La pêche est un baume, un répit. Cameron était en route pour aller emprunter un bateau le matin de sa mort, mais dans la dernière heure de sa vie tous les mondes qui étaient les siens s'étaient effondrés. Avec Hurley, il s'était soudain retrouvé au Temps de la Fureur.

Tante Betty croyait, tout comme Elizabeth, que Cameron connaissait un secret concernant Hurley. « Il devait savoir quelque chose sur lui. *Qui a lâché les chiens*… c'est rien qu'une chanson. Il y a un disque, non ? Mais il devait savoir quelque chose sur lui. Ce policier, il avait une raison. Parce qu'il était là. Il était [à] Burketown. Mais c'est pas besoin d'aller jusqu'à

Palm Island juste pour tuer un gars sans raison. » Tante Betty poursuivit : « Sans aucune raison ! Il avait dû retourner ça dans sa tête. Il avait dû retourner tout ça dans sa tête et il se disait : "*Ce Doomadgee !* Il vient des racailles de Doomadgee !"… Mais c'est pas besoin de le coffrer et de le tabasser dans la cellule et lui il crie "Au secours ! Au secours !" et maintenant le petit gars il est dans la tombe et l'homme lui il est toujours debout. »

Une histoire avait surgi (et je découvris que ce n'était rien d'autre qu'une histoire, une histoire mythique) selon laquelle Hurley s'était fait chasser de Burketown – ou bien, parfois, l'histoire dit que c'était de Doomadgee – par la communauté autochtone, et que Cameron, qui rendait alors visite à des parents, avait joué un rôle clef dans cette rébellion. « Parlez à Untel ! », « Parlez à Unetelle ! », me dirent Valmae et Elizabeth durant mon séjour à Doomadgee, prétendant que ces gens-là prouveraient cette histoire. Mais le lien d'Untel et d'Unetelle aux événements était toujours ténu et les principaux protagonistes étaient en prison ou décédés.

Une relation antérieure entre les deux hommes n'était pas impossible. Hurley prétendait ne pas avoir eu la moindre idée de qui Cameron pouvait bien être, mais Elizabeth pensait que le policier avait coffré Cameron pour ivresse sur la voie publique en 2002, quand son frère était en visite à Doomadgee et que Hurley était peut-être en mission humanitaire dans la région. Il n'existe aucune trace de la présence de Cameron en garde à vue à Doomadgee, mais tous les ivrognes ne figurent pas sur les registres.

Avec Elizabeth, je revins de Blue Water par une piste où l'on pouvait voir des pancartes en bois fixées en hauteur dans les arbres : JÉSUS SAUVE ! Aux abords de Doomadgee, une rangée d'hommes et de femmes, connus sous le nom de « gens de la rivière », buvaient assis le long du barrage : trente, quarante personnes en rang d'oignons, les pieds trempés dans l'eau fraîche. D'autres buveurs étaient assis ou couchés à proximité, au beau milieu de la route. La vie suivait son cours, chaque jour semblable au précédent : incertitude et alcool. Je repensai à tante Betty me montrant du doigt le reflet rouge de Bujimala dans l'eau verte. Ici, des canettes de bière Victoria Bitter jonchaient le bord de la rivière, leur aluminium vert et rouge miroitant dans le soleil telle l'incarnation cauchemardesque du Serpent Arc-en-ciel.

Doomadgee semblait un endroit à la fois meilleur et pire que Palm Island. La population était plus proche de ses terres traditionnelles, mais plus loin de véritables occasions de prendre la fuite. Un policier de Doomadgee me confia qu'il avait principalement affaire à des crimes liés à l'alcool et à la maltraitance des enfants – pas tant des sévices sexuels que de la négligence. Il y avait, me dit-il, une nette différence dans la façon dont les parents traitaient leurs gamins pendant la saison humide, quand les routes étaient inaccessibles et que les gens ne pouvaient pas aller s'acheter leur bibine à Burketown. Les enfants étaient mieux nourris et plus susceptibles de se trouver à l'école qu'à la pêche. Ce cycle se retrouvait au cours de la semaine. L'abus d'alcool et la violence culminaient, et moins d'enfants allaient à l'école après le versement des allocations.

Tante Betty ne croyait pas que l'alcool était responsable de la faillite sociale de Doomadgee. « Rien à voir avec la bibine, mon chou. C'est juste les chiens du Rêve. C'est une histoire d'ici. »

Une piste de chant correspondant au Rêve du Dingo passait près de la commune. De jeunes hommes aborigènes touchaient illicitement à une variété d'ocre, sacrée et puissante, liée à ce Rêve, qui « chamboule tout, met tout sens dessus dessous ». Dans le temps, la tradition voulait que seuls les initiés touchent l'ocre. On la disait dotée de puissantes propriétés magiques pour l'amour, et les femmes étaient attirées de façon incontrôlable par les hommes qui la manipulaient. Elizabeth me taquinait en me disant que si quelqu'un tombait amoureux de moi à Doomadgee, je ne pourrais plus jamais partir.

Tante Betty me dit : « Regarde, les gamins aujourd'hui qui ont quatorze, quinze ans, ils sont tous papas et mamans par ici. Des jeunes pères et des jeunes mères qui prévoient jamais l'avenir. » Elle regardait droit devant elle. Lizzy Daylight n'avait pas enseigné les chants qu'elle connaissait à ses enfants, n'avait pas voulu les léguer à ce nouveau monde brisé. « Cette loi elle a été brisée comme une chaîne. Tu sais, quand une chaîne se brise et libère ton corps. »

Burketown

Je fis mes adieux aux sœurs Doomadgee et pris le vol jusqu'à Burketown, d'une durée de quinze minutes, où j'atterris sur une autre piste de poussière rouge. Je partis à pied vers la ville en compagnie d'un Aborigène ayant travaillé comme personnel soignant à Doomadgee jusqu'au jour où il n'avait plus pu supporter les suicides, la corvée d'aller décrocher les corps des arbres ou les repêcher dans la rivière. Il avait travaillé avec Hurley mais ne l'avait jamais vu faire du mal à qui que ce soit.

Un véhicule utilitaire nous prit en stop et nous conduisit au Burketown Pub, où j'avais réservé une chambre. « Le cœur et l'âme » de la ville, comme on le décrit dans le guide touristique, sortait tout droit de *Crocodile Dundee*. Il y avait des lances accrochées le long du bar et des tabourets recouverts de peau de crocodile tellement usée qu'on aurait dit du daim sale. Cornes de buffle et ventilateurs ornaient les murs, à côté des photos montrant les vainqueurs du concours annuel de pêche au barramundi – Burketown était « la Mecque de la pêche ». Ma chambre, au-dessus du bar, était équipée d'un lit une place et d'un climatiseur.

J'allai faire un tour. La population de Burketown s'élevait à deux cent trente-cinq habitants, mais cette ville miniature était le centre administratif du district, et, contrairement à la commune de l'ex-mission, tous les bâtiments y étaient reluisants, propres et nets. Des systèmes d'arrosage fonctionnaient à longueur de journée et l'eau coulait à flots dans les caniveaux. Toutes les pelouses étaient d'un vert surnaturel, mais les larges rues désertes miroitaient sous la chaleur comme si c'était le plein midi en permanence. Je transpirais dans l'humidité comme si j'avais la fièvre et que la petite église blanche avec sa petite croix et le parc avec sa pagode étaient des aspects de mon délire.

L'office de tourisme, qui occupait un coin de la salle du conseil municipal, offrait un présentoir de brochures pleines de recommandations en cas de catastrophes naturelles parfaitement routinières : *Guide de protection contre la foudre*, *En cas d'inondation*, *Se prémunir contre les cyclones*, *Attention, crocodiles !* (« Ne jamais provoquer, agacer ou harceler les crocodiles, même ceux de petite taille. »)

Burketown tirait son nom de l'explorateur malchanceux Robert O'Hara Burke, qui était passé à proximité lors de son expédition transcontinentale jusqu'au golfe de Carpentarie en 1861. (Burke mourut de faim, après avoir tiré sur des Aborigènes venus lui apporter du poisson en guise de cadeau.) Dans les marais salants aux abords de la ville, il y avait jadis un arbre célèbre, l'Arbre de Landsborough, marqué par William Landsborough lors d'une expédition infructueuse à la recherche de Burke. Aujourd'hui il ne reste qu'une pancarte et une petite barrière autour d'une souche calcinée.

L'Arbre de Landsborough fut brûlé en 2002, par des Aborigènes qui en avaient assez, dit-on, de tout ce tapage autour de l'exploration par les Blancs. Peu après le marquage de l'arbre, l'arrière-grand-mère de Murrandoo Yanner avait vu son mari se faire décapiter au cours d'un massacre.

La terre aux alentours de Burketown était traditionnellement la propriété de la tribu de Yanner. Il vivait sur la commune avec sa femme et ses cinq enfants, tandis que ses frères et sœurs habitaient des maisons voisines.

Espérant trouver Murrandoo, je rentrai au pub. Je voulais le questionner encore sur son ami Chris Hurley, mais je n'avais pas pu le joindre par téléphone avant de quitter Melbourne. En pénétrant dans le pub, les Noirs allaient à gauche, les Blancs à droite. Sous la lumière jaune de l'éclairage au néon, l'endroit était en effet divisé en deux, le bar jouant le rôle de la Suisse. Parfois les anciens traversaient la frontière pour boire avec les Blancs, mais ils ordonnaient aux jeunes de rester de leur côté. Certains Blancs refusaient de venir boire ici.

Les clients tenaient leurs canettes de bière dans des petits supports en polystyrène épais, les habitués possédant leur support personnel qu'ils gardaient derrière le comptoir. Parmi les habitués, on comptait surtout des hommes blancs d'un certain âge, retraités, cow-boys, employés municipaux. À en croire leur air, ils passaient leurs journées enchaînés à se faire dévorer le foie par un aigle. Leurs organes rétablis à la faveur de la nuit, ils retrouvaient les mêmes tabourets de bar, le visage luisant de sueur, pour poursuivre leur beuverie stoïque. Le regard vitreux, l'élocution pâteuse, ils ne décollaient pourtant pas de leur tabouret avant l'heure de s'en aller sans ostentation tituber dans la nuit.

Pendant ce temps-là, les jeunes Aborigènes, hommes et femmes, jouaient au billard tout en chantant, chancelant et montrant fièrement leur ivresse, dont ils faisaient tout un théâtre. Ils buvaient pour exhiber leurs passions sur scène ; les petits vieux, eux, buvaient pour les réprimer. J'étais à peine assise qu'un ancien des commandos au visage fripé, dont le nom était gravé au tisonnier sur le dossier de son tabouret de bar, me racontait qu'il était venu ici du sud du pays après avoir découvert sa femme au lit avec un autre homme. Il me recommanda aussi de ne pas prêter d'argent aux Noirs.

Un jeune Blanc fit son entrée : deux mètres dix, un colosse, pieds nus, les yeux très rapprochés. Il lui manquait presque tous ses boutons de chemise, comme s'il s'était bagarré. Il me demanda si je voulais de la viande de crocodile toute fraîche. Il tenait à la main un sac plastique rose rempli de chair braconnée d'aspect flasque. Il venait de la découper et ne voulait pas qu'elle se gâte.

Un ancien mineur au visage brûlé par le soleil, se décrivant lui-même comme « un moins que rien », portait un short et un débardeur bleu qui laissait voir des bourrelets de chair pâle et un tatouage à l'ancienne représentant une pin-up en bikini. Sa calvitie rongeait une coupe militaire. Il parcourut du regard les buveurs de son côté du bar et m'affirma que je ne trouverais nulle part ailleurs des gens de ce calibre. « Personne vous racontera de conneries par ici. » L'Australie, c'était deux pays, me dit-il. Le Sud « c'est un autre pays ». Le style de vie du Sud, c'était super, le style de vie du Nord, c'était super. Tout marchait bien tant que le Sud essayait pas d'imposer son style au Nord.

Dehors, un groupe d'Aborigènes buvait assis en cercle sur le trottoir. Quarante ans plus tôt, il y avait encore le couvre-feu. Les Noirs ne pouvaient pas venir en ville entre six heures du soir et six heures du matin. Peut-être le vieux mineur regrettait-il ce temps-là, mais il ne m'en a rien dit.

Murrandoo Yanner n'était pas en ville. Je restai boire une canette de bière aussi lentement que possible et m'imaginai Chris Hurley arrivant au pub : la grande ombre qu'il aurait projetée, sa masse imposante emplissant l'encadrement de la porte basse, chaque client du bar obligé de lever les yeux pour le regarder. Hurley avait compris comment fonctionnait l'endroit. Dans une ville où la population était noire à quatre-vingt-dix pour cent, il avait pigé que sa vie serait bien plus facile s'il pouvait se lier d'amitié avec Yanner.

Pendant tout le temps que Hurley était en poste entre 1998 et 2002, Murrandoo Yanner était la grande figure du radicalisme aborigène. Un mois après l'arrivée du policier, la maison de l'activiste avait été incendiée par des pyromanes. À l'époque, Murrandoo faisait campagne contre le projet d'une mine dans les environs ; il réclamait un traité ; il rencontrait les quelques membres encore en vie des Black Panthers durant leur séjour australien en 1999 ; il était au tribunal, faisant appel des poursuites lancées contre lui pour avoir tué et mangé du crocodile (espèce protégée) ; il encourageait les nations aborigènes à boycotter les Jeux Olympiques de Sydney en 2000. Yanner est un homme doué d'un charme irrésistible, intense et naturel, mais le fait qu'il se soit rapidement lié d'amitié avec Chris Hurley n'en reste pas moins révélateur sur ce dernier. D'autres auraient pu se renfermer sur eux-mêmes et attendre le moment propice.

Un panneau devant le commissariat de Burketown indique aux visiteurs quelles sont les routes ouvertes ou fermées à la circulation. Les Blancs viennent en général dans les parages au volant d'un 4×4 en quête de parties de chasse ou de pêche exotiques et aventureuses. Jouxtant le commissariat se dresse la maison où Hurley vécut pendant quatre ans, une construction typique du Queensland avec ses hautes façades de planches couleur crème à l'ombre d'un poinsettia. Il entendait sans doute le bruit des meubles cassés et des gifles provenant des maisons de la coopérative aborigène juste à côté ; c'est ce que Murrandoo Yanner m'avait dit quand je l'avais rencontré pour la première fois. En service, Hurley portait des shorts très courts – « tout petits pantalons », comme les appelait Murrandoo. Après le service, il portait encore short, T-shirt et tongs.

À Burketown, Hurley se trouvait à huit ou neuf heures de route de Mount Isa, la grande ville la plus proche, accessible par des pistes noyées sous l'eau au moins trois mois par an. Brigadier à trente ans : autant dire qu'il se débrouillait bien, très bien. Hurley travaillait avec un agent de police sous ses ordres et se trouvait loin de ses supérieurs. C'était le shérif d'un gros bourg avec son adjoint. Hurley et Murrandoo Yanner avaient conclu un pacte officieux : ils régleraient les choses d'homme à homme. À quoi cela rimait-il de faire venir un avion à Burketown pour expulser un délinquant, ou bien un chauffeur qui mettrait dix-huit heures pour faire l'aller-retour, si

Murrandoo pouvait régler le problème à la satisfaction du brigadier ?

« Mettons que quelqu'un tabasse quelqu'un d'autre, m'expliqua Murrandoo, lui il me disait : "Je veux que ça soit réglé. Je ne veux pas que ça dégénère en bataille rangée entre familles. Si tu peux m'étouffer l'affaire maintenant, je n'arrête ni l'un ni l'autre." Ou bien si on avait volé quelque chose au parc à caravanes, huit cents dollars de matériel de pêche, et qu'il savait qui c'était, il venait et il me disait : "Écoute, si tu [peux] faire en sorte qu'on les rende, je ne demanderai pas de nom, je n'arrêterai personne et j'effacerai tout ça de mes registres, sinon il faut je fasse mon boulot." »

Hurley n'aimait pas trop la paperasse, et avec ce système « il pouvait aller à la pêche, à la chasse, et aux filles ». Mais l'arrangement lui avait donné un comportement territorial. Murrandoo m'expliqua que si des policiers venaient d'autres villes du golfe pour boire au Burketown Pub et qu'ils commençaient à jouer les importants, la brigadier réagissait en disant : « C'est ma ville ici, alors vous vous tenez à carreau et vous venez pas emmerder les gens du coin. »

Auparavant, la police de Burketown verbalisait et restait à distance. Mais Hurley, lui, se mêlait de tout. S'il y avait un bal à la salle des fêtes, ou bien un gymkhana ou un rodéo sur le champ de foire, Hurley s'y rendait pour boire et se mêler à la foule. Il jouait finement, conservant son autorité tout en se mêlant avec enthousiasme aux autochtones. Dans les rodéos des villes du golfe, il allait sous la tente itinérante qui abritait le ring de boxe, le grand chapiteau puant la sueur avec sa lumière sulfureuse et ses roulements de tambour, pour voir Petit Éclair Blanc, le Cow-boy et le Gentil Déchiqueteur défier en combat singulier les hommes du public, les Noirs comme les Blancs. Hurley braillait avec le reste de la foule. Il était membre de divers comités à Burketown, dont celui du rodéo. Les gens se souviennent de l'année où il avait proposé de chevaucher un taureau pour collecter des fonds au bénéfice du médecin de brousse. Il avait reçu un paquet de dons, mais le jour venu le taureau l'avait désarçonné et le médecin avait dû le transporter en avion jusqu'à Mount Isa, ce qui avait coûté plusieurs milliers de dollars au service médical.

Il paraissait adorer l'endroit. Il disait voir en Burketown un modèle pour la réconciliation. Comme il l'avait fait dans d'autres communautés, Hurley se gagna les faveurs de la population grâce à sa gentillesse envers les enfants. « Il se mettait en quatre pour nos gosses à l'école, se donnant à fond pour aider », me dit un membre de la famille Yanner.

L'école de Burketown est petite, proprette et ensoleillée, avec ses trente-cinq élèves de primaire et ses deux institutrices. Hurley prêtait main-forte pour le sport et les récréations, et il emmenait les gamins faire du camping. « Tous les gosses de la ville, il passait beaucoup de temps avec eux, me rapporta Murrandoo. Pendant ses week-ends de congé, au lieu d'aller draguer les infirmières ou se soûler, il accompagnait les voyages scolaires, prenait même des gosses dans sa propre voiture. »

Les enfants grimpaient sur lui comme sur un arbre, et leur idolâtrie avait la simplicité d'un bon bain de soleil. « Il n'en faisait jamais assez pour nous », me confia un jeune de dix-sept ans qui jouait au billard du pub. Il se rappelait Hurley emmenant sa classe faire du camping au parc national de Lawn Hill, leur montrant comment défiler le Jour de l'Anzac, leur apprenant à conduire, au stade du coin, la voiture de police qui calait et hoquetait. Il se rappelait Hurley retirant les balles de son pistolet et leur montrant comment fonctionnait l'arme. Le brigadier avait même pris les empreintes digitales des enfants – « pour référence ultérieure », plaisanta Murrandoo Yanner quand je lui rapportai l'anecdote.

Murrandoo envoya au pub le plus jeune de ses frères, T.J., pour veiller sur moi. Autour du cou, T.J. portait une blague à tabac qu'il avait confectionnée avec le scrotum d'un kangourou. Il avait entendu dire qu'au dix-neuvième siècle, les testicules d'un broussard[1] particulièrement cruel avaient été transformés de la même façon par ceux qui l'avaient capturé ; l'idée l'avait frappé. Les couilles d'un wallaby, m'expliqua-t-il, étaient trop petites, mais celles d'un kangourou pouvaient contenir une once de tabac. À côté de la blague pendait un sac en peau de serpent pour le papier à cigarettes. T.J. me montra un support de canette, un briquet et un boomerang, tous confectionnés en peau de serpent par ses soins. (Il me confia qu'il savait également faire du crochet, mais que si quiconque se moquait de lui, il lui casserait les dents.)

Le lendemain, T.J. passa me prendre pour aller à la pêche avec sa femme, Sasha, et leurs trois enfants. Dans une ville où il n'y avait pas grand-chose d'autre à faire, la pêche était la marque de la plus grande hospitalité. T.J. était mince, beau, athlétique, et alcoolique invétéré. « Je suis né pour boire de la bière, comme tout le monde dans le golfe. » La bière transcendait les différences raciales. Comme il

1. Forçat évadé vivant dans le bush australien.

me le fit remarquer, le seul endroit ouvert après cinq heures, c'était le pub. Pour acheter des meubles, des habits ou un livre il fallait faire huit heures de route jusqu'à Mount Isa, mais « ils ont tout fait pour qu'on puisse se bibiner facilement dans le golfe ». « Se bibiner » signifie « être alcoolique », tout comme « se friquer » veut dire « jouer pour de l'argent » et « se boustifailler » signifie « s'empiffrer ». T.J. était au chômage mais s'apprêtait à prendre un job à Century Mine, la plus grande mine de zinc de toute l'Australie, à cent cinquante kilomètres au sud de Burketown. Murrandoo avait organisé une campagne contre son extension au milieu des années 1990, pour des raisons écologiques et religieuses. Mais T.J. ne voulait plus se contenter de survivre.

Nous nous installâmes à un coude de la rivière entouré d'eucalyptus et d'arbres à thé au tronc blanc. Des nénuphars blancs flottaient sur l'eau. Sasha, une fille de Doomadgee discrète et magnifique, ne voulait pas que les enfants s'approchent trop à cause des crocodiles ni ne s'éloignent trop à cause des serpents.

T.J. disposa une rangée de lignes dans l'eau. Il les avait appâtées avec des grenouilles vert et jaune citron qu'il gardait dans une boîte à café métallique. Il se déplaçait tout en souplesse, marchant à pas rapides sur des branches d'eucalyptus entrecroisées pour éviter l'eau, réglant et vérifiant chaque ligne comme s'il jouait un morceau compliqué. Il attrapa un gros poisson-chat et remit un appât au bout de sa ligne, une rainette arboricole naine, *Litoria bicolor*, du genre de celles qu'on voit sur les dépliants touristiques. Le fils en bas âge de T.J. aimait jouer avec les grenouilles, les tenant par leurs pattes fines jusqu'à ce qu'elles lui échappent. Il les pourchassait en pleurant, et on lui en donnait une autre pour jouer avec.

« Partout où l'on rencontre des Aborigènes, les petits garçons se plaisent à singer les arts de la guerre tels que les pratiquent leurs aînés », écrivit W. E. Roth en 1906. À Burketown, Roth avait vu des garçonnets porter des lances miniatures, et ailleurs des woomeras, ou propulseurs de lance, et des boucliers en modèle réduit. « Les indigènes respectent l'homme en fonction de sa capacité à se défendre au combat et à la chasse. »

Je voulais orienter la conversation sur Hurley, mais T.J. me donnait une leçon sur les convenances en vigueur dans le golfe. Dans les communautés traditionnelles de cueilleurs-chasseurs, il n'y a pas de Hurley vers qui se tourner ; dans les communautés de cueilleurs-chasseurs éclatées, comme Burketown, les Hurley de ce monde sont des obstacles qu'il faut contourner… pour les hommes, en tout cas.

« Comme par exemple si je me dispute avec quelqu'un au pub, m'expliqua T.J., y a cette mentalité que si on appelle la police, ça veut dire qu'on est un pauvre trouillard, un foie jaune qui fait dans son froc et qu'est pas capable de s'occuper de ses problèmes, il faut qu'il aille trouver le *bulliman*[1]. Pour un *blackfella*, mettre un policier sur le dos d'un autre *blackfella* c'est carrément dégueulasse. Si quelqu'un te fait chier en insultant ta fierté ou ta dignité, c'est à toi de régler la question. Si quelqu'un me volait ma voiture, moi j'attendrais de le retrouver et je lui casserais les deux jambes. »

1. Désigne un policier dans l'anglais parlé par les Aborigènes, déformation de *policeman* avec possible influence de *bully* (brute).

Ne pas être en bons termes avec la loi était une tradition chez les Yanner. T. J. se rappelait avoir cassé sa tirelire pour payer la libération sous caution de son père. Ce dernier était un « salopard de dur à cuire » qui n'hésitait pas à s'attaquer à la police s'il estimait que les flics tyrannisaient les *blackfellas*.

Plus tard, je fis la connaissance du bouillant Vernon Yanner, plus grand que ses frères, un type aux allures gracieuses qui possédait le même charme bourru. Vernon méprisait ouvertement la police. Il prétendait qu'un jour il s'était fait arrêter et tabasser par les flics quand ils lui passaient les menottes.

« Y a des types qui savent se bagarrer dans le coin, me dit-il. Y en a la moitié qu'ont passé quatre, cinq ans en taule, qui se castagnent toutes les semaines en prison, et puis ils sortent. Au pub, trente, quarante bagarres par an, pendant plus de deux ans, et y a pas un seul connard qu'arrive à les faire tomber sur le cul. C'est pas des méchants gars, c'est juste que ces salopards c'est des pugilistes hors pair. » J'avais le sentiment que Vernon parlait de lui-même. « Si quelqu'un te cherche, tu vas peut-être lui demander d'aller régler ça dehors. Les gens par ici c'est comme ça qu'ils ont été élevés. » C'était en partie une réaction contre l'époque des missions, quand « les filles devaient soulever leur robe par-dessus la tête pour que le missionnaire puisse voir si elles avaient une culotte ». (À Palm Island aussi, j'avais entendu dire qu'à l'internat, les femmes devaient se mettre en rang et soulever leur robe pour prouver qu'elles portaient une culotte propre.) « Les gens se faisaient enchaîner comme des chiens en plein soleil, poursuivit Vernon, parce qu'ils avaient été à la chasse et donné trop de nourriture à leurs sœurs enfermées à la mission. Les anciens on les a brisés, et les jeunes ils ont été élevés autrement… ils disent : “J'aimerais bien voir ces salopards nous faire la même chose.” Alors tout le monde a un peu d'agressivité en lui. Tout le monde doit être capable de se battre, c'est naturel, c'est tout. »

T. J. Yanner n'aimait pas beaucoup la police, mais il pensait le plus grand bien de Chris Hurley. Le terme qu'il employait, c'était le mot « charisme ». « Parce que Hurley était charismatique, ça ne te laissait pas le moindre prétexte pour l'exclure du cercle. C'était pas très difficile de le trouver sympa. Il ne passait jamais sans dire salut, même s'il t'aimait pas trop. S'il t'aimait pas trop, raison de plus pour te dire bonjour en passant, et venir voir ce que t'étais en train de faire. Il était marrant. Il se levait et il se mettait à danser, il se rendait ridicule, il racontait des histoires drôles. Il savait te faire marrer, ce con. »

Ou te faire pleurer. Quand une de ses petites amies l'avait quitté, Hurley avait raconté à la mère des Yanner qu'il avait trouvé un message gravé au fond de sa casserole : *Va te faire foutre !*

Sasha, la femme de T.J., disait que c'était un coureur de jupons. Il aimait les femmes blanches et les femmes noires. Selon l'expression de Murrandoo : « Il baisait tout ce qui était baisable. » Au moins une femme avait songé à quitter son mari pour lui. Murrandoo disait que d'après la rumeur, le mari avait offert « dix, vingt mille dollars à celui qui serait assez idiot pour lui casser la gueule ».

« Un jour il était soûl à la salle des fêtes, me raconta Sasha, il était sur la piste de danse, il me soulève et me balance dans tous les sens. » Il refit la même chose à un autre bal et la fille se cogna la tête par terre. Il était « trop exubérant, nom de Dieu, s'exclama l'homme qui me racontait cette histoire. Quand ils sont costauds, les gens se rendent pas compte, ils mesurent pas leur force. »

Chris Hurley était un homme aux appétits d'ogre. C'était un véritable boute-en-train. Il parlait fort, faisait du tapage, avait des opinions bien arrêtées – et pour beaucoup de gens, au bout d'une quinzaine de minutes ce n'était plus drôle. La fille qui tenait la caisse à la station-service de Burketown m'avoua : « Je trouvais qu'il avait l'esprit mal tourné. » En 1995, dans la commune de Kowanyama dans la péninsule du cap York, et en 1998 à Surfers Paradise, il avait fait l'objet de plaintes en bonne et due forme pour harcèlement sexuel déposées par des femmes officiers de police. La Commission des crimes et fautes disciplinaires avait déclaré les deux plaintes infondées.

Au bord de la rivière, les enfants de T.J. grimpaient sur un gommier, chevauchant une de ses branches inclinées. L'une des petites filles tomba à plat sur le dos. Sous le choc, elle fondit en larmes, et je me précipitai pour la prendre dans mes bras. Peu de temps après, le jeune fils de T.J. s'affala quand sa chaise se replia sous lui, il tomba lui aussi et se mit à pleurer. Une nouvelle fois, presque sans y penser, je me précipitai pour le calmer. T.J. me dit que c'était préférable de les laisser tranquilles. Il voulait que ses enfants soient capables de se débrouiller tout seuls, de se battre. Sa femme pouvait faire un œil au beurre noir à un homme s'il le fallait. T.J. avait décidé que c'était mieux d'être méchant en ce bas monde. Sinon les gens vous traitent comme de la merde. Il cita une chanson de Slim Dusty[1] :

C'est un pays qu'est dur, très dur
C'est une terre qu'est dure, très dure
Et pour vivre là il faut que tu sois
Un type dur, très dur.

T.J. buvait, et n'attrapait pas beaucoup de poissons. Il avait l'intention d'échanger le poisson-chat contre une tortue avec un parent à lui. Il se plaignait d'un gars qui était venu à la pêche avec de l'argent dans la poche, et du coup personne n'avait rien pris. J'avais une carte de crédit dans la mienne, et je me demandai si c'était ma faute.

Les flics, écrivit Norman Mailer, « recèlent au fond d'eux-mêmes des contradictions explosives. Censés faire respecter la loi, ils ont tendance à se prendre pour la loi incarnée… Reliés par un cordon ombilical au concept d'honnêteté, ils sont profondément corrompus. Dotés d'un plus grand courage physique que l'homme de la rue, ce sont des brutes éhontées. »

Ces contradictions s'expriment de mille façons différentes. Une femme blanche d'une cinquantaine d'années me raconta que lorsqu'elle rencontra Hurley pour la première fois au Burketown Pub, il lui demanda de s'asseoir sur ses genoux, même si, selon son expression, elle était assez vieille pour être sa mère. Quand elle refusa, il lui dit qu'il était

1. Surnom de David Gordon Kirkpatrick (1927-2003), la plus grande vedette australienne de musique country.

responsable des forces de police et qu'elle allait devoir s'exécuter.

Si Hurley avait tendance à se prendre pour la loi incarnée, c'était en partie parce qu'à Burketown, la loi c'était bel et bien lui. La loi des Blancs, tout du moins. Et à Burketown, la justice expéditive – des flics prompts à punir à coups de poing – n'était pas très éloignée de la philosophie de la vengeance qui avait cours chez les Yanner.

Comme Murrandoo Yanner le rapporta à Tony Koch, journaliste à l'*Australian*, dans son interview de décembre 2004 : « S'il n'avait pas été de la police, lui et moi on aurait été semblables en bien des points… Comme lui, je suis prêt à affronter le type, noir ou blanc, qui me traite. C'était une brute et un abruti, moi pareil. Il aimait donner une petite correction aux gars qui faisaient un écart… Il n'avait qu'un seul défaut : il ne savait pas maîtriser ses mains. »

Si un homme bat sa femme dans un endroit aussi isolé que Burketown, étant donné la façon dont fonctionne le système judiciaire, c'est trop long et trop coûteux de le faire mettre sous les verrous. Ensuite, l'homme est relâché sous caution, ou bien la femme abandonne les charges. Il la frappe à nouveau. Selon une certaine école de pensée, c'est mieux si on lui donne juste « une petite correction ». Une bonne petite leçon.

Pour Murrandoo, le syndrome de l'inspecteur Harry était convaincant. « [Hurley], c'était un bon flic, mais on a une vision déformée de ce que c'est qu'un bon flic. Beaucoup de gens préfèrent se battre avec un flic, même s'ils enfreignent la loi. Si vous êtes à moitié perdant, ou si vous ne vous en sortez pas trop mal, c'est mieux pour vous qu'un tas d'accusations forgées de toutes pièces qui ne vous laissent pas la moindre chance dans le système judiciaire – un jury blanc à Mount Isa, et tout le tralala. »

Murrandoo se rappelait avoir vu un petit jeune au visage tuméfié qui prétendait avoir été agressé par Hurley. « Je suis allé en ville le lendemain, j'ai frappé à la porte du commissariat, et Hurley était bien amoché, donc ce jeune mec lui avait mis la pâtée à lui aussi. » Le brigadier passait en voiture et il avait vu le petit jeune qui bourrait son frère de coups de pied à la tête. « Son propre frère ! s'exclama Yanner avec dégoût. Hurley est descendu pour l'arrêter, alors le mec a donné une petite correction à Hurley. Et Hurley lui a donné une petite correction à son tour. »

En septembre 2001, Vernon Yanner et Hurley s'étaient « méchamment frités » quand ce dernier, après une séance au pub, s'était mis en tête de confisquer la nouvelle moto de Vernon. Selon Yanner :

> Il se barrait avec, alors je lui ai lancé une de mes bottes, je l'ai agrippé pour le faire tomber de ma moto, on a fini au corps à corps juste là dans le caniveau. Il m'a tenu la tête sous l'eau pendant un moment, pour essayer de me noyer. Et puis ç'a été mon tour de lui tenir la tête sous l'eau pendant un moment, pour essayer de le noyer. Je lui maintenais la tête quand les gars m'ont forcé à le lâcher… On s'arrête pas avant qu'un de nous deux ne remue plus les pieds.
>
> Après cette bagarre, Murrandoo m'a dit : « Va présenter tes excuses à Hurley et comme ça tu te feras pas inculper. Il veut que tu lui fasses des excuses. »
>
> Moi j'ai répondu : « Qu'il aille se faire foutre. »

Et lui il m'a dit : « D'accord, dis-lui d'aller se faire foutre, mais lui il va te mettre ça et ça sur le dos. Même si ça te plaît pas, va faire tes excuses et il t'arrivera rien. »

Je suis allé lui faire mes excuses au poste : « Désolé de ce qui s'est passé. »

Il a explosé : « Espèce de petit connard ! Tu ferais mieux de prendre exemple sur ton frangin, ducon ! Je devrais te coller au trou tout de suite ! »

Moi je lui ai dit : « Va te faire foutre, connard ! On se verra au procès !

— Alors tu veux pas que je laisse tomber les charges ?

— Non, pas si tu continues à me parler sur ce ton. Tu peux aller te faire enculer. »

Et je suis sorti. Je pouvais pas l'encaisser, un point c'est tout.

Hurley inculpa Vernon, mais par la suite, au vu des circonstances, les charges ne furent pas retenues.

Autrefois, les gens auraient dit que Hurley était retourné à l'état sauvage. Peut-être l'autorité qu'il exerçait, combinée à la ville et à la chaleur, avait-elle servi de révélateur. La chaleur des tropiques vous attaque comme une nuée d'insectes. Elle rampe sur toute la peau. Les gens attendent la tempête, attendent que les éclairs déchirent le ciel. Ajoutez l'alcool, la haine et les fusils à la claustrophobie, ajoutez le recours habituel à la violence parmi des hommes qui ne font pas grand cas de la psychologie mais aiment se tenir au bar pour comparer la taille des serpents qu'ils ont dénichés dans leur jardin, et ça a vraiment tout de la fièvre.

Ou peut-être Hurley était-il déjà prédisposé à un tel état ; peut-être était-il – comme l'avait dit Murrandoo Yanner – une brute et un abruti.

Au bout de trois ans à Burketown, Hurley s'installa avec une barmaid qui s'appelait Narelle. Elle avait dix bonnes années de moins que lui, une blonde bien charpentée. Selon Vernon, « c'était une fille bien, tranquille et tout, elle avait pas trop de mauvais côtés même si elle était avec lui ». Mais comment est-ce qu'on s'installe dans un endroit comme Burketown ?

Cette ville était pleine d'anciens combattants, de chasseurs de crocodiles et de missionnaires qui croyaient que les codes-barres au supermarché étaient l'œuvre du diable. La femme du patron du pub, qui était fanatique des armes à feu, ne portait que des tenues de soirée et servait toute une collection de vauriens parmi lesquels Murrandoo Yanner, le prince des hors-la-loi. Le patron lui-même, pour qui travaillait Narelle, ne s'entendait pas avec les Yanner. L'animosité allait croissant, alors il installa des clôtures barbelées, des caméras de surveillance, et des chiens de garde. Certains clients pensaient qu'il mettait une substance dans les prises d'air pour leur faire vider les lieux à l'heure de la fermeture ; ils partaient en toussant et en crachotant. Le patron se plaignit auprès des supérieurs de Hurley, leur disant que le brigadier était trop proche des Yanner. Murrandoo prétend que Hurley avait reçu un avertissement de sa hiérarchie l'enjoignant de prendre ses distances, et qu'il était venu le voir en ne sachant pas quoi faire.

2001 fut une année cruciale pour Hurley. Parmi les policiers de la région du golfe, on disait que le brigadier semblait perdre le contrôle des autochtones de Burketown comme de lui-même. Il avait fait un dossier de promotion au poste de brigadier-chef dans la communauté aborigène voisine de l'île Mornington (population : mille deux cents habitants), à une bonne centaine de kilomètres au nord-ouest de Burketown. Quand il essuya un refus, me rapportèrent les Yanner, ce fut une terrible déception pour lui. Pour un homme qui avait un tel plan de carrière, ce refus était un échec majeur.

Murrandoo voyait les choses de la façon suivante : plutôt que d'en vouloir à la hiérarchie qui l'avait offensé, Hurley sembla en vouloir à la communauté – en d'autres termes, à Murrandoo et à ses frères. C'était aussi le point de vue d'un éleveur blanc de la région : « Il était venu avec les meilleures intentions du monde ; il a essayé de se rendre utile et il s'est retrouvé compromis par les Yanner. »

Hurley se renferma. Il n'allait plus aussi souvent à l'école travailler avec les enfants. Il choisit de ne plus fréquenter ses amis au pub. Il les avait tous supportés pendant trois ans et ça n'avait pas payé. Écoutant l'avertissement de ses supérieurs, le brigadier prit ses distances avec les Yanner, et bientôt il était de nouveau à l'affût d'une récompense. Un jour un homme en visite à Burketown se retrouva coincé dans un conduit d'eau. L'oncle de Murrandoo, Johnny Yanner, vint trouver Hurley et lui dit que s'il ne faisait rien, l'homme allait se noyer. Hurley n'attendit pas les secours ; il perça le conduit et sauva la vie de l'homme. Pour cette action, il reçut un certificat de la police en 2002 en reconnaissance de « son intelligence, sa promptitude, son ingéniosité et un dévouement à ses obligations dépassant de loin ce qu'on est en droit d'attendre d'un membre des forces de l'ordre dans l'exercice de ses fonctions ». La carrière de Hurley était repartie sur les bons rails.

Les gens s'étaient montrés gentils à mon égard à Burketown, mais j'avais constamment l'impression que si je m'aventurais trop loin dans telle ou telle direction, les choses pourraient se gâter. Les règles étaient différentes de toutes celles que je connaissais. Il faisait chaud comme nulle part ailleurs. Le soir je quittais le bar avant dix heures et restais allongée sur mon lit en sueur à écouter les gens boire, faire la fête et se bagarrer dans la pièce juste en dessous. Tout en ayant bien conscience que c'était du mélodrame, je ne pouvais m'empêcher de sentir qu'il me fallait être prudente si je voulais m'en sortir vivante.

Un matin, Johnny Yanner m'emmena à la pêche dans son canot sur Albert River. Le long des rives boueuses, il y avait des traces récentes de crocodiles. Quand il repéra deux yeux globuleux affleurant à la surface, il fit pivoter le bateau pour que je voie ça de plus près. Je l'implorai de ne pas se donner cette peine. À l'embouchure de la rivière, face au golfe de Carpentarie, nous jetâmes des lignes et dans la minute nous remontâmes chacun des poissons, leurs écailles superbes dans la lumière du soleil.

À la fin de mon séjour, le patron du pub – ce n'était pas le même que du temps de Hurley – me déposa au terrain d'atterrissage et j'attendis l'embarquement pour Cairns avec les passagers qui venaient juste d'arriver de Doomadgee. Une fois à bord, je fis la connaissance d'une femme au visage juvénile : vêtue de rose, elle agitait un éventail de soie et pressait sa veste contre son nez pour atténuer l'odeur rance des corps en sueur et mal lavés. Elle disait avoir des ancêtres à la fois aborigènes, des îles du détroit de Torres et « australiens blancs ».

Cette femme, qui était officier de police à Doomadgee et rentrait chez elle pour les vacances, était jeune et épuisée. Elle avait vu tant de femmes au visage tuméfié et tant d'enfants blessés, aussi. Elle venait de voir un enfant tué dans un accident de voiture – conduite en état d'ivresse. Je me rappelai un flic de Townsville me disant qu'il avait toujours un couteau sur lui depuis le jour où il n'avait pas pu dépendre un suicidé à temps pour lui faire une RCP. C'était pratique, m'avait-il dit d'un ton neutre, pour couper les ceintures de sécurité après un accident. La jeune policière de l'avion me confia qu'elle avait atteint le point où elle ne pouvait plus supporter ça. Elle se répétait : « Ça m'est égal, ça m'est égal. » Elle espérait un transfert pour retourner à la « civilisation », où tout pourrait lui être égal. Je me remémorai l'inscription sur le monument aux morts de Doomadgee : OUBLIONS.

Cette policière me fit penser à Chris Hurley laissant tout derrière lui pour rentrer à Brisbane voir sa famille. Réintégrant la société normale, il avait pu se fondre à nouveau dans la foule sous son invisible cape de peau blanche. *Oublions, oublions*, disaient les routes goudronnées, les jolies petites maisons, les pelouses impeccables. Mais Hurley était pareil à un homme qui revient de la guerre – une guerre qu'il ne pouvait pas éliminer de son organisme. En novembre 2002, il obtenait une promotion au grade de brigadier-chef, et peu après il arriva à Palm Island.

TROIS

L'instruction reprend

Les rues principales de Townsville, bordées de palmiers, sont des emblèmes de la prospérité coloniale. Urnes, colonnades et couronnes richement ornées garnissent des devantures victoriennes portant encore l'inscription TAILLEUR, PAPETERIE ou BANQUE. Des bougainvillées rose vif poussent comme du chiendent le long de dentelles de fer forgé jusqu'à des balcons dont les portes-fenêtres s'ouvrent aux quatre vents. La ville fut établie au début des années 1860 afin d'y installer des usines traitant les carcasses de mouton et de bovins pour en faire du suif. Une industrie sucrière se développa alentour, et pour travailler dans les champs de canne les planteurs importèrent (enlevèrent ou réduisirent en esclavage, disent certains) près de cinquante mille Mélanésiens, hommes et femmes, des îles du Pacifique Sud : on appelait cette pratique le *blackbirding*[1]. Townsville tire son nom d'un *blackbirder*, Robert Towns, un entrepreneur qui en 1865 écrivit depuis la colonie encore balbutiante : « Jamais je ne me suis senti aussi

1. D'après *blackbird*, qui signifie « merle » et veut dire littéralement « oiseau noir ».

malheureux loin de chez moi qu'ici, avec tous ces insectes et autres fléaux. » Il partit le mois suivant et ne revint plus jamais.

Le palais de justice de Townsville est un édifice au toit plat, de style moderne, en béton usé par les intempéries. Il s'élève au milieu d'une profusion de palmiers et d'arbres fruitiers tropicaux, et de petites fenêtres carrées ponctuent sa façade.

C'était seulement ce mercredi 3 août 2005, huit mois et demi après la mort de Cameron, que Chris Hurley et les autres officiers de police étaient tenus de venir à la barre. Le coroner Michael Barnes s'était démis de ses fonctions et l'instruction se déroulait sous la présidence de l'adjointe au coroner d'État, Christine Clements, une belle femme à l'attitude impénétrable, âgée d'une quarantaine d'années. Elle avait passé les deux jours précédents sur Palm Island à entendre les témoignages des Aborigènes s'étant auparavant présentés devant Barnes. Cette fois-ci, ils avaient déposé dans une pièce bien plus petite, au centre aéré du club de la police, et avec l'aide d'un interprète. À présent, l'audience reprenait à Townsville où, avait-on prétendu, les témoins de la police seraient en sécurité.

Erykah Kyle avait fait le voyage sur le continent pour écouter les débats, accompagnée d'un groupe de femmes de Palm Island. Certaines paraissaient bien plus vieilles que leur âge, parfois vingt ans de plus. C'étaient toutes des mères ayant perdu un ou plusieurs fils : qui un fils en prison, qui un fils mort en détention, qui un fils affirmant avoir été battu par la police. Certaines avaient un fils ayant pris part à l'émeute, et même si ces hommes avaient aujourd'hui obtenu le droit de rentrer sur l'île, leur procès demeurait en attente. Pour pénétrer dans le tribunal, les femmes devaient montrer une pièce d'identité, avant de passer au détecteur électronique, puis d'être fouillées. Dans la pièce privée d'air, leur douleur battait comme un tambour voilé. Je ressentais leur désespoir à chaque minuscule victoire. « On attend ça tellement, tellement fort », me confia l'une d'entre elles. Leur attente exacerbée était aux antipodes de l'attitude des policiers. La sécurité était assurée par la même brigade que celle qui avait défoncé les portes des maisons des émeutiers. Assis dans l'antichambre du tribunal, feuilletant des magazines, tous paraissaient faire plus de deux mètres et tous avaient le crâne rasé. « Cette instruction offre un bon exemple de gens qui font tout pour provoquer le pire », me déclara un brigadier.

Tracy Twaddle et les sœurs Doomadgee étaient assises au premier rang. Dans les yeux d'Elizabeth brillait le mot *maintenant* : *maintenant* ça y est. Elle avait prié pour que vienne ce moment, et tous ces avocats – Boe, Callaghan, Moynihan, pleins de panache et prêts à en découdre – étaient là pour répondre à ses prières. Les représentants des deux parties restaient inchangés. Les avocats de Hurley – Zillman et Cranny – avaient un air irrité : tout ceci avait déjà duré bien plus que ce qu'on aurait pu imaginer. Terry Martin, l'avocat conseil de l'adjointe au coroner, interrogeait les témoins. Les bancs des jurés étaient occupés par des chroniqueurs judiciaires.

Le premier témoin fut l'ingénieur en chef du génie électrique au Bureau des travaux publics du Queensland. Il était à la barre pendant qu'on diffusait une partie de la bande de vidéosurveillance montrant Cameron et Patrick Nugent étendus sur le sol de la cellule. Nous avions le regard rivé sur les deux hommes, bras et jambes écartés comme s'ils se trouvaient tout au fond d'une boîte. On ne distinguait pas leurs traits, seulement le contour de leurs corps, et l'un d'eux – Cameron – qui se tordait. Patrick Nugent lui tapotait le crâne, ivre mort. La bande était silencieuse à part le son misérable et déformé qu'émettait Cameron en appelant : « Aidez-moi ! Au secours ! »

La bande défila un long moment. Les avocats de Hurley murmuraient et souriaient à propos d'on ne savait quoi. L'avocat de Tracy semblait lutter contre le sommeil. Derrière eux, Tracy pleurait en silence.

Après que Hurley a découvert la mort de Cameron, on le voit sur la bande qui discute avec d'autres policiers. Ensuite, quand les ambulanciers arrivent, Hurley leur parle comme un personnage de dessin animé. Aucune de ces conversations n'est enregistrée. Les seuls sons suffisamment puissants pour être audibles, ce sont les cris du mourant.

Gordon Johnson, de Palm Island, avait témoigné pour dire qu'il avait entendu Doomadgee appeler à l'aide alors que lui-même passait devant le poste de police ce matin-là. Et à présent, l'ingénieur certifiait qu'il était peu probable que les appels de Cameron n'aient pas été audibles dans tout le commissariat. « [La police] aurait forcément entendu grâce au système d'intercommunication ce qu'on entend sur la bande. »

L'ambulancier qui apparaissait sur la vidéo vint à son tour à la barre. Il était entré dans la cellule à 11 h 25 et avait tenté de réanimer Cameron. Il déclara que selon lui Cameron était mort depuis au moins vingt minutes, et il avait une contusion bien prononcée sur l'œil. La vidéo montre le ton qui monte entre

Hurley et l'ambulancier, mais ce dernier déclara à la cour qu'il ne se souvenait plus de ce qu'ils s'étaient dit. La cour lui pardonna.

Le témoin suivant était celui que tout le monde attendait : l'officier de liaison Lloyd Bengaroo. Boe et Callaghan étaient particulièrement curieux d'entendre ce qu'il avait à dire. À part Hurley en personne, Bengaroo serait le dernier témoin oculaire au moment de l'arrestation à être entendu. Dans l'entretien filmé qu'il avait accordé aux enquêteurs de la police le lendemain de la mort de Cameron, Bengaroo avait reconstitué les différentes étapes de l'arrestation mais s'était interrompu au moment où Cameron se faisait traîner à l'intérieur du commissariat.

Bengaroo avait prétendu qu'il se tenait dans le passage. « Je me tenais là, avait-il dit aux enquêteurs, parce que je me disais, heu, si je vois quelque chose, je pourrais moi-même avoir des embêtements, ou je ne sais quoi… la famille pourrait me harceler ou je ne sais quoi, vous voyez ce que je veux dire… ? » Callaghan pensait que son « ou je ne sais quoi » signifiait une possible intimidation de la part de la police. Bengaroo, qui travaillait depuis vingt ans à différents postes dans la police, devait également respecter le « code ». C'était un homme pris entre deux tribus – les *blackfellas* et les flics –, et chacune avait les moyens de réclamer vengeance. Callaghan et Boe étaient persuadés qu'il en savait plus que ce qu'il voulait bien dire. Le contre-interrogatoire révélerait peut-être de quoi il retournait.

Sombre, massif, Lloyd Bengaroo s'avança à la barre pour témoigner en uniforme de la police. Ses chaussettes montantes étaient bien tirées jusqu'aux genoux, et un trousseau de clefs tintait dans la poche de son short. Il avait les cheveux rasés de près, le visage grêlé, le front soucieux. Quand il prit place, un bourrelet de graisse roula sur sa nuque. D'une voix étonnamment douce, il prêta serment sur la Bible, même s'il admit tout de suite après n'être pas chrétien. Presque vingt ans plus tôt, m'avait-on dit, son fils de dix-huit ans s'était fait tuer unc nuit à Palm Island à propos d'une histoire de cigarette. Ce fils avait été à l'école avec Cameron Doomadgee.

Une toux violente gêna terriblement Bengaroo tout au long de sa déposition.

> Cameron s'amène. Il passe devant nous. Il me dit : « Bengaroo, t'es noir comme moi ? Pourquoi tu nous aides pas ? » Moi je dis à Cameron : « Continue, continue ton chemin ou sinon tu vas te faire coffrer »… J'ai dit ça pour sa propre sécurité. Dès qu'on a eu fini avec Chris Hurley de mettre Patrick dans le fourgon, on a sauté sur nos sièges… On a entendu Cameron chanter là-bas sur la route, loin au bout de la route… Cameron a dit genre trois, quatre mots… Je savais qu'il disait des gros mots mais je pouvais pas entendre, j'ai pas entendu ce qu'il disait… [Chris a dit :] « On y va et on le coffre. »

Bengaroo prétendait à présent qu'en arrivant au poste, il avait bel et bien vu les deux hommes trébucher sur le seuil. Il déclara à la cour qu'il les avait vus tomber côte à côte, et confirma qu'« aucune partie de Hurley n'est entrée en contact avec une partie de Mulrunji ». Bengaroo déclara également qu'ensuite, il était en fait entré à l'intérieur du commissariat, et que Hurley n'avait pas attaqué Doomadgee.

Peter Callaghan voulut montrer à Bengaroo la photo prise sur la scène de crime où l'on voit l'œil tuméfié de Cameron. Les avocats de la police objectèrent que cela irait cruellement à l'encontre de la culture du témoin. L'adjointe du coroner enveloppa d'une feuille blanche la photo du visage du défunt de façon que seule la blessure demeure visible.

Lorsque Callaghan montra la photo à Bengaroo, le policier admit que Cameron n'avait pas d'œil au beurre noir quand il s'était fait arrêter. Il ne pouvait pas expliquer comment était survenue cette blessure.

La salle d'audience était tendue. J'entendais Erykah Kyle et les vieilles femmes qui par intervalles huaient, gémissaient, ou chuchotaient des encouragements : « Oui, oui. »

Il était difficile de savoir si Lloyd Bengaroo essayait de noyer le poisson ou si vraiment il ne comprenait pas les questions des avocats. Quand on lui demanda directement s'il avait vu ou entendu quoi que ce soit d'irrégulier, il ne fit aucune révélation fracassante. Mais lors d'un échange avec Peter Callaghan, il fit une déclaration qui sonnait juste.

Callaghan : Vous avez dit [à Cameron] de continuer son chemin pour sa propre sécurité… Que vouliez-vous dire par là ?

Bengaroo : Je lui ai dit de pas s'arrêter en chemin ou sinon il allait se faire coffrer. Pour sa propre sécurité. Je lui ai juste dit de pas s'arrêter ou bien il se ferait coffrer.

Callaghan : Et la raison pour laquelle vous avez fait cela, c'était « pour sa propre sécurité » ?

Bengaroo : Oui.

Callaghan : Et un endroit en sécurité, c'est un endroit loin de vous et du brigadier-chef Hurley ?

Bengaroo : Oui.

Callaghan : Auprès de vous deux, il n'était pas en sécurité, lui ?

Bengaroo : Oui, c'est ça.

À une ou deux reprises, Bengaroo parut sur le point d'en dire plus long, mais chaque fois, par pur hasard, quelqu'un dans l'auditoire toussait ou raclait les pieds par terre, et le charme était rompu. Callaghan était remonté, agressif, pris d'une sorte de rage. Bengaroo croisa les bras, puis se tint momentanément la tête entre les mains. Je me demandai ce qu'il pensait de Chris Hurley – s'il lui avait fait confiance, s'il avait remarqué quelque chose dans l'humeur de Hurley ce matin-là. Et je me demandai ce que Bengaroo pensait de Cameron, avant.

Callaghan : Pourquoi l'arrêtait-on ?

Bengaroo : Il troublait l'ordre public.

Callaghan : Il troublait qui ?

Bengaroo : Moi et Chris.

Callaghan : Et il vous troublait comment ?

Bengaroo : À sa façon de nous interpeller.

Callaghan : Mais vous ne savez pas ce qu'il disait.

Bengaroo : Non, j'en ai pas la moindre idée.

Bengaroo n'en savait pas plus long sur ce qui légalement constituait un trouble à l'ordre public. Il n'avait jamais été formé à ces questions.

À la fin de la journée d'audience, Bengaroo se tenait au bout d'un couloir, six policiers autour de lui. Tous souriaient. La scène était conviviale, jusqu'à l'échange de félicitations. Ils choisirent un moment où le couloir était désert pour que Bengaroo et son escorte entrent dans l'ascenseur. À la dernière minute, je les rejoignis.

« Vous risquez rien en montant avec nous », fit un jeune policier. C'était l'agent Kristopher Steadman, celui qui attendait devant le poste de police ce matin où Hurley était seul avec Doomadgee.

« Sauf si vous êtes vulgaires », lui renvoyai-je.

Steadman rigola. Les portes s'ouvrirent et Bengaroo disparut comme par enchantement.

Devant le palais de justice, Erykah Kyle me dit que Lloyd Bengaroo lui faisait penser aux membres de la police indigène, qui jusqu'à la fin des années 1890 étaient à la botte de la police blanche et avaient pris part à des massacres à vous glacer le sang. Elle trouvait que le système s'était servi de Lloyd, et elle regrettait que son conseil n'ait pas cherché à lui tendre la main. « J'ai pitié de lui, vraiment. » Lloyd avait passé toutes ses années dans la police à jouer le larbin des flics blancs, ouvrant la porte du fourgon quand d'autres *blackfellas* se faisaient arrêter. Cameron l'avait humilié ce matin-là, mais ce n'était pas comme s'il n'avait pas été humilié auparavant. Au cours de ses vingt et un ans dans la police municipale, il avait entendu des choses semblables lors de la plupart des arrestations. Sauf que cette fois-ci, Cameron Doomadgee était mort quarante minutes plus tard.

Dans l'excitation générale le lendemain matin, le brigadier-chef Chris Hurley fit son arrivée au palais de justice, et j'eus l'impression d'apercevoir un personnage mythique. Au bout de presque neuf mois d'intenses spéculations, et de procédures judiciaires au cours desquelles il avait fait l'objet *in absentia* de témoignages, il était là – grand, sombre, d'une beauté toute classique. En chair et en os. Il entra par une porte dérobée pour ne pas être pris en photo. Son uniforme était si méticuleusement repassé que chaque pli en était bien visible. Il était rasé de frais, bronzé, calme, poli. Cela contribuait à faire de lui un bon témoin. Il se tenait très droit sur sa chaise et parlait de Doomadgee en l'appelant « Mulrunji » ou bien « l'homme », ou encore « le monsieur ». Il donnait du « monsieur » à Terry Martin et le regardait droit dans les yeux. Son accent restait perceptible, mais pas spécialement prononcé. Il raconta à la cour ses années de volontariat au service de la jeunesse aborigène.

Martin : Avez-vous des amis aborigènes ?

Hurley : Oui, monsieur.

En jean et chaussures vernies, Murrandoo Yanner était assis dans l'auditoire, penché en avant, tentant de se faire remarquer par Hurley. Murrandoo avait fait le trajet depuis Burketown dans l'espoir d'un face-à-face avec son vieil ami. « On se connaît trop bien et on a trop de respect l'un pour l'autre, avait-il dit à Tony Koch, pour qu'il ne soit pas capable de me regarder dans les yeux et de me dire la vérité. »

Martin : Avez-vous quelque chose de particulier contre les Aborigènes ?

Hurley : Non, non. Je n'aurais pas, je… je ne serais pas allé dans ces communautés si j'avais eu quelque chose contre les Aborigènes, je… je n'aurais pas pu être en poste dans ces communautés.

Parfaitement immobile à la barre des témoins, Hurley raconta à la cour comment, le 19 novembre 2004, il patientait dans le fourgon de la police sur Dee Street avec Lloyd Bengaroo pendant que Gladys Nugent allait chercher ses médicaments. « On avait remonté les vitres et j'entendais des hurlements. Alors Lloyd m'a demandé : “Tu entends ce qu'il dit ?”…

Patrick Nugent nous criait des insultes, à Lloyd et à moi. »

Le brigadier-chef était sorti du fourgon pour arrêter Patrick, et c'est à ce moment-là que Cameron Doomadgee était passé et avait parlé à Bengaroo. Quand Hurley était remonté dans le fourgon, il avait bien vu que son collègue était perturbé. « Il était blessé dans son amour-propre. C'est un homme très orgueilleux, expliqua Hurley à la cour d'une voix sincère, et Lloyd prend son travail très au sérieux. » Dans les années 1980, poursuivit-il, Bengaroo avait eu sous ses ordres treize officiers de police municipaux et on lui avait accordé le droit de procéder à des arrestations. En 2004, le système avait changé et il n'avait « aucune autorité réelle ». Le seul rôle de Lloyd consistait à faire la liaison entre les habitants de Palm Island et la police.

Hurley raconta qu'il avait regardé en direction de Cameron au bout de la rue, qui braillait : « "Salopards. Bande de salopards !" ou quelque chose du même genre ». Mais c'était l'insulte faite à Lloyd qui le tracassait. Lloyd, précisa Hurley à la cour, avait dit : « "Il ne devrait pas me parler comme ça, mon pote." Et moi je lui ai dit : "Ah bon, c'est qui ?" Et lui m'a donné le nom exact de Mulrunji. »

Doomadgee.

La veille, Lloyd Bengaroo avait dit à l'audience que Chris Hurley connaissait Cameron et « connaissait la famille Doomadgee, l'endroit d'où ils venaient ». Hurley maintint qu'il ne se souvenait pas de Cameron, mais quand bien même, ce nom de famille avait dû suffire à lui évoquer la petite ville pleine de poussière rouge. L'associer à une odeur, une sensation. À longueur de journée, des *blackfellas* prenaient la route au volant de vieilles guimbardes pour se rendre de Doomadgee au Burketown Pub et s'approvisionner en caisses de bière et bouteilles de rhum. Les jeunes de Doomadgee poussaient jusqu'au parc à caravanes de la ville pour crever les pneus des Blancs. Les hommes de Doomadgee avaient le nez cassé, des cicatrices au visage, des tatouagcs réalisés artisanalement en prison ; pour les Blancs de Burketown, la tension était palpable dans l'air.

Steve Zillman se leva et demanda une courte pause pour parler avec son client. Le reste de l'auditoire attendit sur place, suspendu dans l'instant où Hurley avait reculé sur trente mètres pour arrêter Cameron. Un homme avait vu un ivrogne noir, l'autre un démon blanc. L'étape suivante tenait du pur rituel. Il faisait très chaud, très moite. Il régnait, pour citer Norman Mailer, quelque chose de « charnel ». « Au moment de l'arrestation, flic et criminel se connaissaient mieux que deux vieux potes… une arrestation, c'était quelque chose de charnel. Pas sexuel, charnel – ayant à voir avec la viande, des inconnus venaient s'approprier la viande de quelqu'un d'autre. »

Quand Hurley réintégra la salle d'audience, il annonça : « Je demande à bénéficier de l'immunité. »

Christine Clements ordonna à Hurley de « répondre aux questions et de fournir les éléments nécessaires à cette instruction ». Elle avait le pouvoir de l'obliger à parler, mais aucun élément qu'il apporterait à partir de maintenant ne pourrait être utilisé contre lui dans une procédure pénale.

Hurley annonça donc à la cour qu'il avait décidé d'arrêter Cameron « par solidarité avec Lloyd parce que Lloyd, lui, n'avait pas le pouvoir de procéder à une arrestation…Selon moi, ajouta-t-il, il faut soutenir

Lloyd à cent pour cent. On fait un boulot dur là-bas mais ça n'est rien comparé à celui de Lloyd ». À la barre, le brigadier-chef racontait son histoire sereinement, comme si personne ne pouvait manquer de voir à quel point il avait été raisonnable. Les soupçons entourant ce décès étaient le fruit d'un affreux malentendu. Un quiproquo. En réalité, il avait montré sa solidarité avec le peuple aborigène ce jour-là. En fait, cette arrestation était une arrestation fraternelle, protectrice, afin d'aider un subalterne noir – l'infraction de Cameron était « un trouble à l'ordre public ».

« Mais pourquoi le fait d'être grossier envers Lloyd justifierait-il cette infraction ? » demanda Terry Martin.

Le visage de Hurley changea à peine d'expression : « Eh bien, ce que je veux dire, monsieur, c'est que je crois que si Lloyd avait eu le pouvoir de procéder aux arrestations, il aurait de lui-même arrêté ce monsieur. »

Martin : Mais pour quelle raison ?

Hurley : Pour trouble à l'ordre public.

Un soupçon d'hostilité se manifesta derrière l'équanimité du brigadier-chef. L'expérience lui avait enseigné, déclara-t-il à la cour, que s'il n'avait pas arrêté Cameron se matin-là, il y avait de fortes chances pour qu'il eût récidivé. Hurley voulait le ramener au poste et vérifier s'il avait un casier judiciaire.

Mais Terry Martin s'interrogeait : dans un endroit où l'alcoolisme dominait la vie quotidienne, pourquoi Hurley n'avait-il pas dit : « Écoute, mon pote, tu as bu un coup de trop, et là tu beugles en pleine rue, alors on va te ramener chez toi » ? Après tout, Doomadgee n'était pas connu pour être un fauteur de troubles – Hurley lui-même disait ne l'avoir jamais rencontré.

Le brigadier-chef prétendit que, venant juste d'arrêter Patrick Nugent, il voulait se montrer équitable.

Martin demanda ce qui s'était passé de retour au poste. « Comment l'avez-vous fait sortir du véhicule ?

— Je lui ai demandé de sortir en premier et puis j'ai placé une main sur sa jambe ou son bras pour l'aider, et quand je dis aider, je ne me rappelle plus si j'ai eu besoin de le traîner, mais pendant qu'il sortait je me suis fait taper dessus. C'était choquant. » C'était choquant parce que Hurley croyait que la communauté savait qu'il était sévère mais juste. « L'une des raisons pour lesquelles j'aime bien être dans ces communautés, [c'est] qu'on peut créer un rapport comme ça, on n'est pas juste un quidam, les gens savent qui vous êtes. » Quant au coup de poing, Hurley n'était pas en colère, juste agacé : « Ça m'a un peu pris au dépourvu… un peu énervé, oui, mais je n'étais pas en colère. Colère est un mot trop fort. » C'est dans cet état-là, conclut-il, qu'ils s'étaient battus jusqu'à la porte du poste de police.

Martin : Et vous êtes tombés ?

Hurley : Mulrunji est tombé devant moi.

Martin : Et est-ce que vous aussi, vous avez fait une chute sur le sol du commissariat ?

Hurley : Exact, je suis tombé à sa gauche.

Martin : Vous n'avez pas atterri sur lui ?

Chris Hurley : Eh bien, je sais aujourd'hui que les rapports médicaux tendent à prouver que c'est le cas. Que j'ai atterri sur lui. Si je n'avais pas connaissance de ces rapports, je vous dirais que je suis tombé à sa gauche… Ce que je veux dire, c'est que la vie ne se déroule malheureusement pas un plan après l'autre, et si c'était le cas, j'aurais pu vous donner une version exacte à cent pour cent. Mais la version que j'ai donnée était mon souvenir le plus juste et le plus proche de la vérité. C'était la vérité que je croyais vraie.

Murrandoo Yanner s'avança pour prendre un siège dans la tribune derrière Terry Martin, juste dans la ligne de mire du brigadier-chef. Le visage de Hurley s'illumina lorsqu'il le reconnut.

Vernon, le frère de Murrandoo, m'avait dit qu'au Burketown Pub, Hurley se tenait parfois près du juke-box et mettait les gars au défi d'aller à l'extérieur pour essayer de le plaquer au sol. Pendant quatre longues années, il était resté invisible à Burketown, assurant le maintien de l'ordre par des méthodes qui ne résistaient pas toujours à l'examen. Il ne portait pas d'arme, sa musculature lui servait en quelque sorte de protection.

Mais dans la salle d'audience, Chris Hurley faisait preuve de sang-froid, il était poli, impénétrable, dépourvu de l'agressivité que décrivait Vernon Yanner. Si Hurley fut ébranlé d'avoir vu Murrandoo, il le dissimula fort bien sous son masque. Durant toute l'instruction, Hurley était le parfait petit catholique, pétri de bonnes manières et de discipline, faisant preuve de maturité. Il était pareil à T. E. Lawrence à son retour du désert, onctueux et respectable pour affronter son club londonien.

Hurley nia être coupable de voies de fait sur Cameron. Et il était totalement convaincant. Si on laissait de côté les parties de son histoire qui ne formaient pas un tout cohérent, il n'y avait pas de raison de douter de cet homme. Il avait eu la main lourde au moment d'arrêter Cameron, mais sa sincérité forçait l'admiration. Tout le tribunal ressentait la foi qu'il avait en sa propre conviction. Je me demandai s'il était possible de ne pas se sentir coupable d'une mort dont on était la cause mais sans intention de la donner. Pouvait-on être mécaniquement responsable mais humainement innocent ? N'importe quel policier en faction devant les portes de la salle d'audience aurait pu se retrouver dans la situation de Hurley. Puisqu'il s'était plus ou moins comporté comme quiconque l'aurait fait à sa place, lui était-il donc possible de se convaincre qu'il n'était pas plus coupable que quiconque ?

Terry Martin rappela à Hurley qu'au cours de trois entrevues avec la police – le jour de la mort, le lendemain et la semaine suivante –, il avait dit être tombé sur la gauche de Cameron. Il ne semblait donc y avoir à présent, affirma Martin, que deux explications possibles à la contusion oculaire de Cameron et à ses importantes lésions internes : soit Hurley était effectivement tombé sur Cameron, soit il s'était livré à des voies de fait sur son prisonnier. Puisqu'il avait nié à plusieurs reprises la première hypothèse – jusqu'à ce qu'il ait connaissance des rapports médicaux –, la deuxième était-elle envisageable ?

Martin : Repensez-y une minute : y a-t-il eu un accès de colère qui vous a conduit à vous relever le premier pour l'écraser sous votre genou et dire quelque chose comme : « Est-ce que vous en avez eu assez, monsieur Doomadgee ? »

Hurley : Non, c'est inexact.

Martin : Un coup de poing et là, hein, avec tout le respect que je dois à la cour, vous tombez cul par-dessus tête en passant la porte, mais ça ne vous a pas mis suffisamment en colère pour vous relever et… ?

Hurley : Non. Non, je voulais le mettre en cellule.

Martin : Je vous demande pardon ?

Hurley : Je voulais le mettre en cellule. J'essayais de le relever après ça.

Par « relever », le brigadier-chef faisait allusion au fait qu'il se tenait au-dessus de Doomadgee et le tirait : c'était l'explication alternative qu'il donnait pour contrebalancer l'affirmation de Roy Bramwell selon laquelle le coude de Hurley montait et descendait en une série de coups de poing. Hurley disait-il à présent la vérité, ou bien se couvrait-il contre les allégations de Bramwell ?

Il allait falloir sept mois avant que ces questions puissent être posées à Hurley au cours d'un contre-interrogatoire. Sa déposition fut littéralement interrompue par l'aboutissement d'une autre bataille judiciaire. L'adjointe du coroner, Christine Clements, avait décidé d'autoriser que soient versées au dossier les plaintes déposées contre Hurley dans le passé. Ses avocats faisaient appel et l'instruction fut à nouveau renvoyée jusqu'à ce que l'appel passe en audience.

Hurley s'éclipsa par une porte latérale pour éviter encore une fois les photographes et disparut dans une voiture qui l'attendait là. Au cours de sa déposition, il avait été le modèle même du flic vertueux. Si c'était la parole de Roy Bramwell contre la sienne, qui allait croire Roy ? J'essayai de voir les choses sous tous les angles possibles. J'examinai mes doutes un à un et tentai de les lever, avant de les reprendre en considération pour voir si la mort de Cameron n'était pas le fruit d'un simple accident. Était-il possible que Hurley soit innocent ?

Plusieurs mois après le renvoi de l'instruction d'août 2005, un policier m'invita un après-midi à entrer dans la caserne de Palm Island. C'était la saison des pluies et le sol était recouvert d'une nappe d'eau. La végétation semblait sur le point de périr noyée. Les plantes grimpantes s'accrochaient aux clôtures comme si elles voulaient les étouffer. Dans la baie, les pluies avaient rempli un bateau au point de le faire couler. Le policier déverrouilla le lourd cadenas, je pénétrai dans la caserne à travers les grillages de protection contre les cyclones, et il referma derrière nous. Je le suivis jusqu'à la salle de repos, un coin de garage encombré où les flics s'étaient réfugiés lors des émeutes. S'y trouvaient à présent une table de billard deux fois plus petite que la normale, une chaîne stéréo, des vieilles chaises de bureau, et une télé qui diffusait *Video Hits*[1]. Le chien d'une des policières avait pris possession de deux canapés défoncés.

L'officier de police m'offrit un verre et ouvrit un réfrigérateur rempli de bières et de cocas bon marché. Il y avait un pense-bête sur lequel il nota sa dette. Il avait besoin de compagnie. Il voulait parler musique et voyages, parler de ce que les jeunes hommes disent aux jeunes femmes dans le monde entier. Je sentais tout le bâtiment vibrer de solitude. Dehors, l'un de ses collègues avait jardiné les étroites plates-bandes le long du casernement, prodiguant aux plantes un amour méticuleux. Les murs étaient garnis en hauteur de fenêtres grillagées.

Le policier en question était présent lors des émeutes, mais ne pouvait pas en parler parce que le procès de Lex Wotton était toujours en instance. Vous croyez

1. Émission très populaire, l'une des plus anciennes de la télévision australienne.

que Hurley est innocent ? voulais-je lui demander, mais comme je buvais sa bière, cela ne me semblait pas très fair-play.

Je repensai à ce que j'avais appris. Chris Hurley pouvait être gentil, mais il pouvait aussi être sévère et dur à la peine, comme doit l'être tout bon flic. Le jour où un avion s'était écrasé près de Burketown, Hurley et son adjoint étaient les premiers sur les lieux. Ils attendirent l'arrivée des secours toute la nuit. Par la suite, il raconta à un ami qu'il s'était assoupi, puis réveillé horrifié de se retrouver au beau milieu de huit corps calcinés. Hurley était capable d'endurer les situations les plus terribles, mais des broutilles l'agaçaient considérablement, disait cet ami, qui le compara ensuite à un vétéran du Vietnam : quand on le côtoyait de près, il pouvait avoir des sautes d'humeur inquiétantes, se montrer imprévisible, facilement irrité… et très soucieux de maîtriser la situation.

Aux dires de certains habitants de Palm Island, Hurley avait commencé à se comporter différemment après le départ de sa petite amie. Narelle l'avait suivi depuis Burketown. Mais début 2004, elle quitta l'île. Parmi les gens que j'ai pu interroger, personne ne savait pourquoi. Je me demandai si le fait de se retrouver tout seul avait rendu Hurley plus vulnérable aux attaques de ses persécuteurs.

Un policier rencontré à Doomadgee et qui avait aussi travaillé dans l'île me raconta que même s'il détestait dire du mal des communautés aborigènes, Palm Island l'avait néanmoins brisé. Ce lieu offrait un décor époustouflant – montagnes, plages de sable blanc, eaux miroitantes –, mais un jour, alors qu'il était simplement assis avec une collègue à la caserne, un missile sous la forme d'une canette pleine de bière passa par-dessus la clôture et manqua d'atterrir sur le nouveau-né de la jeune femme. Et une nuit, ils reçurent un appel pour intervenir dans une zone connue sous le nom de la Ferme, près des terrains agricoles laissés à l'abandon par la mission, et en chemin ils tombèrent sur un barrage. Il faisait nuit. Sortis pour débloquer le passage, ils comprirent qu'ils couraient un danger. Des pierres commencèrent à pleuvoir. De tels incidents étaient monnaie courante. La police subissait constamment des menaces ; on brisait leurs fenêtres, secouait leur voiture. Un jour, tandis qu'un policier déverrouillait les grilles de la caserne, un passant lui lança : « Vous faites quoi, là ? C'est interdit de sortir ! »

La dernière lubie parmi les gosses de Palm Island, c'était de couper les fils électriques des appareils ménagers et d'effilocher la gaine en plastique à une extrémité pour s'en faire un fouet. Les gens ne pouvaient plus se servir de leur lave-linge, mais filles et garçons de tous âges déambulaient dans les rues en maniant leurs cordons avec l'habileté et la grâce d'un cow-boy. Tous les pétales blancs des lys araignées qui avaient fleuri avec l'arrivée des pluies étaient arrachés. La nuit, on entendait les fleurs se faire décapiter par des coups de fouet qui claquaient comme des détonations. Les gens déposaient tellement de plaintes pour la disparition de leurs cordons électriques que la police avait commencé à confisquer les fouets.

À la caserne de Palm Island, j'achevai ma bière avec mon hôte et il me raccompagna jusqu'à la grille, me libérant avant de s'enfermer de nouveau à clef.

« J'étais là, moi, l'homme blanc avec son fusil, debout devant la foule d'indigènes désarmés, jouant en apparence le premier rôle de la pièce ; mais en réalité, je n'étais qu'une marionnette absurde ballottée selon le bon vouloir de ces faces jaunes derrière moi. » Ainsi s'exprime George Orwell dans *Tirer sur l'éléphant*, essai racontant son expérience comme agent de la police impériale britannique en Birmanie. « Je compris à ce moment-là que lorsque l'homme blanc se mue en tyran, c'est sa propre liberté qu'il détruit. Il devient une sorte de mannequin creux et prétentieux… Car son empire s'exerce à la seule condition qu'il s'évertue à impressionner les "indigènes", et à chaque crise il doit par conséquent faire ce que les "indigènes" attendent de lui. Il porte un masque, et son visage se transforme pour s'y adapter. »

Je repensai au visage impassible de Hurley au cours de l'audience. À tous les moyens par lesquels il avait tenté d'« impressionner les indigènes » par des démonstrations de force et de gentillesse. Il avait même toute l'apparence du premier rôle, et personne ne traite un premier rôle de « salopard » sans dommages.

Hurley avait dit à l'instruction : « Je ne serais pas allé dans ces communautés si j'avais eu quelque chose contre les Aborigènes, je n'aurais pas pu être en poste… » Mais qui sait si, comme pour Orwell, qu'on huait partout où il allait, la vie de flic n'était pas « un long combat dont il ne fallait pas rire », et si parfois elle ne le mettait pas « hors de lui » ? Les communautés noires peuvent se muer en l'exact symétrique des communautés blanches de façon intentionnelle. Si à Doomadgee des gamins asticotaient certains de leurs petits copains parce qu'ils ne se lavaient pas, ces derniers répliquaient : « Je suis pas un Blanc, moi ! » Des détritus jonchaient les pelouses en partie parce que la propreté était perçue comme un idéal des Blancs. C'était comme si les autochtones disaient : « Vous croyez qu'on est ignobles… eh bien, voilà ce que c'est d'être ignoble. Les voilà, toutes ces choses dont vous nous accusez, toutes ces choses dont vous avez la trouille. Voilà à quoi ça ressemble. » Hurley s'était plongé là-dedans. Mais cela demande un caractère véritablement exceptionnel pour aller travailler dans de tels endroits sans finir par nourrir des sentiments semblables à ceux d'Orwell.

Comme la police britannique en Birmanie, les flics de Palm Island continuaient à « faire le sale boulot de l'Empire sur le terrain », alimentant de bonnes intentions une mécanique détraquée pour assister à leur renversement, à leur perversion. Ces flics n'étaient-ils pas coincés entre un sentiment de mépris à l'égard de leurs compatriotes qui ne connaissaient rien des réalités de la vie dans de tels endroits, et le sentiment que ce serait, comme l'avait dit Orwell, la « plus grande joie du monde » de faire violence à ceux qui se moquaient d'eux, ces individus inutiles et injurieux qui leur jetaient des pierres alors que leurs enfants n'avaient pas assez à manger ?

Le 27 février 2006, sept mois après le dernier renvoi, l'instruction reprit son cours une fois de plus. Il semblait à Tracy Twaddle et aux sœurs Doomadgee qu'elles attendaient sans fin qu'il se passe quelque chose. « C'est la barbe, hein », râlait Valmae, mais elle croyait que son frère l'observait. « C'est comme si qu'il me disait d'insister, pas lâcher prise. »

En coulisses se jouait une bataille interminable. Au cours de l'instruction, les avocats du préfet de police du Queensland et de Chris Hurley avaient tenté à deux reprises d'empêcher que la partie adverse consulte les quelque vingt plaintes déposées contre le brigadier-chef et les cite comme pièces à conviction. Les tribunaux de première instance cherchent toujours à s'assurer que la charge de la preuve soit plus importante pour l'accusation que pour la défense. Les instructions ayant pour mission de rechercher les faits, elles, ne sont pas liées par les mêmes contraintes, mais il n'en restait pas moins que ni Hurley ni la police du Queensland ne souhaitaient voir les états de service du brigadier-chef rendus publics.

Andrew Boe et Peter Callaghan avaient dû aller jusqu'à la Cour suprême pour gagner l'autorisation de voir ces dossiers. Les avocats de la police avaient alors soutenu que, bien que Boe et Callaghan fussent autorisés à les consulter, ils ne devraient pas pouvoir s'en servir pour l'instruction. Boe et Callaghan retournèrent devant la Cour suprême et gagnèrent le droit de citer les plaintes à l'audience, mais seulement celles qui indiquaient une négligence de la part de Hurley, ou bien une propension à la violence au cours d'une arrestation, et seulement celles ayant un lien avec Palm Island.

L'adjointe du coroner Christine Clements fit comparaître deux hommes disant tous deux avoir été victimes de violences de la part de Hurley au commissariat de Palm Island. L'instruction entendit également une femme qui affirmait s'être fait écraser le pied par la voiture de Hurley et avoir été laissée sur le bord de la route. Hurley fut à nouveau convoqué pour subir un contre-interrogatoire.

Durant cinq jours, plus de douze membres de la police, tous blancs, déposèrent également en qualité de témoins de ces incidents, mais ils n'avaient vu ni entendu là aucune malveillance, et refusaient d'admettre qu'il y en avait eu.

La police a souvent le sentiment qu'elle est victime de fausses accusations dans l'intention de lui nuire : c'est l'une des justifications apportées au « code ». Un brigadier de Brisbane m'a raconté avoir été accusé à maintes reprises de choses qu'il n'avait pas commises. Selon lui, il existait une « culture de la plainte » parmi les gens qu'on arrêtait : prétendre qu'ils étaient victimes de violences leur donnait l'impression qu'ils devaient gagner, ainsi qu'une certaine crédibilité auprès de leurs copains.

Mais les habitants de communautés isolées ont de bonnes raisons de ne pas porter plainte. D'abord, il y a l'idée que cela ne changera rien ; et ensuite, ils supposent qu'ils deviendront la cible de la police pour des infractions mineures, comme l'état de leur véhicule, et celle d'autres fournisseurs de services blancs qui entretiennent de bonnes relations avec la police. « Il y a l'hôpital qui se retourne contre vous. Il y a l'école qui se retourne contre vous », m'avait dit un homme de Doomadgee dont le fils avait, comme le concluait la Commission des crimes et fautes disciplinaires, été frappé par la police. « Il y a tout le monde qui se retourne contre vous. »

Les histoires que racontèrent ces plaignants à l'audience étaient, dans une certaine mesure, très banales. Tous les trois étaient ivres au moment où leur route avait croisé celle de Hurley, et peut-être était-il par conséquent impossible ou presque de décider qui faisait preuve d'honnêteté. C'était là le problème de l'affaire Cameron Doomadgee depuis le début. Chacun ou presque entretenait une relation tendue avec la vérité. Souvent la police paraissait tout sauf sincère, mais c'était la même chose pour les Aborigènes. À un tel niveau d'alcoolisme, les faits se brouillaient, et il devenait presque impossible de les discerner.

Le premier habitant de Palm Island à venir déposer pour des « faits similaires » s'appelait Noel Cannon. Il s'était présenté après la mort de Cameron et avait fait une déclaration sous serment aux avocats de la famille Doomadgee. Dans cette déclaration, il disait avoir été arrêté le 8 juillet 2004, pour ivresse sur la voie publique. Il se trouvait dans le jardin devant la maison de son frère, assis sur un trampoline, en train de parler à son petit-fils de trois ans, Gerry. Selon sa déclaration :

> Mr. Hurley, l'agent de police, est passé par là et il parlait à Georgina, ma compagne, elle était chez le voisin. Moi je parlais à Gerry, et je lui disais : « Saute pas dans le fourgon de la police, s'ils te voient, ils vont te mettre au trou. » Je disais pas de gros mots ni rien. Mr. Hurley, il a cru que je lui parlais à lui, mais je parlais à mon petit-fils. J'avais bu. J'avais sans doute pris un pack de six le matin et puis après ça, encore quelques bières dans la journée.

Ce que Noel Cannon avait omis de mentionner, c'est que Georgina était en fait son ex-compagne, et que c'était elle qui avait appelé la police parce qu'il était devant chez elle, soûl et shooté, et qu'il violait une ordonnance restrictive pour violences conjugales.

Après l'intervention de Hurley, Cannon était allé juste à côté dans le jardin de son frère et il était assis sur le trampoline avec son petit-fils. Selon Georgina, qui témoigna à l'audience, il s'était mis à crier : « Ducon, ducon, ducon, ducon ! » Le brigadier-chef Hurley avait plaqué Cannon ventre contre le trampoline pour lui passer les menottes ; le gamin observait la scène.

À l'audience, Noel Cannon déclara qu'on l'avait conduit au poste et que Hurley « m'a mis en cellule. Il m'a enlevé tous mes habits. Il m'a laissé en short. » Il n'y avait pas de matelas dans la cellule. Selon Cannon, Hurley lui avait dit d'attendre vingt minutes qu'il remplisse la paperasse. Cannon attendit ce qu'il pensait être une durée de vingt minutes avant d'appeler. Hurley « arriva en rogne ». Si Cannon voulait « continuer à crier à tue-tête et à donner des coups de pied dans la porte », on le ferait attendre une demi-heure de plus. Cannon attendit, puis se remit à appeler. Cette fois-ci Hurley entra, il « m'a attrapé à la gorge, il m'a serré le cou, serré… il arrêtait pas de serrer, de serrer, jusqu'à ce que je me fasse dessus ». Cannon déclara que durant tout le temps où Hurley le tenait à la gorge, « il me coinçait au ventre », voulant dire par là que Hurley appuyait son genou sur l'abdomen de Cannon, lui coupant le souffle. « Après ça, il m'a balancé un matelas. »

Le brigadier-chef nia toute l'histoire.

La deuxième personne à déposer pour des « faits similaires » s'appelait Douglas Clay, un jeune homme âgé de vingt-cinq ans avec un dossier médical faisant état d'une psychose induite par la prise de drogues. Clay est le fils de la demi-sœur de Tracy Twaddle, une autre Elizabeth, et le neveu du frère aîné de Lex

Wotton. Il était ivre et en pleine crise lorsque, le 14 août 2004, il entra dans le poste de police de Palm Island une bière à la main pour demander de l'aide. Chris Hurley raconta à l'instruction qu'il était assis avec cinq autres policiers, dont Darren Robinson. « J'ai vu Doug entrer par la porte de derrière en train de boire une Victoria Bitter. Et naturellement j'ai trouvé ça inhabituel, d'entrer comme ça dans le commissariat… il a dit quelque chose du genre : "Bande de salopards de flics !" Moi, je me dis : "Mais qu'est-ce que c'est que ce cirque ?" Alors je demande à Robbo, je lui demande : "Qui c'est, ce type ?" Et lui me répond : "C'est Doug Clay. Tu le connais pas ?" »

Hurley crut que Clay était peut-être un des informateurs de Darren, mais en fait il était justement recherché à ce moment-là pour avoir « peloté l'infirmière de la cantine l'autre soir ». Hurley se leva pour dire à Clay de dégager, et, selon lui, Clay plongea comme pour lui donner un coup de boule. Clay déclara que Hurley lui avait donné une « volée de coups de poing », chose que Hurley nia : « Je veux dire, c'est l'instinct de survie. J'ai réagi. Je l'ai repoussé. J'ai tendu le bras, en gros. Je lui ai donné une gifle. Je l'ai repoussé d'une main dans la figure et je lui ai donné une bonne gifle et je l'ai poussé contre le mur. »

Clay fut traîné en cellule, la bouche en sang. Après quoi, Darren Robinson expliqua à Hurley : « Il est zinzin, mon pote. Ce type a séjourné au service 10B de Townsville. » C'était le service psychiatrique.

La déposition la plus accablante pour Hurley impliquait la troisième plaignante, Barbara Pilot, une femme aux rondeurs molles, la trentaine. Barbara est la fille de la sœur aînée de Cameron Doomadgee, Victoria, et le soir du 19 mai 2004, elle était ivre.

De même que son compagnon, Arthur Murray, qui l'avait poussée du haut d'un escalier et l'avait frappée violemment à la tête avec un tournevis. Une ambulance était passée prendre Barbara, et pendant qu'elle était à l'hôpital, le brigadier-chef Hurley se présenta chez Murray pour accomplir son ingrate tâche de routine. (Vu sous le bon angle, Hurley peut paraître l'équivalent d'Everyman[1] cheminant dans un paysage où les personnages sont la Mort, l'Ivresse, la Violence et le Désespoir.)

Il arrêta Murray et le fit monter à l'arrière du fourgon. Il repartait lorsque Barbara rentra. Elle s'approcha du fourgon en protestant contre « le Grand Chris », qui lui demanda de disparaître. Lorsqu'elle refusa, prétend-elle, il recula en écrasant son pied nu. « Elle s'est exclamée comme quoi je l'avais écrasée », raconta Hurley à l'instruction. « Elle le criait à tue-tête. Je ne me rappelle plus si elle hurlait de douleur, mais elle criait à tue-tête : "Tu m'as roulé dessus !" » Il faisait noir. Hurley ouvrit la porte, regarda Barbara Pilot de la tête aux pieds, et, ne voyant pas de blessures apparentes, il s'en alla. Il revint au poste de police, mit Murray en cellule, puis le laissa sans surveillance et se rendit à l'hôpital pour boire une tasse de thé avec les infirmières.

Peu après, Barbara Pilot reparut à l'hôpital. Selon le médecin de garde, Clinton Leahy, « l'os du pied [était] nettement saillant, de façon très inhabituelle ». Le Dr Leahy, qui témoigna à l'instruction, déclara

1. *Everyman* : moralité médiévale anglaise de la fin du quinzième siècle, contant les tribulations du personnage éponyme (« M. Tout-le-monde ») sur le chemin qui le mène de la vie à la mort.

que pendant qu'il examinait Barbara, Hurley l'attendait. Les deux hommes étaient amis. Hurley avait demandé à Leahy s'il pensait que la blessure était causée par une roue de voiture, mais aux yeux du docteur « il semblait intéressé, je crois, de savoir s'il n'y avait pas une autre cause possible ». Hurley avait passé en revue plusieurs possibilités.

Le Dr Leahy déclara : « Je lui ai dit que je n'avais jamais vu une blessure comme celle-ci auparavant, et qu'à mon sens, il fallait quelque chose de très violent pour faire sortir un os non seulement de son articulation, mais de la peau jusqu'à l'extérieur. Et je lui ai dit qu'une telle puissance s'expliquerait bien par une roue de voiture. »

Le coroner cita à comparaître un spécialiste en chirurgie osseuse de Townsville, que Pilot avait consulté par la suite pour une opération, et un médecin légiste sous contrat auprès des avocats de Hurley. Tous deux déclarèrent que les blessures de la femme étaient cohérentes avec l'accident de voiture. En fait, même Hurley – certes jouissant de son privilège juridique – admit la possibilité : « Ce serait pure ignorance de ma part de faire ça, d'exclure totalement cette possibilité. »

Et pourtant, le soir de cette mésaventure, c'est exactement ce qu'il avait essayé de faire. Il appela son supérieur et ami l'inspecteur Gary Hickey pour lui rapporter l'incident. À l'audience, Hickey lut dans un carnet les notes qu'il avait rédigées suite à leur conversation : « Plus cohérent avec coup de pied dans le sol mais cause possible voiture [selon] Dr Clinton Leahy. [Mais] Hurley prétend pas possible d'après la position près fenêtre côté conducteur. » Puis, à propos de la victime : « En état d'ivresse, en rajoute. » Hickey donna l'ordre à Hurley d'ouvrir une enquête sur les allégations de Barbara.

Cet épisode relativement secondaire pourrait bien être la pierre de Rosette de la mort en garde à vue. Le brigadier-chef propose une version alternative : Barbara Pilot avait donné un coup de pied dans le sol. (Équivalent dans l'affaire Doomadgee : il a trébuché sur une marche.) Il se fait impliquer dans l'enquête de sa propre initiative. C'est alors que ses défenseurs entrent en scène. Dans l'affaire Pilot, Warren Webber, qui conduirait plus tard l'enquête sur la mort de Doomadgee, chargea l'inspecteur Darren Robinson, proche de Hurley, de mener l'enquête sur la plainte. Robinson attendit un mois avant de démarrer. À ce moment-là, même si son pied la faisait encore souffrir, les blessures visibles avaient guéri. Robinson n'essaya pas d'avoir accès au dossier médical de Barbara, ni même de s'entretenir avec Barbara en personne. Au lieu de cela, il interrogea son compagnon, Murray. L'entretien donne la chose suivante :

Robinson : Est-il juste de ma part de dire que beaucoup de gens sur l'île « racontent des trucs » quand ils ont bu ? Êtes-vous d'accord avec ça ?

Murray : Ouais.

Robinson : D'accord. Vous connaissez Barbara, c'est-à-dire vous la connaissez bien, mieux que moi. Quand elle vous a parlé le lendemain, est-ce qu'elle vous a dit qu'elle racontait juste des trucs ?

Murray : Ouais.

Robinson : Vous savez pourquoi elle a raconté ça ?

Murray : Bourrée.

Robinson : Elle était ivre. D'accord. Et donc, elle vous a dit ça : « Hé, les flics m'ont pas roulé sur le pied. »

Murray : Non. Elle a dit : « La bagnole m'a juste roulé sur le pied. »

Robinson : Vous croyez qu'elle essayait juste de faire des ennuis ?

Murray : Ouais.

Robinson : Très bien. Ça lui ressemble, ça, de faire des ennuis ?

Murray : Ouais. Menteuse.

Robinson : Elle ment ?

Murray : Elle ment tout le temps, elle est trop bourrée.

Robinson : Vous lui avez demandé comment ça s'est passé ? Ou bien est-ce qu'elle vous l'a dit ?

Murray : Ouais, elle m'a raconté le lendemain la roue qui lui a écrasé le pied.

Robinson : Bon. Très bien, une roue lui a écrasé le pied. Elle a juste raconté un truc, comme quoi la police lui avait écrasé le pied.

L'inspecteur Robinson rapporta à sa hiérarchie que les allégations de Barbara Pilot étaient « fausses ».

Le 21 octobre 2005, la Commission des crimes et fautes disciplinaires interrogea Robinson à propos de ses précédentes enquêtes sur la conduite de Hurley. Robinson avait vu ses propres chances de promotion mises en danger à cause de cette enquête, et dans l'intervalle il était coincé à Townsville, endroit horrible à ses yeux. Il semble que du haut de ses trente-deux ans, il se soit dit qu'il allait faire la leçon aux inspecteurs de la CCFD. La retranscription de l'entretien avec Robinson contient deux pages tapées en petits caractères d'une conférence qu'il prononça sur l'alcoolisme et la mémoire. On dirait un plagiat rédigé par un étudiant pour son examen de fin d'année : « Aujourd'hui, je voudrais vous parler des dangers qu'il y a pour un enquêteur à s'appuyer sur les souvenirs d'un individu donné… Ce qui m'amène à vous alerter quant à un état dans lequel la mémoire est perturbée et qu'on appelle l'amnésie. »

Il expliqua à la CCFD que les témoins aborigènes souffraient de trous de mémoire dus à l'alcoolisme et que leur déposition contre Hurley et lui-même – en théorie, Robinson aurait pu se faire accuser d'avoir entravé le cours de la justice – devait être traitée avec circonspection. Les témoins, recommandait-il, devaient passer un EEG, test de fonctionnement du cerveau souvent utilisé pour établir la mort cérébrale, ainsi qu'une tomographie informatisée afin d'identifier les dommages structurels. Ils devaient également se soumettre à une analyse psychologique. Enfin, il mit en garde la commission contre le danger de « parti-prisme » : « Votre enquête se doit d'être le reflet exact de la vérité en tout point. »

Même au sein de la famille de Cameron, certains s'étaient montrés réticents à l'idée que Boe et Callaghan réclament le dossier des plaintes concernant Hurley. Cela signifiait plus d'attente, plus de retard. Mais l'histoire de chacun des témoins indiquait une façon de décoder ce qui était arrivé à Cameron. L'affirmation de Douglas Clay selon laquelle on l'avait envoyé promener d'un coup de poing à travers la pièce sous les yeux de cinq policiers me fit m'interroger : que pouvait faire Hurley à quelqu'un qui le frapperait pour de bon, surtout si personne n'était là pour le voir ? L'histoire de Noel Cannon suggérait qu'un genou plaqué sur la poitrine – « tranquillisant » couramment en vigueur dans la police – aurait pu faire partie du *modus operandi* de Hurley. L'affaire Barbara Pilot semblait démontrer que le brigadier-chef était capable de duplicité. Et elle montrait aussi autre chose : même si Hurley ne se souvenait pas de Cameron, Cameron savait exactement qui il était. Sa nièce affirmait que cet homme lui avait écrasé le pied et l'avait laissée étendue à terre.

L'enterrement

Des centaines d'insulaires avaient suivi le cercueil de Cameron Doomadgee sur l'étroite route menant de l'église catholique au cimetière, parcourant un chemin de plusieurs kilomètres sous une chaleur écrasante. Eric, le fils de Cameron âgé de seize ans, conduisait le cortège funèbre, portant une croix de bois blanc qu'il placerait sur la tombe de son père. Un an et demi après la mort de Cameron, Eric avait sa propre croix blanche. Le 31 juillet 2006, on le retrouva pendu à un arbre dans le bush de Palm Island. Les amis de la famille qui l'avaient découvert coupèrent la corde et le ramenèrent en ville.

Dans la diaspora aborigène, les gens se cotisent régulièrement pour faire des centaines de kilomètres et aller enterrer des parents. Pour les funérailles d'Eric, Rosie et Doris, deux des filles d'Elizabeth, firent la route depuis Doomadgee avec leurs jeunes enfants. Des cousins éloignés vinrent d'encore plus au nord. Claudelle Doomadgee, la tante sans domicile fixe d'Eric, une « dame des rues » comme elle se nomme elle-même, prit le ferry depuis Townsville.

À mon arrivée, la veille de l'enterrement, l'île semblait plus calme que d'habitude, étrangement paisible dans le bleu-vert où miroitait la lumière. J'avais lu que les habitants des zones côtières en Terre d'Arnhem croient pouvoir déceler leurs enfants à naître dans les motifs que dessinent les vagues. Eric était mort deux semaines auparavant.

Andrew Boe prit l'avion le même jour que moi. Nous retrouvâmes Valmae dans la salle du conseil municipal, épuisée par le manque de sommeil mais heureuse de s'affairer à mettre les dernières touches au programme pour la cérémonie, organisant la lecture des poèmes et des messages. Nous partîmes à la recherche d'Elizabeth, qui se trouvait dans un des clubs de jeu de l'île où elle tentait de récolter de l'argent pour la veillée funèbre. Elle était vague et distante, gênée peut-être de devoir jouer aux cartes. J'imagine qu'elle voulait gagner pour effacer toutes les pertes. La famille Doomadgee avait déjà eu du mal à réunir assez d'argent afin de payer le croque-mort de Townsville pour l'enterrement de Cameron, puis de sa mère. La dépense supplémentaire pour celui d'Eric serait écrasante. Boe avait envoyé un e-mail à ses connaissances professionnelles, et plusieurs avocats ainsi qu'un magistrat firent un don. Boe disait à présent à Elizabeth qu'il y avait assez pour rembourser la dette et ériger trois pierres tombales. Elle ne semblait pas comprendre. Lorsqu'elle retourna dans le club, il lui tendit 10 dollars et lui demanda si elle pouvait parier pour lui.

Le lendemain matin, le corps d'Eric fut exposé dans une petite annexe de l'hôpital, où les gens pouvaient lui faire leurs adieux. Ses amis, de jeunes garçons de Palm Island, étaient en chemise marron à manches longues et pantalon noir. D'autres portaient du marron, du jaune, ou du blanc, couleurs de l'équipe de rugby préférée d'Eric, les Brisbane Broncos. Ses cousins avaient épinglé des rubans de ces couleurs-là sur leurs vêtements.

Dans le bâtiment s'éleva un terrible chant funèbre. La queue défilait devant Eric. Dans son cercueil, il portait une écharpe de soie blanche. Les gens lui touchaient le visage et les cheveux. Devant lui se tenaient assises ses tantes et sa belle-mère, Tracy, toutes en larmes. Le chagrin les avait emportées très loin d'ici. Les parents d'Eric s'étaient séparés dans les années suivant sa naissance, et il avait été élevé par sa grand-mère. Ses tantes Elizabeth et Claudelle l'avaient nourri au sein parce que sa mère, Lyn, avait un problème d'alcool. Lyn vivait toujours sur l'île et aujourd'hui elle était là, anéantie, avec les autres femmes.

Tandis que le corbillard faisait le trajet jusqu'à l'église catholique, les gens se tenaient sur le pas de leur porte, tête baissée. Les automobilistes se rangeaient et faisaient de même. C'était une église plus grande que celle où j'étais allée avec Elizabeth un an auparavant, mais elle débordait quand même. La foule restait debout à l'extérieur et regardait par les fenêtres grillagées. À l'intérieur, des fleurs en plastique étaient fixées à chaque banc avec du ruban de masquage.

« Jésus a dit : "Que votre cœur ne soit pas troublé" », annonça le pasteur aborigène. Elle ne parla pas des circonstances de la vie d'Eric, ni des raisons pour lesquelles il avait voulu en finir, ni de la vie de son père et des causes de sa fin. Reconnaître en Jésus le Chemin, la Vérité et la Vie suffisait bien à apaiser un esprit troublé. Tandis que la cérémonie touchait à sa fin, quelqu'un diffusa *He Ain't Heavy, He's*

My Brother[1] sur un magnétocassette, et on entendit soudain les tantes d'Eric pousser un long hurlement.

À Palm Island, les jeunes hommes croient entendre l'Homme Chevelu les inciter à se donner la mort. À Doomadgee, ils disent qu'ils voient le bourreau. Mais personne ne parla de sorcellerie à l'enterrement d'Eric. Et personne ne croyait qu'il s'était soûlé ou drogué avant de se pendre à un arbre.

Bien qu'on manque de statistiques fiables, les experts de la santé estiment que la prévalence des suicides chez les jeunes hommes aborigènes est deux à trois fois plus élevée que dans le reste de la population. Le sociologue Colin Tatz admet qu'il est impossible de comprendre vraiment pourquoi quelqu'un se supprime. Mais il a établi une « typologie » du suicide parmi les autochtones, qui comprend le suicide existentiel, où l'individu « n'entrevoit aucun horizon ni… aucun moyen de changer les perspectives qui se trouvent être les siennes » ; le suicide par chagrin, quand l'individu est pris dans un cycle de deuil où il pleure amis et parents morts ; et le suicide politique, où l'individu a selon Tatz un différend à régler, en particulier avec la police, et exprime « un rejet et une résistance contre l'autorité ». La mort d'Eric entre dans les trois catégories.

Une fois l'office terminé, je parcourus du regard les abords de l'église à la recherche d'Erykah Kyle, mais ne la trouvai pas. Erykah devait prochainement quitter son poste de maire pour écrire un livre. Je me rappelai ce qu'elle m'avait dit lors de mon premier

1. Littéralement, « Il est pas lourd, c'est mon frangin », ballade populaire composée en 1969 par Bobby Scott et Bob Russell et reprise par de nombreux chanteurs.

jour sur l'île, quand nous avions croisé un groupe de jeunes aux épaules voûtées : « Qui connaît leurs capacités ? » Eric avait dix-sept ans. Il avait quitté l'école, peu de perspectives s'offraient à lui. À Palm Island, atteindre la puberté c'est pour beaucoup atteindre le bord du gouffre. Les jeunes sont les héritiers d'une communauté où ils n'ont de souveraineté sur rien sinon leur propre corps, une souveraineté que beaucoup sont désireux d'abandonner rapidement. « Rien à faire et tous les jours les mêmes têtes », m'avait confié la veille de l'enterrement le fils de Claudelle, âgé de dix-sept ans et également prénommé Cameron. « Cette tête-là, et puis celle-là et celle-là. »

Devant l'église, les femmes tenaient des essuie-mains pour sécher leurs larmes. Les couleurs pourtant vives de leurs vêtements semblaient avoir perdu tout éclat. Les jeunes hommes pleuraient, sans un geste. Aucun des amis d'Eric ne songerait à consulter le conseiller psychologique à l'hôpital, pas plus que lui ne l'avait fait à la mort de son père. Eric avait pleuré la disparition de son père et de sa grand-mère. Comme d'autres sur l'île, il pleurait encore une disparition quand une autre était survenue : deuil sur deuil. Une femme me raconta qu'elle avait assisté à l'enterrement de trois de ses parents en deux semaines ; une autre qu'elle avait enterré sa mère et sa sœur le même jour.

Selon ses cousins, Eric réclamait justice pour son père et menait un combat. Plus de dix-neuf mois s'étaient écoulés depuis la mort de Cameron Doomadgee et aucune inculpation n'avait encore été prononcée. Aucune décision n'avait été prise relative à ce qui s'était passé au poste de police. L'instruction avait fini d'entendre les dépositions début mars 2006, mais quatre mois plus tard la loi demeurait silencieuse.

Quand le corbillard quitta l'église, Elizabeth, restée sérieuse et digne durant l'office, appuya sa main sur le véhicule et le suivit le long de l'allée. Elle faisait porter la responsabilité de la mort de son neveu à une équipe de télévision venue quelques jours plus tôt filmer Eric qui parlait de son père. Ses autres tantes avaient estimé qu'il devait parler, que cela lui ferait du bien d'exprimer ses sentiments. Elizabeth me dit qu'elle avait essayé de l'en empêcher, convaincue que cela ferait remonter trop de choses douloureuses à la surface.

Le cimetière de Palm Island était un champ semé de croix de bois blanc sur fond de montagnes. La plupart des tombes y étaient soigneusement entretenues et ornées de fleurs en plastique aux couleurs vives ; sur les tombes plus anciennes, des branches noueuses de frangipanier aux fleurs parfumées. Les amis d'Eric s'étaient bousculés avec tant de ferveur pour porter la bière le long d'un chemin prédéfini – de l'église au corbillard, du virage au dernier cocotier, du dernier cocotier à la tombe – que celle-ci faillit presque s'ouvrir. Ils prirent une pelle à tour de rôle pour remplir la tombe, ensevelissant les fleurs marron, jaunes et blanches qui enveloppaient le cercueil.

À l'enterrement de son père, des centaines de gens s'étaient rassemblés et avaient pour la plupart semblé sobres. Le gouvernement du Queensland venait de mettre en place un plan de gestion de la consommation d'alcool à Palm Island, interdisant la bière forte. Seules les bières à taux d'alcool faible et moyen étaient en vente à la cantine. Le personnel hospitalier et les anciens de la communauté me dirent qu'ils avaient noté une différence instantanée.

Lex Wotton, toujours en attente de jugement pour actes séditieux et incendie volontaire, était libéré sous caution. Il était là au cimetière, avec les autres émeutiers présumés qui étaient interdits de séjour sur l'île au moment de l'enterrement de Cameron. Lex avait plaidé non coupable. Son procès avait été retardé pendant que ses avocats, du cabinet Levitt Robinson à Sydney, bataillaient pour qu'il se tienne à Brisbane plutôt qu'à Townsville. Un jury de Townsville, disaient-ils, avait toutes les chances d'être raciste.

Le procès était à présent prévu pour début 2007. Lex n'était pas inquiet. Son sens du destin lui donnait un calme particulier. Il me raconta que juste après l'émeute, pendant sa détention, une voix lui était parvenue, l'incitant à se considérer comme « le vaisseau de Dieu » et comme un leader de son peuple. Hors de l'île, Lex était maintenant salué par les activistes et les sympathisants comme un grand guerrier, un prophète. Ses avocats lui avaient donné à lire des œuvres de Nelson Mandela et de Martin Luther King.

Également présent devant la tombe d'Eric se tenait David Bulsey, l'homme qui avait averti les gens le jour de l'émeute que leur propre enfant serait peut-être le suivant. Grand et maigre, vêtu d'une chemise de soie bleu saphir et d'un pantalon noir, Bulsey était un ami proche de la famille Doomadgee. Lorsque la brigade antiémeute avait enfoncé sa porte à coups de pied cette nuit-là, sa femme enceinte, Yvette, s'était retrouvée plaquée au sol avec leurs enfants, des fusils pointés sur eux. Leur fille (encore une autre Cameron) était née prématurée, et David et Yvette pensaient que c'était à cause du raid. Aujourd'hui âgée d'un an et demi, Cameron suivait un traitement pour le cœur. Quand elle était contrariée, sa mère entendait ses battements irréguliers. Cette enfant était la filleule d'Eric.

Je remarquai Elizabeth debout à l'écart du reste de la foule, à la limite du cimetière. Parfois elle était si royale, se tenant raide comme un piquet, donnant des ordres aux avocats avec une telle autorité, que j'en oubliais qu'elle était née dans une prison de l'île et qu'elle avait quitté l'école vers douze ans pour aider sa mère à faire des ménages. Elle portait en elle non seulement la force et la résistance héritées de sa grand-mère Lizzy Daylight, mais aussi celles de la plus stricte tradition chrétienne dans laquelle elle avait été élevée. Au cours de la première phase de l'instruction, Elizabeth avait soupçonné Eric d'avoir cambriolé sa maison pour voler de l'argent et de la nourriture, peut-être parce que le reste de sa famille était ivre et qu'il n'y avait rien à manger chez eux. Elizabeth fit venir la police, et quand ils se présentèrent, ils lui demandèrent de donner un avertissement à Eric. Cela semblait bizarre de faire appel à eux en ce moment précis, mais Elizabeth incarnait la sévérité des deux traditions à la fois, ainsi que toutes les contradictions du mélange hybride qui en découlait, et les résultats étaient parfois surprenants.

Avec sa benjamine, Sylvia, aujourd'hui pensionnaire dans une école de Cairns, Elizabeth avait en charge quatre enfants adoptifs de moins de dix ans – trois filles et un garçon. Je les avais vus s'activer chez elle à la recherche de nourriture, d'attention, d'amusement. L'une d'entre eux était la petite-nièce d'Elizabeth. Celle-ci m'avait dit que la mère s'était servie de l'enfant comme bouclier contre le père la fois où il s'en était violemment pris à elle. Malgré ses propres soucis, Elizabeth prévoyait de prendre deux autres garçons pour tenir compagnie à celui qu'elle avait déjà. Suspendu dans un cadre déglingué sur l'un des murs de la maison, on pouvait voir un certificat du gouvernement louant son travail en faveur des enfants.

À présent elle se tenait à l'écart de la foule, bras serrés contre la poitrine, se soutenant toute seule. Andrew Boe la rejoignit, et quand il passa son bras autour de ses épaules, elle se mit à pleurer de façon incontrôlée, s'appuyant sur lui comme sous l'effet d'une douleur physique. Elle sauvait tous ces enfants, mais elle n'avait pas réussi à sauver son propre neveu.

L'interminable instruction judiciaire, avec son indignation morale sous-jacente, réelle et feinte, était censée prévenir de nouveaux décès. Mais elle n'avait pas su retenir le fils du défunt. C'était là l'aspect révoltant de toute cette affaire. Quelles que soient les conclusions du système judiciaire sur la mort de Cameron, cela ne changerait rien pour Eric, dont la tombe était maintenant creusée à côté de celle de son père.

Après l'inhumation, ceux qui parmi les jeunes garçons avaient été les amis d'Eric posèrent pour des photos devant la croix blanche toute neuve : un cliché de groupe pour commencer, puis chacun son tour pour une photo individuelle. Accroupis contre le monticule fraîchement formé, ils posaient la main dessus avec tendresse. J'eus l'image de jeunes martyrs posant devant la caméra vidéo avant de se faire exploser.

Elizabeth avait quitté le cimetière depuis longtemps, mais avec Boe j'attendis le reste de la famille, qui conduisait une camionnette prêtée à l'avocat par la municipalité. Valmae voulait que les amis d'Eric prennent tout le temps nécessaire.

Les dernières vingt-quatre heures que j'avais passées sur l'île avaient été tendues. Voulant parler aux cousins d'Eric, je les trouvais qui me dévisageaient en retour comme si je m'exprimais dans une autre langue. Les phrases les plus élémentaires sonnaient totalement étrangères. Boe me raconta que quelque chose de similaire lui était arrivé : il conduisait les tantes d'Eric et, à un moment donné, c'était comme si elles s'étaient mises à parler en langues – comme si les gens qui vivent sans espoir ne pouvaient pas se faire comprendre de ceux qui en ont et ne manquent de rien.

Une fois que les garçons eurent terminé, Valmae me passa son appareil photo. Elle se plaça devant la tombe avec les sœurs aînées de Cameron, ses neveux et ses nièces, parmi lesquelles Barbara Pilot dont le pied la faisait toujours souffrir après s'être fait écraser par Hurley au volant du fourgon de la police. Ils voulaient des clichés différents de chacune des tantes d'Eric, de ses cousins et cousines, de sa belle-famille – les maris et les femmes des tantes et des cousins d'Eric. Puis tout le monde se réunit derrière la tombe pour une photo de groupe. « Un sourire ! Un sourire ! » s'écria le grand gaillard qui s'appelait Dwayne, le cousin handicapé mental. « Un sourire ! » me lança-t-il, en commençant à s'inquiéter. C'était le photographe, croyait-il, qui était censé avoir l'air heureux.

Les rapports

Quatre jours après l'enterrement d'Eric Doomadgee, le 16 août 2006, l'instruction sur la mort de son père siégea pour la dernière fois. Il faisait une chaleur écrasante à Townsville, le soleil mordait la peau. La lumière vive donnait à tout le monde l'air plus vieux.

Toutes les dépositions ayant été faites, les avocats rendaient leurs rapports, résumant leurs arguments avant que l'adjointe du coroner ne retourne à Brisbane pour rédiger son verdict. En temps normal, les rapports sont présentés par écrit, mais l'affaire faisait désormais l'objet d'âpres débats et il fallait garantir la transparence. Tracy Twaddle et les sœurs de Cameron étaient au tribunal, mais peu d'insulaires avaient fait le trajet jusqu'à Townsville. L'intérêt que prenait la communauté à l'instruction semblait s'émousser ; l'affaire avait traîné sans fin et chacun, avec son lot de problèmes personnels, devait se concentrer sur sa propre survie au jour le jour. Cet événement au tribunal était en grande partie à l'intention des médias locaux – les reporters de Townsville –, qui une fois de plus avaient pris place sur les bancs d'habitude réservés au jury.

Paula Morreau avait obtenu une bourse à la faculté de droit d'Harvard, mais avant de partir elle avait minutieusement préparé, avec Andrew Boe, un document serré d'une centaine de pages. Pour Boe, il s'agissait d'un combat personnel. Il s'était défini par rapport à ce combat. Il le menait comme s'il se battait pour un homme qu'il avait connu et aimé, et en un sens c'était le cas : son fils adoptif, d'origine aborigène, avait eu maille à partir avec la police et avait passé quelque temps en garde à vue ; ce jeune homme aurait pu se retrouver dans une situation comparable à celle de Cameron ce matin-là sur Palm Island.

Cette affaire avait occupé Boe pendant presque deux ans, lui coûtant largement plus d'un million de dollars en honoraires non perçus. Bien peu de gens auraient pu se permettre de lui payer les heures qu'il lui avait consacrées. Il était offusqué de voir les autres avocats ne pas cacher que, pour eux, il s'agissait simplement d'un boulot comme un autre. Boe était épuisé, déçu, les nerfs à vif. L'adjointe du coroner, pensait-il, allait déclarer que la mort de Cameron était accidentelle, et tous ces efforts auraient été en vain.

Deux jours auparavant, la presse locale avait rendu compte d'une affaire dans laquelle un footballeur blanc était accusé d'avoir lancé « espèce de salopard » sur le terrain. Devait-il être suspendu ? Réprimandé ? À Townsville, la controverse avait créé un miniscandale. Aujourd'hui, Boe s'adressait à l'adjointe du coroner, Christine Clements, pour la dernière fois :

> La police arrête des gens pour des délits commis dans la rue, pour des délits verbaux, c'est monnaie courante. Les statistiques montrent que la plupart de ces gens sont des pauvres sans

> domicile fixe. Il se trouve que la plupart d'entre eux sont des Aborigènes. Quelle affreuse ironie qu'au cours des dernières quarante-huit heures, les journaux aient parlé de ce qui pourrait arriver à un footballeur pour avoir employé exactement les mêmes mots que ceux ayant conduit à l'arrestation de Mulrunji. La communauté de Palm Island ne comprend pas pourquoi la loi s'applique à elle de manière différente.

« Un grain de sénevé peut déplacer une montagne », m'avait dit Elizabeth tandis que nous nous rendions au palais de justice. Elle pensait à Jésus disant à ses disciples : « Si vous aviez de la foi comme un grain de sénevé, vous diriez à cette montagne : "Transporte-toi d'ici à là", et elle se transporterait. » Je me demandai si elle sentait aujourd'hui sa foi si petite… et ce combat si grand. Pour Andrew Boe, la montagne c'était le match juridique. L'instruction était une montagne faite de jurisprudence, d'articles et de codes, de policiers se serrant les coudes et de personnalités rivales à la barre, de volonté de faire mieux que les autres, d'adrénaline et d'ego.

Lors d'une instruction menée par le coroner, à la différence de la plupart des autres audiences, la famille du défunt a légalement le droit d'exprimer sa détresse. Cela fait partie de l'établissement des faits. Elizabeth avait prévu de parler, mais après la mort d'Eric elle choisit de ne pas le faire. Tracy Twaddle s'avançait à présent à la barre, les yeux baissés. Avec ses boucles courtes et son visage dépourvu de maquillage, elle avait les mêmes traits remarquables que les femmes de la famille Doomadgee. Son corps massif était tassé dans de vieux habits – robe de deuil noire imprimée de fleurs blanches. L'année précédente, elle avait séjourné à l'hôpital pour une pneumonie après avoir passé la nuit sur la tombe de Cameron. Assistante d'éducation, elle avait trouvé trop dur de reprendre le travail après la disparition de son compagnon, et était aujourd'hui au chômage. Dans sa salle à manger, les murs étaient couverts de photos de Cameron. Tracy passait des heures à jouer au solitaire. Elle s'était demandé si elle voulait continuer à vivre.

« Puis-je m'asseoir ? demanda-t-elle à l'adjointe du coroner tout en gardant les yeux baissés.

— Oui, je vous en prie. »

D'une voix douce, Tracy lut une déclaration qu'elle avait rédigée. Elle s'exprimait clairement, mais dit ce qu'elle avait à dire avec pudeur et sans la moindre trace de duplicité :

> J'ai rencontré Cameron, Mulrunji, en 1994 et on s'est mis ensemble peu après. On a vécu une vie simple mais heureuse. Il était généreux, et il était attentif, et il essayait de faire le bien des gens. Il aidait tout le monde. Il ne… il ne se souciait pas de la couleur de leur peau. Il n'avait aucune méchanceté. Il était toujours attentif. Il était toujours présent pour moi, pour sa maman, pour sa famille.
>
> Et puis Cameron, il aimait bien blaguer et il était toujours prêt à rire, vous savez, et il nous mettait toujours de bonne humeur. Je crois qu'il voyait le bon côté de la vie. Et il ne restait jamais assis à ruminer ceci ou cela. En un sens c'était un exemple pour moi, parce que moi je l'observais et

puis ma foi je me disais : « Eh ben, en voilà un qui sait profiter de la vie ! » Il était satisfait. C'était une vie simple et heureuse.

Cameron, c'était un chasseur et il était fier de perpétuer cette tradition-là. C'était un chasseur fier de l'être. Il était tout le temps fier de pouvoir nous rapporter de quoi manger : chèvre, opossum, poisson, et de partager avec la famille et avec les amis.

Cameron il était, enfin, plus ou moins dans la force de l'âge quand ça lui est arrivé… quand il a perdu la vie. C'était encore un jeune homme, et il avait beaucoup d'avenir devant lui. Il était particulièrement fier de son fils, Eric : pour Cameron, c'était tout ce qu'il avait. C'était un père fier de l'être, et voir son fils grandir, être là quand Eric deviendrait un homme, c'était quelque chose dont Cameron parlait tout le temps, mais ça n'arrivera jamais maintenant.

Cameron n'était pas violent, il ne posait pas de problèmes dans la communauté. On avait nos hauts et nos bas. Ça n'était pas un saint ni rien, mais c'était quelqu'un de vrai et d'authentique, et c'était quelqu'un de bien. Il me disait : « Ça fait dix ans qu'on est ensemble, alors moi j'ai décidé que nous deux, on va vieillir ensemble. »

Ma vie, elle est comme arrêtée. Ça me met en colère de voir que tout traîne et va si lentement. Je pense : « Est-ce qu'on va un jour nous rendre vraiment justice pour lui ? » Tout est encore suspendu en l'air.

Eric vivait encore plus dans l'angoisse que moi et puis, c'est tragique mais Eric s'est tué il y a tout juste deux semaines. Et malgré tout ça, vous savez, j'essaie toujours de voir le bon côté, pour

Cameron. Il n'est jamais loin de mes pensées. C'est tout ce que je peux dire.

Les gens dans l'assistance pleuraient.

Sur l'île, tout le monde décrivait Cameron comme quelqu'un d'insouciant, pas du tout susceptible de chercher la bagarre, un homme paisible à qui personne n'aurait imaginé que ce genre de chose puisse arriver. Mais ce n'était pas facile de concilier l'image du Cameron qui « voyait le bon côté de la vie » et celle du Cameron qui buvait de l'alcool à brûler, ou de l'homme dont le dossier médical montrait qu'il avait subi coups de couteau et crises de délirium. Tracy avait fait son panégyrique, et les panégyriques émoussent les angles trop aigus – mais tout était semble-t-il une question de point de vue, ou de degré.

C'était un des problèmes lorsqu'on observait l'île de l'extérieur. Quelques jours après la mort de son compagnon, Tracy avait dit aux enquêteurs qu'en général Cameron n'était pas agressif quand il avait bu ; le plus souvent il faisait l'idiot, l'imbécile. En cas de problème, avait-elle dit, elle s'enfermait dans la salle de bains. Ainsi allait la vie de tous les jours un peu partout sur l'île. Et pour Tracy, c'était une vie bien, une vie heureuse. Vue de l'extérieur, Palm Island paraît souvent absurde. Vue de l'intérieur, peut-être n'est-ce pas le cas.

L'anthropologue Peter Sutton, qui a longuement étudié le peuple wik, partageant leur vie dans l'ouest de la péninsule du cap York, écrit que dans les communautés aborigènes, les étrangers « se lassent de compatir » à mesure que les autochtones « tolèrent la tragédie ». Les habitants de Palm Island sont profondément agacés par les gens qui critiquent leur île et leur mode de vie. Les Blancs font tous la même chose dans les banlieues, se plaignit un jour Elizabeth. Une autre femme me raconta que les Blancs de Townsville traitaient son peuple de nègres, et ajouta d'un ton révolté : « Mais on essaie de vivre au calme ici, pas comme ces nègres qu'arrêtent pas de se crier dessus. »

Tout cela est contradictoire, et c'est bien la constante de cette histoire. La famille du grand-père de Cameron, les Diamond, qui avaient fui le Territoire du Nord au Temps de la Fureur, venaient d'un endroit appelé Nguyjburri. *Nguyjburr nguyjbul* se traduit par « viande qui a pourri », et la région possède un Rêve de la Viande Pourrie. Le Temps du Rêve inclut tous les phénomènes du monde, bons ou mauvais, les Rêves qui pourvoient et les Rêves qui privent, les Rêves du Serpent Arc-en-ciel et du Poisson-chat, mais aussi ceux des choses douloureuses et désagréables. On peut ainsi trouver un Rêve de la Diarrhée, ou de la Toux, ou bien le Rêve de la Démangeaison, ou encore le Rêve du Cadavre.

Ces Rêves ont de nombreuses facettes, c'est une forme de métaphilosophie dont les détails sont réservés aux initiés. Au début des années 1960, W. E. H. Stanner décrivit la conception que se faisaient les Aborigènes de la vie comme « une chose joyeuse pleine d'asticots en son centre ». La pourriture fait partie du monde. Et au cœur de ce qui est pourri – l'histoire de Palm Island, l'addiction, la désespérance qu'engendrent les morts prématurées –, il y a la tentative sans cesse renouvelée d'atteindre la joie.

Tracy Twaddle avait peut-être fait une déclaration à l'eau de rose devant la cour, mais elle n'en restait pas moins honnête à ce moment-là. Chacun de ses mots était sincère. Dans toute cette tragédie, il y avait de l'amour. Il y a de l'amour à Palm Island. Il y a du bonheur à Palm Island. Et la contradiction fait partie intégrante de la vie.

Les conclusions

Quelqu'un allait-il payer pour la mort de Cameron Doomadgee ? Quelqu'un serait-il tenu responsable ? Enfin, au matin du 27 septembre 2006, l'adjointe au coroner de l'État du Queensland, Christine Clements, rendit ses conclusions tandis que quatre officiers de police armés montaient la garde devant la salle d'audience de Townsville et qu'un cinquième attendait à l'intérieur avec pistolet, gaz poivre et menottes à la ceinture – l'équipement au grand complet. La famille Doomadgee n'était pas très optimiste. Chris Hurley avait disparu de la circulation.

Christine Clements était restée aussi impénétrable qu'un sphinx, considérant à l'occasion ces messieurs les avocats comme une directrice d'école consternée considérerait des petits garçons essayant bêtement d'impressionner leurs camarades. Elle commença à lire les trente-neuf pages de ses conclusions et, chemin faisant, lança une série de grenades. Elle concluait que le brigadier-chef Hurley, « figure absolue du pouvoir et de l'autorité sur Palm Island », avait arrêté Cameron Doomadgee pour trouble à l'ordre public, le public en question se résumant au brigadier-chef, qui disait l'avoir entendu proférer des insultes. Elle concluait que l'arrestation était « totalement injustifiée ». Elle concluait également : « L'officier de liaison Lloyd Bengaroo doit sans doute en avoir vu plus que ce qu'il a dit à la cour… Son récit varie à un point tel sur les faits qu'il ne doit pas être considéré comme un témoin fiable. » Elle éprouvait « une certaine compassion » envers Bengaroo, « impuissant à exercer une quelconque influence sur le cours de cette tragédie », mais notait qu'« il avait bien pris garde de ne rien voir ni d'intervenir dans une situation où il savait qu'il n'avait aucun pouvoir d'influer sur le cours des choses ».

Elle concluait que les officiers supérieurs qui avaient enquêté sur le décès – l'inspecteur principal Warren Webber et l'inspecteur principal Mark Williams – s'étaient montrés « aussi volontairement aveugles que Bengaroo avait choisi de l'être ». Elle concluait qu'il était « malavisé et inapproprié » que l'inspecteur Robinson ait conduit l'enquête sur Hurley, que Hurley ait été chercher Robinson et les autres enquêteurs au terrain d'atterrissage, et qu'il ait pu passer une soirée avec eux au cours de l'enquête. C'était « une sérieuse erreur de jugement » de la part des enquêteurs d'être allé partager un repas chez Hurley ce soir-là. L'enquête était « compromise » par le fait que Hurley avait eu l'occasion de discuter de l'affaire avec d'autres témoins de la police. Il était « répréhensible » que lors de la première autopsie, l'inspecteur-chef Kitching n'ait pas communiqué au médecin légiste l'allégation de coups et blessures faite par Roy Bramwell.

L'adjointe du coroner concluait qu'au moins l'un des appels au secours de Cameron tandis qu'il agonisait devait avoir été entendu par Hurley, et que sa réaction avait été « sévère et insuffisante ». Elle en vint ensuite à la cause de la mort de Cameron. Ceux qui étaient présents assurent que sa voix trembla :

> Malgré le comportement posé du brigadier-chef Hurley à l'audience, ses explications ne me convainquent pas de la véracité de sa version des faits. Je rejette la version du brigadier-chef Hurley selon laquelle il s'est simplement relevé après être lourdement tombé en passant la porte pour aller aider l'homme qui venait de le boxer et de le faire basculer. Je conclus qu'il a bel et bien fait usage de force physique contre Mulrunji tandis que Mulrunji était toujours à terre.
>
> Je suis convaincue, sur la foi de ce que Roy Bramwell dit avoir vu et entendu, ainsi qu'en prenant en compte le déroulement des événements immédiatement antérieurs, que le brigadier-chef Hurley s'est mis en colère et a frappé Mulrunji après être tombé au sol.
>
> Je conclus que les déclarations clairement réitérées à plusieurs reprises par le brigadier-chef Hurley selon lesquelles il est tombé à la gauche de Mulrunji correspondent en fait à ce qui s'est passé.
>
> Je conclus que le brigadier-chef Hurley a frappé Mulrunji tandis qu'il était à terre un certain nombre de fois en réaction immédiate au coup qu'il avait lui-même reçu à la mâchoire et à la chute qui s'était ensuivie.
>
> D'après la déposition de Mr. Bramwell, il est possible que cette force physique ait été exercée contre le corps de Mulrunji plutôt que sa tête. Cela est cohérent avec le rapport médical sur les blessures

ayant entraîné la mort de Mulrunji. Il est également fort probable que c'est à ce moment-là que Mulrunji s'est vu infliger la blessure à son œil droit.

Suite à cet événement, je conclus qu'il n'y a pas eu d'autre résistance ni même de réaction verbale de la part de Mulrunji. Je conclus donc que ce sont ces actes perpétrés par le brigadier-chef Hurley qui sont la cause des blessures fatales.

Les avocats de la police secouaient la tête. Les Doomadgee fondirent tous en larmes. « C'est grand temps qu'ils prennent conscience qu'on est des humains nous aussi », me dit Valmae au téléphone le lendemain, ses mots bondissant comme des pierres qui ricochent.

C'était la première fois de toute l'histoire de l'Australie qu'un officier de police était tenu pour responsable d'un décès en garde à vue. L'adjointe du coroner n'avait pas le pouvoir d'inculper, mais elle avait écrit au procureur général du Queensland, Leanne Clare, recommandant que son cabinet envisage d'inculper le brigadier-chef pour homicide involontaire.

La police serra immédiatement les rangs. À peine quelques heures plus tard, le secrétaire général du syndicat de la police du Queensland, Gary Wilkinson, avait donné une conférence de presse à Brisbane. Grand, ventru, le visage rubicond, il fit une apparition au journal télévisé du soir, flic de la vieille école empli d'indignation vertueuse. L'adjointe du coroner, déclara-t-il, avait « mené une chasse aux sorcières dès le début dans le but de caresser les résidants de Palm Island dans le sens du poil, plutôt que d'établir les faits. Il est clair qu'elle a abordé cette instruction en l'ayant réglée d'avance, en dépit des innombrables preuves à la décharge de Chris Hurley qu'elle a délibérément ignorées. »

Une invitation fit par la suite son apparition sur le site Internet du syndicat :

Envoyez vo [*sic*] soutiens à Chris Hurley – cliquez ici
Tous messages de soutien sont apperciés [*sic*]
et seront transmis au brigadier-chef Hurley.
supportchris@qpu.asn.au

Le lendemain, 28 septembre, le préfet de police du Queensland annonça que Chris Hurley ne serait pas mis à pied ni contraint de démissionner. Il serait relevé de toute mission sur le terrain et on lui confierait un travail de bureau. Le Premier ministre, Peter Beattie, apporta son soutien à cette décision et ajouta : « Je considère notre police comme l'une des meilleures au monde. » Il avait l'air grave, surmené, nerveux.

Le gouvernement Beattie devait maintenir la confiance du public en sa police, mais en soutenant Hurley, le Premier ministre et les responsables de la police paraissaient dire que la mort regrettable de Doomadgee n'était pas regrettable au point de détruire la carrière d'un jeune policier. Et à cet instant précis, un rideau parut s'ouvrir pour révéler quelque chose de vraiment pas beau à voir. « On est des humains nous aussi », m'avait dit Valmae et j'avais été surprise par le fait même qu'elle ait éprouvé le besoin de faire une telle déclaration, mais à présent je me demandais si elle n'avait pas eu raison d'insister.

Une dizaine de jours plus tard, Hurley mit fin à cet imbroglio en annonçant qu'il avait décidé « à contrecœur » de démissionner en conservant son salaire. Boe pensait qu'il l'avait fait sur les conseils de ses avocats, qui souhaitaient que leur client ne fasse pas la une des journaux.

Ils n'avaient aucune idée du nombre de premières pages où allait figurer Chris Hurley. Deux mois et demi plus tard, le 14 décembre, le procureur général du Queensland, Leanne Clare, donna une conférence de presse. Impeccablement maquillée, en pantalon et veste blancs, elle annonça qu'elle ne poursuivrait pas le brigadier-chef Hurley en justice : « Mr. Doomadgee est décédé suite à des lésions internes causées par une forte pression exercée sur son abdomen. Les dépositions suggèrent que dans cette affaire, il s'agit seulement du résultat d'une chute avec complications… La mort de Mr. Doomadgee est un terrible accident. »

Cette décision déchaîna l'indignation générale. Le leader aborigène de la péninsule du cap York et chroniqueur de presse Noel Pearson, bien connu pour son peu de patience envers les Aborigènes qui refusaient d'assumer la responsabilité des manquements au sein de leurs propres communautés, fut particulièrement cassant : « La dernière fois qu'on a annoncé au reste du monde de semblables idioties pour dire que la mort d'un Noir était un accident, c'est lorsque Steve Biko a été passé à tabac par la police d'Afrique du Sud sous l'apartheid et jeté du haut de plusieurs étages. »

Tony Koch n'accepta pas la décision de Leanne Clare. Il n'avait jamais accepté cette histoire de chute. Le lendemain de l'annonce, son éditorial de l'*Australian* commençait ainsi :

Quelle honte !
L'État commet la pire des injustices

> La question qui met le plus mal à l'aise le gouvernement du Queensland suite à la mort violente de Mulrunji Doomadgee survenue en garde à vue voici deux ans est au fond très simple. Imaginons qu'à l'issue de la bagarre au poste de police, l'officier de police se soit retrouvé étendu au sol avec quatre côtes cassées et le foie éclaté, et que l'Aborigène se soit relevé pour quitter les lieux : une enquête ayant duré deux ans aurait-elle conclu que l'Aborigène ne serait finalement pas inculpé ?

Le 19 décembre, cinq jours après la grâce de Chris Hurley, le quotidien de Melbourne *The Age* publia un article sur Alyssa Norman, jeune femme de trente et un ans condamnée dix jours auparavant à une peine de dix-huit mois de prison pour avoir lancé une pierre sur un officier de police durant l'émeute de Palm Island. Mère de quatre enfants, dont un âgé de tout juste dix-huit mois, elle avait plaidé coupable. Sa première condamnation, une peine de douze mois de rééducation intensive sous forme de travaux d'intérêt général, avait fait l'objet d'un appel interjeté par le ministre de la Justice du Queensland qui la trouvait trop clémente. La jeune femme n'avait pas de casier judiciaire, mais en révisant sa peine, le premier juge de la Cour suprême du Queensland, Paul de Jersey, prit en compte les déclarations de la victime faites par les policiers, soulignant que leur vie – et parfois, déclara-t-il, leur « plan de carrière » – avait été « sérieusement perturbée ».

Le 20 décembre, le Premier ministre Peter Beattie fit la démarche inédite jusqu'alors de se rendre à Palm Island pour expliquer la décision du procureur général. La famille Doomadgee refusa de le rencontrer. Sur les photos de presse, Beattie a l'air amer et abattu. La communauté lui fait face en brandissant des pancartes : PALM ISLAND RÉCLAME JUSTICE POUR MULRUNJI. MEURTRE APPROUVÉ PAR L'ÉTAT. Lors de mon entretien avec Peter Beattie un an plus tard, le 17 décembre 2007, il se remémora le voyage. « Je ne peux pas dire que ce fut facile », m'avoua-t-il. Des jours comme ceux-ci représentaient le creux de la vague d'une carrière politique, surtout pour quelqu'un qui se targuait comme lui de ses efforts en faveur des questions aborigènes. Et les articles de Tony Koch, en particulier, le prenaient continuellement pour cible.

Beattie ne pouvait pas donner d'ordres à Leanne Clare, mais il espérait, me confia-t-il, qu'elle communiquerait ses dossiers au procureur général d'un autre État pour examen. Il estimait qu'elle avait pris sa décision « de façon autoritaire sans fournir d'explications ». Beattie, marié à la fille d'un missionnaire anglican de Pormpuraaw, ajouta : « Ce qui prouve la valeur de votre gouvernement, ce qui fait la force d'une démocratie, c'est la façon dont vous traitez les citoyens les plus démunis, les plus fragiles. La police ne peut pas être au-dessus des lois. »

Dans le Queensland, le procureur général partageait le droit d'inculpation avec le ministre de la Justice, mais les ministres ne l'exerçaient que très rarement. Le 22 décembre, deux jours après la visite de Beattie à Palm Island, le ministre de la Justice Kerry Shine demanda à Leanne Clare de lui communiquer ses dossiers, et le lendemain il annonça qu'il demanderait une expertise indépendante des dépositions.

De nombreux hommes de loi de premier plan pensaient qu'une telle expertise remettrait en cause l'indépendance discrétionnaire du procureur général, que cela revenait à une intolérable intrusion du politique dans le système judiciaire, et que Beattie et Shine créaient là un dangereux précédent. Pour ceux qui partageaient cette analyse, Chris Hurley avait été condamné avec sursis pendant deux ans, ses libertés ayant été restreintes, l'exercice de son métier limité, et sa vie soumise à une intense surveillance. Mais Leanne Clare était coutumière des décisions controversées, et il y avait tout autant de juristes qui estimaient que, puisque la mort de Doomadgee avait fait l'objet d'une enquête menée presque exclusivement par les amis du principal suspect, les libertés civiques de Chris Hurley devaient être évaluées à l'aune du mépris envers celles de Doomadgee.

Le jour de l'an, le ministre de la Justice nomma l'ancien premier juge de la Cour suprême de Nouvelle-Galles-du-Sud, Sir Laurence Street, pour examiner les dépositions. Sir Laurence était un homme du Sud. Sa mère, la célèbre Jessie Street, avait été l'une des militantes pour les droits des Aborigènes les plus en vue. Un avocat du barreau de Brisbane, Peter Davis SC, fut recruté pour assister Street. Davis était un intellectuel consciencieux, l'avocat que tous les juristes consultaient s'ils avaient besoin de vérifier un point de droit. Street et Davis se rendirent deux fois à Palm Island pour tâter le terrain et s'entretenir avec les protagonistes. Les insulaires appelaient les deux hommes « Monsieur » et « le Boss ».

Peu après leur première visite, le 15 janvier, le compagnon de cellule de Cameron, Patrick Nugent, se pendit. La police, me rapporta-t-on, avait éloigné Patrick d'une scène de violences conjugales et l'avait conduit à l'écart pour qu'il se calme. Son corps fut découvert entre cet endroit et son domicile. Les Aborigènes lancèrent des pierres sur les policiers venus le dépendre. Street et Davis rendirent visite à la famille Nugent pour présenter leur condoléances.

Après avoir étudié les minutes de l'instruction, les deux hommes de loi ne partageaient pas les conclusions de l'adjointe du coroner selon lesquelles Doomadgee avait reçu des coups ayant entraîné la mort. Selon eux, il était plus probable que Hurley avait donné un coup de genou dans l'abdomen de Doomadgee, technique officieusement employée par la police pour maîtriser les prisonniers récalcitrants. Ils décidèrent que ni Lloyd Bengaroo ni Roy Bramwell n'étaient des témoins fiables : personne ne savait ce que dirait Bengaroo, et ils pensaient que la défense réduirait à néant l'ivrogne qu'était Bramwell. Mais même sans leur déposition, déclarèrent les deux hommes, Hurley devait répondre devant un tribunal.

> Son inculpation est fondée sur des preuves indirectes. Au cours des entrevues entre les enquêteurs de la police et le brigadier-chef Hurley dans les jours ayant suivi le décès, le brigadier-chef Hurley a nié être tombé sur Mulrunji et nié l'avoir agressé. Les entrevues ne donnent aucune explication de la façon dont Mulrunji, alors qu'il était en détention sous l'autorité du brigadier-chef Hurley, a pu subir des blessures aussi graves. Un jury

> pourrait fort bien conclure que la seule déduction rationnelle qui s'impose pour expliquer la lésion fatale, c'est qu'elle a été infligée par le brigadier-chef Hurley qui a volontairement donné un coup de genou dans la zone supérieure droite de l'abdomen de Mulrunji immédiatement après la chute et alors que Mulrunji était étendu au sol.

Le 26 janvier 2007, jour de la fête nationale australienne, le ministre de la Justice Kerry Shine annonça qu'il avait recueilli l'avis de Street et Davis : « À la lumière de l'opinion de Sir Laurence, et ayant moi-même mûrement considéré l'affaire, j'ai décidé qu'il est dans l'intérêt public que cette affaire soit résolue devant une cour de justice. En outre, Sir Laurence estime qu'il est raisonnable de s'attendre à une condamnation. » Chris Hurley serait inculpé pour coups et blessures et pour homicide involontaire, devenant le premier policier australien à être inculpé pour la mort d'un prisonnier en détention. Son procès commencerait à la mi-juin, dans cinq mois. S'il était condamné, il risquait dix ans de prison.

Maintenant que c'était la Couronne qui engageait des poursuites, le rôle d'Andrew Boe était enfin terminé. Ni lui ni Peter Callaghan ne seraient officiellement impliqués dans le procès. J'avais le sentiment que dans une certaine mesure Boe était soulagé, même s'il ne s'arrêta pas pour autant de s'activer depuis le banc de touche. Sans tolérance aucune pour les imbéciles, ni pour les gens qui ne partageaient pas ses convictions passionnées, il avait néanmoins fait preuve d'une générosité sans faille ainsi que d'une intelligence, d'une vivacité et d'une pugnacité jamais prises en défaut. Ayant saisi la police à la gorge, il n'avait pas desserré sa prise. L'affaire ne serait jamais allée au tribunal sans lui.

Le lendemain de l'inculpation de Hurley, Boe reçut cette lettre :

> *Cher Andrew,*
>
> *Je suis officier de la police du Queensland depuis plus de vingt ans. Je viens de lire les conclusions de Sir Laurence Street et j'estime que c'est une énorme avancée pour l'ensemble du peuple aborigène.*
>
> *Tous les policiers ne sont pas racistes et menteurs... beaucoup le sont. J'ai pu moi-même en être le témoin immédiat.*
>
> *Il est grand temps que la communauté, le gouvernement et la hiérarchie de la police du Queensland voient de leurs propres yeux qu'en réalité, certains policiers défendent et respectent le peuple aborigène. Le public doit savoir que ce n'est pas l'ensemble du syndicat de la police qui soutient les allégations hystériques de la hiérarchie.*
>
> *Bonne chance... il y aura eu au moins un officier de police de votre côté.*

Le syndicat de la police du Queensland avait un nouveau patron par intérim. Denis Fitzpatrick, jusqu'alors vice-président, remplaça le colérique Gary Wilkinson, accusé d'outrage à magistrat pour la façon dont il avait critiqué les conclusions de l'adjointe du coroner. Fitzpatrick ne changea guère de style. Après l'émeute de Palm Island, il avait appelé à l'inculpation des émeutiers pour tentative de meurtre. À présent il déclarait : « S'ils ne veulent pas de policiers là-bas, alors très bien. Laissons la loi tribale s'appliquer, laissons-les faire la police dans leurs propres communautés. »

L'inculpation de Hurley avait réveillé un colosse rugissant et prêt à en découdre : le syndicat prévoyait de manifester devant le parlement du Queensland, et commença début février à faire le tour des villes du nord de l'État – Cairns, Rockhampton, Gladstone – pour tenir des meetings à la rencontre des neuf mille deux cents agents que comptaient les services de police. Fitzpatrick brandit la menace d'une grève, action qui n'était pas sans précédent mais dont il n'avait fort probablement pas mesuré les conséquences civiques.

À son équipe de conseils juridiques composée de Glen Cranny et de Steve Zillman, Hurley ajouta désormais un gros calibre en la personne de Robert Mulholland QC. La soixantaine, ce ténor du barreau était un pénaliste d'expérience qui s'était fait un nom à la fin des années 1980 en poursuivant le préfet de police du Queensland, Sir Terence Lewis, sur vingt-trois chefs d'accusation dont le parjure, la corruption et la falsification. Peter Davis, coauteur du rapport Street, serait le procureur de la Couronne. Il ne citerait à comparaître aucun témoin oculaire de l'homicide, mais plaiderait la thèse selon laquelle les faits conduisaient à une seule conclusion raisonnable : par ses actes, Hurley avait délibérément causé la mort de Cameron Doomadgee.

La plupart des officiers de police qui devaient faire une déposition au procès refusèrent de coopérer avec l'accusation, et ne le firent qu'après avoir reçu des ordres écrits du préfet les menaçant de sanctions disciplinaires. Même avec cette injonction, ils étaient accompagnés pour leur déposition par au moins trois avocats de leur syndicat. Un avocat de la Couronne me décrivit le manque de coopération de la police en ces termes : « Quand j'ai recueilli les déclarations des policiers en préparant l'affaire, j'ai rencontré de la résistance, de l'obstruction, et dans un cas des menaces. » Comme l'avait un jour remarqué Robert Mulholland à la suite de son procès contre le préfet Lewis : « Les officiers de police, y compris ceux qui sont honnêtes, ferment volontiers les yeux sur les écarts de conduite de leurs collègues. »

Le rassemblement

Pour le syndicat de la police c'était désormais la guerre, une guerre ayant pour quartier général le club de rugby des Brisbane Broncos aux luxueux locaux bordés de palmiers. J'accompagnai un jour un groupe de policiers à travers le hall d'accueil où trônait une opulente fontaine tropicale ornée d'un cheval de bronze cabré, et dont les murs étaient couverts de clichés en gros plan montrant des hommes musculeux en maillot marron, blanc et or – des hommes dont la tête semblait fusionner avec le cou tandis qu'en pleine action ils jouaient des coudes, des genoux et des épaules, le visage tordu sous l'effort –, tandis que tout le bâtiment bruissait du ronronnement et des déclics des machines à sous dans une salle de jeu appelée *L'Arène des Champions*. Au sommet d'une rampe d'accès, un panneau lumineux signalait deux portes à double battant : AUDITORIUM.

Le 1er février 2007, cinq jours après l'annonce de l'inculpation pour homicide involontaire, deux mille policiers en uniforme bleu occupaient cette pièce, rassemblés pour protester contre le sort fait à Hurley. Principalement des hommes, des hommes blancs en grappes serrées, dont les insignes à l'épaule indiquaient le grade. Le plus frappant, c'était leur haute stature. Jusqu'à la fin des années 1980, un officier de police devait mesurer au moins un mètre quatre-vingt-dix. La pièce était donc pleine de grands hommes, costauds, le teint hâlé, le cheveu ras. Et l'air sportif. Le lieu n'était pas choisi au hasard : le célèbre entraîneur des Brisbane Broncos, Wayne Bennett, ancien policier, avait longtemps été professeur de culture physique à l'École de police ; il occupait ce poste quand Hurley avait fait sa formation.

Atmosphère étouffante, moite de sueur et de testostérone. Les policiers tenaient leur casquette à la main, certains s'en servaient d'éventail ; on jacassait et on riait. D'autres vinrent grossir la foule et une annonce demanda de se tasser. « J'obéis aux ordres », fit un policier en venant se coller tout contre les fesses d'une collègue qui gloussa. Quelque part, un bébé pleurait. Nous formions une meute. On sentait la chaleur animale, la sueur et le souffle de chacun… J'en avais le frisson.

Un brigadier qui mesurait bien deux mètres dix me confia que l'instruction n'avait pas pris en compte tous les éléments. Il me resservit la légende désormais courante selon laquelle Cameron Doomadgee s'était fait renverser par une voiture le soir précédant sa mort. Il prétendit aussi qu'Andrew Boe avait essayé de devenir flic mais qu'il avait essuyé un refus, d'où sa chasse sans merci. Ce brigadier avait la petite cinquantaine et commandait un poste de police en banlieue. Il passait ses journées, disait-il, à aller chez des gens qu'on avait battus ou violés, leur expliquant qu'on n'avait pas assez de preuves pour une inculpation. « C'est ça, notre vie. Et là c'est l'un d'entre nous, alors d'un seul coup on change les règles… C'est une chasse aux sorcières… On reconnaît que c'est possible que ce soit lui, y a pas à discuter. J'ai entendu personne dire "Franchement, Chris est innocent", personne ne dit ça. C'est juste que la procédure n'a pas suivi, petit *a*, les preuves, et petit *b*, les règles habituelles.

« Faut être philosophe, poursuivit-il, si sur dix mille arrestations [de Noirs en état d'ivresse], ça a permis dans neuf mille neuf cent quatre-vingt-dix-neuf cas d'empêcher que d'autres infractions soient commises… » Sa voix se perdit. L'homme était un fondamentaliste chrétien. Il concevait son rôle comme semblable à celui du Bon Samaritain. « Je me suis jamais énervé. Je crois que c'est mon Dieu qui veille sur moi de cette façon-là. »

Il est difficile de savoir si le syndicat de la police considérait réellement Hurley comme un innocent piégé au cœur d'un labyrinthe judiciaire – Kafka sous les tropiques – ou si leur attitude d'arrière-garde perpétuait l'idée que des conditions difficiles justifient une justice expéditive.

La scène de l'auditorium était garnie de rideaux de velours noir et de projecteurs de théâtre à filtres teintés. C'était un drame moral, une Passion, qui allait commencer là. Ross Musgrove, le sémillant porte-parole de la police auprès des médias, s'approcha du micro. Les flashs crépitèrent ; les reporters occupaient les premiers rangs.

« Comme vous le savez, ce grand rassemblement est le troisième que tient le syndicat dans le Queensland. C'est absolument incroyable. Bien joué. Sincèrement, c'est vraiment bien joué, merci d'être venus. Il est très important que nous soyons tous ici pour envoyer un message au gouvernement Beattie indiquant notre mécontentement face à la situation actuelle, et que nous voulons que ça change ! Nous voulons que ça change tout de suite ! »

La salle résonna d'un spot publicitaire radio, sponsorisé par le syndicat, qui serait bientôt diffusé à satiété sur toutes les stations privées et qui se concluait par : « Monsieur Beattie, notre police mérite justice elle aussi ! »

Quelques jours auparavant, quatre cent cinquante policiers s'étaient rassemblés à Townsville pour un meeting de soutien à Hurley. L'inspecteur-chef Darren Robinson, qui avait mis en garde la Commission des crimes et fautes disciplinaires contre le « parti-prisme », incita la foule à voter une motion contre « l'ingérence éhontée du pouvoir politique dans cette affaire » et pour que « le gouvernement respecte la séparation des pouvoirs ». D'ici quelques jours, le frère aîné de Hurley, le brigadier-chef Tony Hurley, devait prendre la parole devant cinq cents policiers sur la Sunshine Coast[1]. Le syndicat réclamait une surveillance vingt-quatre heures sur vingt-quatre dans tous les centres de détention, selon une recommandation de la Commission royale sur les décès d'Aborigènes en détention provisoire qui, fit remarquer Denis Fitzpatrick, n'avait jamais été mise en place.

Fitzpatrick montait à présent sur la scène de l'auditorium. Avec son costume, sa cravate du syndicat et ses lunettes, il ressemblait à un écolier dont

1. Région côtière au sud-est du Queensland, au nord de la capitale, Brisbane.

le visage aurait vieilli. Il avait l'air fanfaron d'un dur à cuire et des manières distantes et offusquées. À l'exception de quelques mois, il avait passé ses vingt-quatre années de service dans les endroits reculés de l'extrême nord du Queensland. Il donnait du « mes bien chers frères, mes bien chères sœurs » à ses coreligionnaires. Certains étaient réellement frères et sœurs. De nombreuses recrues suivent leurs aînés dans la police, à l'instar de Hurley. Et souvent ils se marient au sein de la profession. Les flics savent ce que c'est qu'être flic : ils peuvent compatir, comprendre, offrir leur protection. Ils surveillent mutuellement leurs arrières.

Parmi les présents, certains avaient travaillé avec Chris Hurley dans la péninsule du cap York, dans le golfe de Carpentarie ou bien à Surfers Paradise. Quand vous étiez flic et que vous ne connaissiez pas Hurley en personne, il y avait de fortes chances qu'un de vos parents le connaisse. Il y avait de fortes chances qu'un membre de votre famille soit allé à l'école avec les Hurley, ou ait fréquenté la même église, ou ait joué dans la même équipe de rugby.

« Tant de monde, c'est spectaculaire ! Merci d'être venus si nombreux ! lança Fitzpatrick. Je voudrais tout particulièrement remercier notre ministre, Judy Spence, qui a pris le temps de venir écouter nos revendications aujourd'hui. » Judy Spence, l'élégante ministre de la Police du Queensland, faisait partie de l'aristocratie de la police : fille de flic et petite-nièce de Frank Bischoff, autre préfet de police tombé en disgrâce. Surnommé le Racketteur tellement il était corrompu, Bischoff avait fini à l'asile psychiatrique. Parce que la ministre apportait un soutien sans faille au syndicat de la police, Elizabeth Doomadgee avait prié pour qu'elle expie tout le mal qui était en elle.

Fitzpatrick fixait l'assemblée, micro à la main :

> D'un bout à l'autre de cet État, le Queensland, les policiers sont littéralement dégoûtés de la façon injuste dont on traite Chris Hurley. Chris est la victime d'un traitement spécial de la part du gouvernement. Il est traité comme aucun autre habitant du Queensland ne l'a été avant lui. Les traditions juridiques et des siècles de lois bien établies sont aujourd'hui passés à la trappe pour que Chris Hurley puisse être inculpé. Chacun ici présent ne le sait que trop bien, ce qui est arrivé à Chris Hurley pourrait lui arriver aussi !
>
> Camarades syndiqués, les taxis du Queensland sont équipés de meilleurs systèmes de vidéosurveillance que nos cellules de garde à vue, c'est la vérité… Eh bien alors, monsieur le Premier ministre, peut-être devrions-nous enfermer nos prisonniers à l'arrière des taxis !

Tonnerre d'applaudissements. On aurait dit un meeting du Renouveau charismatique. De même que Cameron Doomadgee était devenu un martyr de l'Australie aborigène, de même Chris Hurley était aujourd'hui un martyr pour ceux qui pensaient que les Noirs profitaient trop du système. Hurley, c'était Gulliver, géant impromptu ficelé au sol, tandis qu'alentour se déchaînaient toutes les « minorités braillardes », selon la formule de Fitzpatrick – les défenseurs des libertés civiques, les âmes sensibles, les *blackfellas*. Il ne s'agissait plus de justice dans l'abstrait, ni de la loi incarnée par les gouvernements et les tribunaux : ce rassemblement avait pour objectif de démontrer que la vraie victime, c'était la police. C'étaient les policiers qui subissaient l'injustice de la loi, eux qui subissaient les symptômes du dysfonctionnement, de la violence et de l'addiction. À l'aune de deux cents ans de spoliations et de mauvais traitements infligés aux Aborigènes, l'idée même paraît invraisemblable, mais personne dans cette salle ne se souciait de relativité historique. C'était l'Australie véritable, l'Australie supérieure en lutte contre l'Australie insipide et politiquement correcte, l'Australie de merde. C'était le Nord contre le Sud. C'étaient les flics se serrant les coudes contre ceux qui les assiégeaient.

La peau de Fitzpatrick commençait à luire sous la chaleur des projecteurs. « Camarades syndiqués ! je suis fier de vous annoncer que nous avons une majorité, une écrasante majorité de la communauté civile derrière nous… Nos téléphones sonnent sans arrêt. Les e-mails inondent le bureau du syndicat, ainsi que les lettres accompagnées de dons en faveur de Chris et de sa famille… En fait, pas plus tard qu'hier, je ne vous raconte pas de bobards, hier, un ancien officier de police du Queensland a fait un don engageant (il ralentit le débit pour mieux marteler) *cinquante mille dollars* pour couvrir les frais de justice de Chris ! »

Les sifflets braillards qu'on entend dans les concerts parcoururent l'assistance, qui applaudit à tout rompre. Gros bras, grosses mains. Ils mettaient tout leur corps dans leurs applaudissements. La tribu de Fitzpatrick – sous-payée et sous-estimée, peut-être – était beaucoup plus intacte, plus homogène, plus puissante et plus privilégiée que celle de Cameron.

Et elle était bien plus à même de défendre l'un de ses membres.

« Le message est on ne peut plus clair, monsieur Beattie : la majorité silencieuse va faire du bruit. S'il faut que nous marchions jusqu'au parlement, camarades, je vous le prédis, des milliers de concitoyens se manifesteront pour nous apporter leur soutien. Ils nous accueilleront à bras ouverts ! »

Fitzpatrick changea alors de ton : « Beaucoup de peine, de tourments, de chagrin ont été infligés à toutes les parties impliquées dans la mort de Cameron Doomadgee au cours des deux dernières années. S'il y avait eu une caméra de vidéosurveillance à l'entrée du poste de police de Palm Island… il aurait existé un enregistrement indiscutable permettant d'éviter toute cette douleur. » Il n'avait pas tort, naturellement… et le moment n'aurait pas pu être mieux choisi pour souligner la chose.

Trevor Pope, représentant les agents de la circulation, se leva pour lire la première motion : « La motion propose que la présente assemblée apporte son soutien au brigadier-chef Chris Hurley pour toute forme d'aide juridique lui permettant de se défendre contre l'accusation d'homicide involontaire et tout autre motif passible d'accusation. »

Fitzpatrick déclara alors : « Je vais maintenant mettre cette motion aux voix. Qui est pour ?

— *Oui !* rugit la foule, levant une forêt de mains.

— Je dirais qu'il y a unanimité », conclut Fitzpatrick sans le moindre humour.

La deuxième motion fut présentée par le brigadier Bill Earnshaw, de la brigade des stupéfiants. « On aura peut-être besoin de vos services après tout ça », blagua Fitzpatrick sous les rires appuyés, tandis que le brigadier se frayait un chemin jusqu'à la scène.

« Motion numéro deux : que la présente assemblée apporte son soutien à la revendication du syndicat réclamant que les postes de police soient améliorés et les effectifs augmentés dans tout le Queensland afin que les recommandations concernant les décès d'Aborigènes en détention [faites par la Commission royale de 1991] soient effectives. »

Là encore, la motion fut plébiscitée. Quand la foule vota, les bras ne se levèrent pas à la verticale mais furent tendus à un angle de quarante-cinq degrés. C'était irréel.

« Cette troisième motion, annonça l'agent Mick Carmody des Services généraux, propose que la présente assemblée appuie la hiérarchie pour l'organisation d'une assemblée générale et d'une manifestation jusque devant le parlement !

— Là encore, unanimité ! lança Fitzpatrick.

— *Oui !*

— Et vous serez tous présents à la manif !

— *Oui !*

— Et vous manifesterez encore et encore !

— *Oui !* »

Les applaudissements soulevèrent l'assistance. Tout cela pour Chris Hurley. Sa présence flottait sur le déroulement de la réunion, mais lui-même n'était nulle part dans les environs. Nulle part et partout. Autour de moi, l'homme que j'avais observé durant l'instruction – grand, vêtu de probité et de lin bleu – proliférait. Il m'assiégeait.

Il fut demandé aux civils et aux médias de quitter la salle. Je retraversai le bâtiment des Broncos tout en pensant à Eric Doomadgee qui vouait un tel culte à cette équipe que sa famille l'avait inhumé avec des fleurs marron, jaunes et blanches sur son cercueil.

Dehors, j'attendis que les policiers quittent l'auditorium, chemises trempées de sueur. Trois manifestants faisaient le pied de grue avec moi, l'un d'eux brandissant une pancarte qui proclamait PLUS JAMAIS DE MORTS EN DÉTENTION. Les deux autres tenaient un drap où l'on lisait en lettres peintes : LA POLICE EST UN SERVICE, PAS UNE FORCE. Ils furent noyés par une marée d'uniformes bleus. Le parking était bondé et de nombreux flics étaient en stationnement interdit. Tandis que leurs collègues arrêtaient la circulation d'une route fréquentée passant à proximité, ils s'enfuirent précipitamment. C'est alors que le ciel se déchira : il plut soudain à verse et les moins gradés essuyèrent l'ondée.

Je me demandai combien parmi ces officiers de police se rendaient compte qu'il leur était en fait impossible de manifester, qu'un tel acte était considéré par les avocats du syndicat en personne comme un outrage à la cour, et pourrait affecter la tenue d'un procès équitable pour Hurley. En coulisses, le syndicat mettait sur pied une autre campagne. Avant la fin de la semaine, la couverture du *Gold Coast Bulletin* montrait une policière qui levait son poing serré arborant un bracelet bleu marine. Une phalange d'officiers de police l'entourait, tous dans la même pose, tous avec le même bracelet, estampillé au numéro de matricule de Hurley, le 6747. « Il s'agit d'une protestation silencieuse, expliquait Denis Fitzpatrick dans l'article, un signe de solidarité accompagnant une levée de fonds afin de couvrir les dépenses encourues par le brigadier-chef Hurley pour sa défense. » Bientôt, la police du Queensland vendait des bracelets bleus dans la rue et dans les journaux locaux tout en en faisant la publicité aux infos télévisées.

Ces bracelets étaient censés s'acheter pour 5 dollars dans la plupart des postes de police, mais au QG de la police de Townsville, un jeune agent au teint terreux qui tenait l'accueil me rapporta qu'il en avait été vendu cinq mille, épuisant le stock avant d'atteindre le nord de l'État. « On est toujours les derniers à Townsville », se plaignit-il. Il avait l'intention d'en acheter un du prochain lot, pour la bonne cause, mais il ne le porterait jamais. Ça ressemblait trop à un bracelet de femme. Il pensait l'accrocher au levier de vitesse de sa voiture, peut-être.

Plus vous allez vers le nord, poursuivit l'agent, mieux vous comprenez le problème aborigène. C'était facile dans le Sud, où on ne voyait pas beaucoup de *blackfellas*, mais là-haut c'était différent. De l'autre côté de la frontière, dans le Territoire du Nord, les policiers achetaient ces bracelets eux aussi.

Voyage vers le nord jusqu'à Laura pour aller voir les grands esprits. Je pris l'avion pour Cairns puis une voiture jusqu'à ce que la route de poussière rouge soit bordée de vieux manguiers. La tenancière du seul magasin de Laura prenait le frais, assise devant sa boutique. Sinon, la minuscule bourgade semblait déserte, assoupie au soleil, et pourtant semblable à un village grec au milieu de ruines antiques. Laura était environnée de tragédie. Dans ces galeries d'art rupestre qu'étaient les grottes et les falaises, on trouvait des peintures de *quinkans*, les grands esprits qui habitaient les collines environnantes, disait-on.

Je pris un guide et quand je lui expliquai que je suivais l'affaire de Palm Island, il me dit qu'il connaissait une galerie que je trouverais intéressante. Nous quittâmes Laura et, près d'une rivière, bifurquâmes pour nous enfoncer dans le bush. « Ces arbres ! » s'exclama-t-il avec un soupçon d'agacement après avoir écrasé encore une jeune pousse. Il gara la voiture et nous continuâmes à pied, traversant une rivière puis grimpant la colline à travers de hautes herbes aux graines en forme de fléchettes, parvenant enfin à une piste qui nous conduisit à la galerie. Sur la paroi d'une grotte s'étalait une peinture de sorcellerie datant de la fin du dix-neuvième siècle : deux policiers, à l'horizontale, des fusils à leur côté. Un serpent s'étirait plus loin sur la paroi, mordant les pied d'un des deux hommes. Après le serpent venaient les silhouettes de deux hommes noirs, nus, les yeux arrondis. Eux aussi portaient des fusils. Le guide croyait qu'il s'agissait de l'autoportrait des hommes ayant peint la police, qu'ils s'étaient peints avec des fusils pour pouvoir se les approprier par magie. Dessin semblant provenir du cœur de l'histoire de ce pays, c'était une tragédie de la vengeance.

QUATRE

Le procès

Chris Hurley dut baisser la tête pour passer la porte du tribunal de Townsville. Dans un costume gris anthracite à fines rayures, il avait l'air d'un homme d'une autre époque, un élégant personnage des années 1940 au visage de granit. On aurait dit qu'il était fait d'un matériau trop dur pour être sculpté en profondeur, ce qui donnait un cou de taureau, des narines larges, de gros sourcils surplombant des yeux sombres et attristés, et un front haut mis en relief par des cheveux gominés avec une raie légèrement décentrée. Il prit place dans le box en bois verni, tel le géant qu'on amène à la fête foraine.

Le tribunal était une majestueuse boîte de bois avec une moquette bleu marine, de hauts plafonds et un mur de petites fenêtres carrées. Au-dessus du juge de la Cour suprême, Peter Dutney, qui avait revêtu sa robe rouge à col blanc, un bas-relief représentant le lion et la licorne britanniques. On était le mardi 12 juin 2007. Dehors sur le trottoir, des Aborigènes arborant pagnes et peintures corporelles avaient exécuté leurs danses avec des claves et des bouquets de feuilles de gommier.

Le greffier lut à voix haute : « Christopher James Hurley, vous êtes accusé d'avoir, le dix-neuvième jour du mois de novembre 2004 à Palm Island dans l'État du Queensland, illégalement agressé et illégalement tué Cameron Francis Doomadgee. Christopher James Hurley, que plaidez-vous ? Coupable ou non coupable ?

— Non coupable, Votre Honneur. »

Le service de sécurité aurait convenu à la visite d'un chef d'État. À l'extérieur, des renforts du palais de justice s'étaient joints à la police en uniforme. Dans la salle d'audience, des policiers en civil occupaient les quatre coins, menottes en évidence sous leur veste. Les premiers rangs de places réservées étaient signalés par des écriteaux indiquant FAMILLE ET SOUTIENS DE L'ACCUSÉ. Là avaient pris place les deux frères de Chris Hurley – deux hommes au teint olivâtre de même corpulence mais de taille plus moyenne –, sa mère au visage avenant, et sa petite amie, une petite brune bien roulée aux yeux bleu pâle qui portait boucles d'oreilles, bracelets et bagues en or ainsi qu'un minuscule crucifix autour du cou. Mêlés à la famille se trouvaient l'aumônier de la police, un psychologue de la police, ainsi que les dirigeants du syndicat de la police, parmi lesquels Gary Wilkinson et Denis Fitzpatrick. En croisant les bras, les syndicalistes laissaient voir leur bracelet bleu. Le visage aussi impassible qu'à un enterrement, ils portaient des cravates assorties et des chaussures cirées, et ils arboraient l'air à la fois sévère et fanfaron de ceux qui portent une arme.

Dans une galerie perdue en hauteur, comme flottant au-dessus de la cour, siégeait la famille

Doomadgee. Un employé du ministère de la Justice m'avait dissuadée de monter là-haut si j'avais le vertige. Cette galerie était en effet vertigineuse, et il y régnait une forte odeur corporelle. « C'est plus facile quand on est imbibé d'alcool », me fit remarquer un policier en civil en désignant Claudelle, la sœur de Cameron, qui vivait dans un parc à proximité. Elle était là avec Elizabeth, Jane, Valmae, et leur frère Lloyd qui avait fait le voyage depuis Doomadgee. Au réveil ce matin, Tracy Twaddle n'avait pas trouvé la force de venir.

Elizabeth semblait sur ses gardes, fatiguée et amaigrie. Cela faisait onze mois qu'Eric était mort, et elle commençait à grisonner ici et là. Comme ses frères et sœurs, elle portait un bracelet jaune qu'un partisan avait fabriqué, sur lequel on lisait MULRUNJI 19-11-04 JUSTICE !

Du haut de la galerie, la famille avait vue sur le crâne des jurés – quatre hommes et huit femmes, tous blancs et pour la plupart d'âge moyen. Ils surplombaient les avocats. Ils surplombaient Chris Hurley, grave et agité à la fois dans le box – le grand homme captif dans son enclos dont la barrière lui arrivait à hauteur de la taille.

Deux équipes juridiques étaient alignées le long de la barre. La défense comprenait les avocats d'abord engagés par Hurley, Glen Cranny et Steve Zillman, auxquels s'ajoutait cet inflexible pénaliste de la vieille école qu'était Robert Mulholland QC. Le procureur de la Couronne, Peter Davis SC, était assisté des avocats David Kent et Jonathan Horton. Vingt journalistes venus de tout le pays emplissaient une seconde salle d'audience, là où s'était tenue l'instruction. La télévision interne au palais de justice diffusait le procès et ils pouvaient se déplacer, taper à la machine, répondre aux coups de fil. Je décidai de rester dans la première salle d'audience.

Approchant la cinquantaine, Peter Davis était grand lui aussi, mais voûté, pâle et maigre, il portait des lunettes et ses cheveux blonds étaient coupés au bol. Davis était de son propre aveu un « animal à sang froid » qui se targuait de ne pas mêler travail et émotion. Mais cette fois-ci il n'y était pas parvenu. Il avait été choqué par les conditions de vie à Palm Island, bidonville sur une île tropicale luxuriante, et l'affaire s'était mise à le hanter. D'une voix douce, il commença :

> Voici toute l'histoire. Mr. Doomadgee, nous le savons, résidait à Palm Island. Le 19 novembre 2004 il était dans l'île, il descendait à pied une rue appelée Dee Street, et les faits vous apprendront que Mr. Doomadgee était ivre. L'accusé est arrivé dans Dee Street au volant du fourgon de police. L'accusé a alors procédé à l'arrestation de Mr. Doomadgee. Le fourgon a ensuite été conduit jusqu'au poste de police. Mr. Doomadgee a frappé l'accusé. Peu après, déclare la Couronne, l'accusé a frappé Mr. Doomadgee. Ces coups sont donc le premier chef d'accusation.
>
> Mr. Doomadgee a toutefois continué à résister et les deux hommes se sont battus. En s'approchant de la porte du poste de police, où se trouve une marche, il semble probable qu'ils ont trébuché sur cette marche et sont tombés dans l'embrasure de la porte.
>
> La Couronne déclare que l'accusé a alors tué Mr. Doomadgee et qu'il l'a fait en ayant recours

à la force, très certainement d'un coup de genou, mais d'une puissance telle qu'il a quasiment fait éclater le foie de Mr. Doomadgee en le compressant contre sa colonne vertébrale...

Davis projeta sur un écran une image de scanner montrant le profil d'un individu au foie en parfait état. Sur l'image sombre, la peau et les viscères étaient gris clair, délimités par la colonne vertébrale, point d'exclamation incurvé de couleur blanche. L'abdomen de Cameron, indiqua Davis à la cour, s'était retrouvé comprimé si fort que son foie avait été repoussé contre la colonne, qui l'avait presque coupé en deux. Il « serait mort dix minutes après avoir subi un tel traumatisme ».

Davis passa alors une portion de la vidéo montrant la reconstitution à laquelle avait procédé Hurley avec ses enquêteurs le lendemain du décès. Le brigadier-chef se tenait dans le poste de police crasseux, sa tête touchant presque le plafond, et prétendait être tombé à côté de Cameron Doomadgee sur le sol en lino.

Hurley se trémoussait sur sa chaise. Il défroissait le tissu de son pantalon sur ses cuisses, tirait sur ses manchettes, rajustait le nœud de sa cravate. Il avait l'air d'un homme peu habitué à porter un costume, d'un homme rappelé à l'ordre. Sa bouche n'était plus qu'un trait. Il s'était présenté d'innombrables fois devant une cour de justice, mais toujours de l'autre côté du box des accusés, toujours à l'occasion des traumatismes et des désordres causés par quelqu'un d'autre. Aujourd'hui c'était lui l'accusé, et c'était à ses mains qu'on percevait son stress. Il les nouait. Il frottait une main avec le pouce de l'autre. Il crispait les poings, deux poings serrés qu'il posait en appui sur ses genoux comme pour demander à la cour de deviner lequel des deux détenait la clef, la vérité.

Durant toute la déclaration liminaire de Davis, le président du syndicat de la police, Gary Wilkinson, joua avec sa montre, qui émettait un petit bip aigu. Il chaperonnait la mère de Hurley. Wilkinson savait ce que voulait dire avoir des démêlés avec la justice. À la fin des années 1980, on le confondit pour faux témoignage lors d'une enquête sur une escroquerie aux voitures volées dans laquelle la police était impliquée. Il avait aussi été accusé d'avoir tenté de bénéficier d'un pot-de-vin de cinq mille dollars, mais avait été blanchi au procès. *Bip. Bip. Bip.* Tandis qu'il était là en train de tripoter sa montre, Gary Wilkinson s'apprêtait à affronter une enquête de la Commission des crimes et fautes disciplinaires pour avoir tenté de vendre à sa femme une voiture du syndicat de la police à un prix inférieur à celui du marché de plusieurs milliers de dollars.

C'est seulement lorsque l'avocat de la défense se leva que Wilkinson remit la montre à son poignet à côté du bracelet bleu.

Plein de bon sens, Robert Mulholland donna la version de l'histoire selon la défense : le brigadier-chef Hurley était tombé sur Cameron Doomadgee. Hurley était un homme corpulent et lourd – cent quinze kilos contre les soixante-quinze de Cameron. Les événements traumatisants qui s'étaient ensuivis avaient « altéré » la mémoire du brigadier-chef, d'où ses déclarations initiales indiquant que Doomadgee et lui étaient tombés côte à côte.

Mulholland, s'appliquant à se montrer pragmatique et raisonnable, se penchait en avant, coudes appuyés sur son pupitre. Son ton disait : « Gardons la tête froide. » À la fin du procès, affirma-t-il au jury et à toute l'assemblée, nous n'aurions aucun doute sur l'innocence de son client. Mais il ajouta en guise d'avertissement : « Quand vous écouterez les dépositions, mesdames et messieurs les jurés, il ne faut pas que vous jetiez votre bon sens par la fenêtre. Vous êtes venus ici avec votre bon sens et votre expérience du monde et, nous vous en prions, faites-en bon usage lorsque vous entendrez les dépositions. »

Je regardai le jury : une blonde platine à double menton mâchonnait un chewing-gum et griffonnait sans cesse dans le carnet fourni par le tribunal ; deux hommes d'un certain âge, les tempes et la nuque rasées, le visage marqué d'anciens coups de soleil, portaient des chemisettes impeccablement repassées aux couleurs tropicales de mangue et de papaye. À Townsville, on peut affirmer sans crainte de se tromper que les jurés avaient effectivement une expérience bien particulière du monde. Entre autres choses, la ville, qui comprend la plus grande concentration de personnel de défense de toute l'Australie, est militariste. C'est aussi une ville où règne une tension raciale considérable.

En juin et juillet 2006, le cabinet d'avocats assurant la défense de Lex Wotton avait demandé à un institut de marketing de faire un sondage afin d'établir un profil statistique de la commune de Townsville. Les résultats les avaient aidés à obtenir que le procès soit déplacé à Brisbane. Plus de quatre cents personnes choisies au hasard avaient reçu un appel leur demandant comment elles percevaient les Aborigènes et les insulaires du détroit de Torres dans le Queensland septentrional. On leur disait qu'il n'y avait pas de bonnes ou de mauvaises réponses : « Nous nous intéressons uniquement à ce que vous pensez réellement. » Dans la catégorie « commentaires à dominante négative », on trouvait les réactions suivantes :

• Ha, ha !... pas de mauvaises réponses, hein ? Eh ben, il faut faire quelque chose... ils n'ont aucun respect, ils veulent tout avoir pour rien et y en a plein qui ont plus de fric que moi.

• Ce que je pense, c'est que c'est une espèce protégée. On peut pas les toucher. On peut pas leur botter les fesses.

• Je ne pense pas grand bien d'eux. Je sais qu'il doit y avoir des gens bien parmi eux... mais moi, j'ai jamais croisé que des racailles.

• J'en ai marre que des gens se fassent tabasser parce qu'ils sont blancs.

• Ils se servent des parcs et des buissons comme toilettes publiques.

• Ils boivent de trop et ils puent.

• Tous des bâtards.

• Je passe. J'ai pas d'opinion, sauf qu'il faut tous les fusiller.

Ces « commentaires à dominante négative » totalisaient 42,7 % des réponses ; 43 % étaient « incertaines », « neutres » ou bien « ambiguës ». Les 13,3 % restantes étaient considérées comme « positives » :

• C'est des gens bien.

• Ils sont super bons au foot.

• C'est des gens normaux, c'est tout.

• Ils ont le droit d'être ici.

Quand la question portait sur ce que les gens pensaient des habitants de Palm Island, 63,7 % des commentaires étaient « à dominante négative » :

> • Mon beau-père travaille là-bas et il dit que c'est comme une décharge… les gens sont des porcs.
> • Toujours pareil… on leur en donne trop.
> • Qu'ils y restent, sur leur île.
> • Je suis bien content qu'ils soient loin d'ici.
> • C'est une honte qu'on leur donne une île et qu'ils arrivent à la bousiller comme ils l'ont fait.

Tony Mooney, le maire de Townsville, ne contesta pas les résultats de ce sondage : « Townsville n'est pas différente de n'importe quelle autre communauté et si vous faisiez la même enquête dans les banlieues de Cronulla ou de Redfern, vous obtiendriez les mêmes résultats[1]. » (En 1989, alors qu'il était adjoint au maire, Mooney s'était prétendument enfui au volant après que sa voiture avait renversé un piéton aborigène. Un témoin l'avait rattrapé mais la police, prétendait-on encore, l'avait laissé repartir sans même le faire souffler dans le ballon.)

Le jury du procès de Chris Hurley était issu d'une population qui, raciste ou non, voyait tous les jours les signes affligeants du dysfonctionnement, de l'assistance et du désespoir chroniques. Selon ce sondage, la population blanche de Townsville était

1. Redfern est une commune proche du centre-ville de Sydney ; Cronulla est une banlieue de Sydney où des émeutes raciales se sont déroulées en décembre 2005.

au mieux indifférente aux Aborigènes, mais le plus souvent pleine de rage et de mépris. Quand des gens dépassent les bornes, il n'est pas facile de voir en eux quelque chose qui nous ressemble. On peut raisonnablement penser que les membres de ce jury-là souhaitaient que leurs rues soient surveillées par une police vigilante, qu'ils voulaient se sentir protégés contre les « bâtards ». Peter Davis avait eu l'occasion de mettre Hurley en accusation à mille kilomètres plus au sud, à Brisbane, et d'organiser le procès dans un environnement plus neutre. Andrew Boe lui avait dit qu'il devrait le faire. Mais Davis me confia après le procès que cela sentait l'entourloupe, que c'était avoir une vision trop cynique des jurés de Townsville.

Le premier groupe de témoins de l'accusation comprenait les habitants de Palm Island qui avaient vu Cameron Doomadgee se faire arrêter et emmener en détention. Peter Davis voulait prouver que Cameron n'avait pas fait grand-chose « qui méritait qu'on l'arrête » et que le moment où Hurley l'embarquait de force dans le fourgon avait été l'« étincelle » ayant déclenché les événements fatals. Mais à l'ouverture du procès, ces fameux témoins, qui avaient tous déjà fait une déposition à l'instruction, ne rendirent pas service à l'accusation.

Penny Sibley, qui prétendait que Hurley avait boxé Cameron devant le poste de police, était gravement malade à cause de son cœur et de son diabète. Les avocats de l'accusation passèrent la prendre à l'hôpital et s'assurèrent qu'elle prenait les médicaments adéquats en attendant sa déposition. Au moment de témoigner, elle tremblait comme au milieu d'une tempête, son corps tout entier secoué de frissons.

Elle avait dans chaque main un gant de toilette pour essuyer sa sueur ou ses larmes. Au poignet, un bracelet d'identification en plastique de l'hôpital. Les yeux baissés, elle raconta à la cour, d'une voix toute douce, qu'elle s'était trouvée devant le poste de police quand elle avait vu Cameron, ivre et grossier, frapper le brigadier-chef Hurley. Hurley, dit-elle, lui donna alors un petit coup rapide dans les côtes. Elle déclara au jury qu'elle s'était mise à pleurer, inquiète pour Cameron. Sa voix semblait vague et hésitante.

Vint ensuite Gerald Kidner, l'ami de Doomadgee, qui accompagnait ce dernier le matin de son arrestation. Dans sa veste grise trop grande pour lui et ses baskets sales, Kidner semblait venir du parc en face du palais de justice, Perfume Gardens, où les Noirs allaient s'asseoir sous la pagode au milieu des plantes tropicales pour boire et faire la manche. Kidner était dépassé par les événements et se tenait immobile à la barre, parlant en phrases courtes comme s'il était incapable d'une syntaxe plus élaborée. Il raconta à la cour que Cameron et lui buvaient chez lui, avec Verna, sa compagne. Ils étaient partis tous les trois dans Dee Street, où Cameron « chantait tout le temps la chanson *Qui a lâché les chiens*… Chris s'est arrêté et puis il l'a embarqué. »

Steve Zillman demanda à Gerald ce qui s'était passé la veille du décès. Se rappelait-il être allé sur le continent en canot pour acheter un cubitainer de vin et de la bière avec Verna, Cameron Doomadgee et Patrick Nugent ? Gerald déclara qu'il avait trop bu ce jour-là pour s'en souvenir. Mais il se rappelait en effet s'être réveillé le lendemain matin – la matin où Cameron trouva la mort – et avoir vu son ami qui regardait un film de kung-fu, *Opération dragon*.

Zillman : Et à ce moment-là, Cameron buvait au cubitainer ?

Kidner : Ouais.

Zillman : Du blanc ?

Kidner : Ouais.

Zillman : Et il avait aussi du *goom*, n'est-ce pas ?

Kidner : Ouais, de l'alcool à brûler.

Zillman : C'est cela. Pour mémoire, *g-o-o-m*, *goom* ?

Kidner : Ouais.

Zillman : De l'alcool et de l'eau ?

Kidner : Ouais.

Zillman : Et vous aussi, vous avez bu un peu, n'est-ce pas ?

Kidner : Ouais, y en avait que juste qu'un petit peu.

La compagne de Gerald, Verna Snyder, vint ensuite à la barre. Elle portait un short et une veste crasseuse en toile à ballon qui dissimulait son corps émacié. Elle accompagnait les deux hommes quand Cameron s'était fait arrêter. À l'instruction de février 2005, elle s'était effondrée au beau milieu de son témoignage et le coroner l'avait autorisée à se retirer. Aujourd'hui elle parlait la main devant la bouche, couvrant son visage comme si elle venait de se faire frapper. Elle aussi, elle tremblait, peut-être à cause d'un délirium. Quand Zillman s'attaqua à elle, c'était sans espoir. Interrogée sur la quantité d'alcool qu'avait bue Cameron, elle se mit à trembler, croyant être l'accusée : « Non. Je bois pas. Jamais ! »

Vint ensuite Gladys Nugent, grosse femme timide affublée d'un double menton, ses cheveux noués en arrière. Comme elle était l'une des victimes de l'agression commise par Roy Bramwell, elle avait la malchance d'être la raison initiale pour laquelle

Chris Hurley se trouvait dans Dee Street. Gladys raconta à Peter Davis que Hurley l'avait emmenée chez Bramwell pour qu'elle aille chercher ses médicaments. Pendant qu'il était là, son neveu Patrick s'était mis à l'insulter et s'était fait embarquer. Et puis Cameron était passé par là. Elle ne l'avait pas vu faire quoi que ce soit mais lui aussi s'était fait embarquer. Les deux hommes étaient morts aujourd'hui.

Steve Zillman se leva. Sa voix mélodieuse sortait d'une bouche serrée, dont il pinçait les lèvres lorsqu'il posait certaines questions. « Quelle quantité aviez-vous bue, madame Nugent ? »

Gladys Nugent : J'ai bu toute la nuit.

Zillman : Vous avez bu… enfin, vous avez commencé vers onze heures, onze heures et demie le matin du mardi. C'est bien cela ?

Nugent : Ouais.

Zillman : Et vous avez bu… ?

Nugent : Toute la nuit.

Zillman : … Jusqu'à la fin de la matinée, la fin de l'après-midi, et pendant toute la nuit ?

Nugent : Ouais.

Elle se tenait absolument immobile. Zillman était debout mains sur les hanches, mince malgré un léger embonpoint. Il semblait extirper d'elle son histoire invraisemblable, l'extraire avec un plaisir non dissimulé. Se trouvant sur le siège arrière du fourgon au moment de l'arrestation de Doomadgee, elle n'avait pas vraiment vu ce qui se passait, reconnaissant que « je me souviens pas de grand-chose ». Zillman, la lorgnant d'un air qui n'était pas loin de paraître concupiscent, continua à suggérer qu'elle n'était pas fiable.

Zillman : Dites-moi, étiez-vous sous l'empire de l'alcool que vous aviez bu ? Vous en aviez pris une sacrée quantité, si vous avez commencé à 11 h 30 du matin la veille ?

Nugent : Ben, quand je suis sortie, j'ai pris un grand coup et ça a commencé à me dessoûler un peu.

Zillman : Un grand coup ?

Nugent : Ouais, j'ai pris un coup. Je me suis fait assommer, un coup de pied...

Zillman : Mmm ?

Nugent : Un coup de chaise.

Zillman : Un coup de pied et de quoi, vous dites ?

Nugent : Un coup de chaise.

Zillman : De chaise ?

Nugent : Ouais.

Zillman : Oui, et ça vous a dessoûlée un peu ?

Nugent : Ouais.

Gladys ne cillait pas tandis qu'il la mettait en pièces. Elle répondait sans la moindre émotion, le regardant droit dans les yeux. Elle avait déjà été battue, et elle le serait encore. Légèrement voûtée dans ses vêtements passés, des bourrelets de graisse dans le dos, Gladys Nugent représentait tout ce que l'Australie blanche ne veut pas savoir sur l'Australie noire. Elle était alcoolique et diabétique, elle souffrait de problèmes cardiaques. Elle racontait à la cour qu'elle buvait jour et nuit, se faisait tabasser, se soûlait à l'alcool à brûler, que son neveu Patrick sniffait de l'essence et s'était pendu. Elle était empreinte d'une sorte de dignité simple et obstinée. Et l'espace d'une seconde, on ne sut plus très bien qui était le plus abject : Gladys ou bien l'avocat payé pour la harceler.

Chris Hurley, imposante statue dans son beau costume, avait l'air d'un banquier spectateur d'une pièce montrant la vie dans un ghetto lointain. Mais à la fin de la première journée, tandis qu'il s'engouffrait dans une voiture l'attendant à la sortie, un Aborigène ivre et pieds nus l'invectiva depuis le bas-côté : « Assassin ! Assassin ! Qui a lâché les chiens ? »

Ce soir-là je croisai tante Betty assise à un arrêt de bus avec son oreiller et un sac plastique plein de vêtements. La dernière fois que je l'avais vue, elle pêchait des poissons-chats dans la rivière près de Doomadgee. Aujourd'hui elle se rendait à un enterrement. M'empruntant un stylo, elle dessina sur sa main pour me montrer comment Hurley n'était certainement pas tombé sur Cameron. Elle admira sa peau, satisfaite d'avoir ainsi prouvé la chose sans équivoque.

Le lendemain matin – ainsi que tous les matins des sept journées que dura le procès –, l'activiste aborigène Gracelyn Smallwood, une infirmière et enseignante à l'université dont les père et grand-père avaient été expédiés sur Palm Island, organisa une petite manifestation sur le trottoir devant le palais de justice. Pleine d'humour et de fougue, Smallwood, issue d'une famille de dix-neuf enfants, faisait jadis ses devoirs d'école sur une machine à écrire que ses frères avaient récupérée dans une benne à ordures. La machine n'avait pas de ruban : la petite fille tapait à sec sur une feuille de papier et noircissait ensuite les marques à l'aide d'un crayon. Quand elle avait commencé l'école d'infirmières dans le Queensland, les Noirs qui travaillaient dans les services médicaux de l'État devaient attacher un bout de ficelle autour de leur tasse à café pour que leurs collègues blancs ne s'en servent pas par erreur. En 2000, Gracelyn était intervenue en voyant la police harceler un jeune Aborigène. On l'avait arrêtée et conduite en garde à vue, où on l'avait déshabillée pour la fouiller, et on avait lâché des chiens sur elle. Quand les policiers avaient vu ses papiers, indiquant qu'elle était universitaire, ils lui avaient demandé à qui était le portefeuille qu'elle avait volé.

Devant le palais de justice, Gracelyn portait un T-shirt avec un blason proclamant ABORIGÈNES MORTS EN DÉTENTION ÇA SUFFIT. Entourée d'un maigre groupe d'une vingtaine de sympathisants, elle faisait un discours plein de verve appelant les mères – noires et blanches confondues – à apporter leur soutien. Trois Aborigènes au corps couvert de peinture et aux cheveux ornés de plumes dansèrent ensuite, invoquant les Esprits ancestraux à leur rescousse.

La famille Doomadgee, Gracelyn et les autres se tenaient tous la main. Parmi eux, une Sud-Africaine en habit traditionnel : grande robe orange vif, chapeau rigide de la même couleur, colliers de perles. Elle tenait la main de Claudelle Doomadgee, dont les vêtements semblaient tout droit sortis d'un coffre de l'Armée du Salut : gros manteau à carreaux sur une robe à fleurs par-dessus un pantalon de jogging, le tout complété d'une petite casquette demi-lune aux couleurs aborigènes.

Nous étions désormais tous bien répartis selon nos castes respectives : Noir, flic, avocat, journaliste. Une rumeur parcourut la meute des reporters observant la scène : la femme sud-africaine, amie de Gracelyn, était une parente éloignée de Steve Biko.

« Qui est Steve Biko ? » me demanda une blonde, présentatrice de journal télévisé qui se trouvait être la petite amie d'un des flics présents lors de l'émeute.

Après la manifestation, Elizabeth me dit : « Ils essaient de faire croire que Cameron, c'était un petit homme. » Elle semblait offusquée qu'on laisse penser que son frère avait été abattu par la haute taille de Hurley.

Lloyd Doomadgee proposa de se mettre debout dans le tribunal pour montrer à tout le monde comme il était grand. Il estimait être aussi grand que son frère, et Lloyd mesurait plus d'un mètre quatre-vingts – plus encore avec son chapeau Akubra[1]. « Ça leur ferait une surprise », dit-il. Il était venu avec ses jeunes enfants, qui ne pouvaient pas s'empêcher de garder les yeux rivés sur les immeubles de Townsville, ne dépassant pourtant pas huit étages : de vrais gratte-ciel par rapport à Doomadgee.

Dans la salle d'audience, au deuxième jour du procès, l'accusation fit venir à la barre le médecin légiste ayant procédé à la première autopsie de Cameron, le Dr Guy Lampe. Il exerçait ses fonctions depuis 2001. Bronzé, les cheveux bruns avec une raie sur le côté, il portait un costume gris, une chemise bleu clair, une cravate bleu marine. Sa façon d'être, sérieuse et étrangement cordiale, n'avait pas varié depuis sa déposition à l'instruction. Soudain, plissant les yeux, il laissait libre cours à une bonne humeur un peu empruntée. On aurait dit qu'il parlait de son restaurant préféré, et non pas de ce qu'il avait observé ce 23 novembre 2004, après avoir ouvert le corps de Cameron.

Cet homme avec un hématome sur l'œil n'était pas décédé de blessures à la tête, mais d'importantes

1. Chapeau mou à larges bords, typique du bush australien. Traditionnellement en peau de lapin, il est porté par les fermiers et les cow-boys et est devenu une véritable icône nationale.

lésions internes, déclara le Dr Lampe. « Son foie était éclaté et j'ai constaté une déchirure de la veine porte qui approvisionne le foie en sang, ce qui avait provoqué un important saignement dans la cavité stomacale. » Lampe expliqua que sans apport suffisant de sang à ses organes vitaux, Cameron serait mort rapidement. Le taux d'alcool dans son sang était au moins cinq fois supérieur à la limite légale, mais son foie n'était pas cirrhotique, indiqua Lampe. Il n'était pas plus vulnérable à une lésion que celui de n'importe qui.

Le Dr Lampe, tout comme les deux médecins que Davis fit venir à la barre après lui, affirma que Cameron devait s'être trouvé presque à plat sur le dos, comprimé rudement contre le sol du poste de police. La pression fatale fut exercée par-devant. Puisque son foie était pratiquement coupé en deux, il avait dû être violemment repoussé contre sa colonne vertébrale. Cette lésion nécessitait une certaine force de projection et un « mécanisme d'écrasement ». Le genou de Hurley, rond et lisse, ne laisserait pas de traces visibles : c'était par conséquent un bon candidat.

Le Dr Lampe nota qu'il ne rencontrait pas très souvent de telles lésions :

> En fait, les cas où on peut en constater, c'est en général dû à un traumatisme suite à un accident de la route à grande vitesse, accidents de moto, certains accidents d'avion… Vous savez, des traumatismes liés à la vitesse, ou à la chute d'une grande hauteur, ou des gens qui se blessent en faisant du sport… donc, chutes de cheval, blessures suite à une descente à ski ou à un choc contre un arbre, des choses de ce genre.

Mais le légiste n'avait jamais vu un foie abîmé « si gravement avec une rupture de la veine porte ». D'habitude, précisa-t-il, une lésion de la veine porte est causée par un coup de couteau ou une arme à feu.

Lampe déclara qu'il n'avait aucun moyen de savoir si les blessures de Cameron résultaient de coups ou d'une chute au cours de laquelle le genou de Hurley aurait malencontreusement heurté l'abdomen du prisonnier. Mais cela ne l'empêcha pas de faire état de son opinion devant la cour. Il était tombé d'accord avec la police au moment de l'autopsie (alors qu'il ignorait l'allégation de coups et blessures à l'encontre de Hurley) pour dire que les lésions avaient été causées par une chute, opinion qu'il réitérait aujourd'hui : c'était, disait-il, sa « meilleure hypothèse » de considérer que les blessures fatales avaient été subies lors d'une chute, au cours de laquelle « je soupçonne… qu'un genou du brigadier-chef Hurley est entré en contact avec l'abdomen de Mr. Doomadgee ». Les contusions à l'œil et à la mâchoire de Cameron pouvaient être dues à ce que les deux hommes « s'étaient cognés dans quelque chose ».

Au cours d'une suspension d'audience, Valmae me confia qu'elle-même ressentait de vives douleurs en entendant le médecin. « Chaque fois qu'il a parlé, c'est comme qu'on me coupe le souffle. Ça m'a cassée en deux là, dehors. Eux qui parlent de ces organes là, dedans. » Tracy Twaddle, à ses côtés, restait silencieuse. Elle s'était forcée à venir jusqu'au tribunal. Valmae me demanda de les attendre à la fin de chaque journée pour expliquer ce qui se passait.

C'est l'annonce des conclusions initiales du Dr Lampe le 26 novembre 2004 qui avait déclenché l'émeute de Palm Island. Le coroner d'État avait alors fait appel au Dr David Ranson, un médecin légiste anglais exerçant à Melbourne, pour expertiser lesdites conclusions. Barbiche et lunettes, Ranson était le témoin suivant. Il avait quatorze années d'expérience de plus que Lampe, en Australie et à l'étranger. Il était diplômé en droit, titulaire de plusieurs autres diplômes et membre de plusieurs sociétés savantes. Quand il débita toutes ces qualités à la barre, je remarquai que l'aumônier et le psychologue de la police rigolaient.

« Vous avez déjà entendu parler de la SJMP-PPUM ? » me demanda plus tard l'aumônier, m'expliquant ce qu'ils avaient trouvé si drôle. C'était un acronyme comme les aimait la police pour désigner la « Société des je me prends pas pour une merde ».

Le Dr Ranson parla à la cour des autres contusions qu'il avait découvertes sur le corps de Cameron lors de la seconde autopsie le 30 novembre 2004, à laquelle assistait également le Dr Lampe. (Précédemment, Lampe avait admis qu'il n'avait pas fait une recherche exhaustive des contusions au cours de la première autopsie : « J'étais un peu pressé par le temps. ») Ranson découvrit des contusions sur l'œil droit et la paupière droite de Cameron, sur son front, l'arrière de sa tête, la partie supérieure de son dos, le long de sa mâchoire droite, et sur les deux mains. Ce légiste n'était pas prêt à spéculer sur l'origine de ces blessures. En théorie, elles pouvaient avoir été infligées par des coups délibérés ou bien résulter d'une chute avec complications. Ranson s'accordait en revanche volontiers avec Lampe pour dire qu'une « forte pression » avait écrasé le foie, « le comprimant contre l'avant de la colonne vertébrale si bien qu'il avait été pratiquement coupé en deux ». Il existe une échelle médicale sur laquelle les lésions hépatiques sont mesurées de un à six. Ranson estimait que cette lésion-ci était « au moins de degré cinq, voire plus ». Il n'y avait aucune marque externe sur l'estomac de Doomadgee, et pour cette raison Ranson donnait la préférence au genou de Hurley comme cause des dommages.

Le président du syndicat de la police retira de nouveau sa montre et se mit à la tripoter, produisant encore des bip-bip aigus qui n'attirèrent pas l'attention du juge, perché en hauteur à l'autre bout de la salle d'audience.

L'accusation appela ensuite à la barre un spécialiste de chirurgie hépatique, Steven Lynch, qui déclara que c'était une pression « massive » qui avait causé la mort de Doomadgee. Le Dr Lynch indiqua qu'ordinairement, il n'opérait pas de patients atteints de telles lésions parce qu'elles étaient fatales.

Mais les dégâts commis dans le camp de l'accusation étaient irréparables. Peter Davis n'avait pas mesuré à quel point la déposition du Dr Lampe nuirait à son argumentation. Le jury avait entendu ce médecin déclarer qu'avec tout son savoir, il pensait que Cameron était décédé des suites d'une chute. « Si ce type est un témoin de l'accusation, moi je suis astronaute », s'exclama le porte-parole du syndicat de la police auprès des médias, Ross Musgrove, avec une joie mauvaise.

La crispation qui marquait la bouche de Hurley avait disparu. Il étirait discrètement le cou de droite à gauche, dissipant la tension.

Pendant que la cour entendait la déposition des officiers de police présents au commissariat lorsque Cameron était mort, leurs collègues tenaient une manifestation silencieuse à l'extérieur. Une quinzaine de policiers, certains en service, d'autres prenant sur leur temps libre pour soutenir Hurley, étaient rassemblés dans le hall d'accueil. Ils fixaient les quidams d'une façon qui faisait s'interroger ces derniers sur le crime qu'ils avaient bien pu commettre. L'intimidation était devenue une seconde nature. Quiconque n'était pas flic se retrouvait suspect. Ces policiers, me confia l'aumônier, faisaient un boulot de « bâtards ». Récemment une nouvelle recrue s'était fait cracher à la figure par un Aborigène en infraction « notoirement atteint d'hépatite A, B, C et D ». C'était une semaine avant le mariage du policier en question et on lui avait déconseillé d'embrasser la mariée. Selon l'aumônier, la police faisait tout son possible pour « le bien, le vrai et le beau en ce monde. Ces hommes-là essaient de vivre une vie vertueuse ».

Je repensai à la vidéosurveillance montrant Cameron en train de mourir dans sa cellule. C'était le témoin suivant, le brigadier Michael Leafe, qui était entré pour lui asséner un coup de pied. À cette époque-là, Leafe vivait dans l'île depuis trois mois. À la barre, avec son uniforme bleu bien repassé et son casque de cheveux châtains, Leafe se comportait un peu comme un automate. Il avait de quoi être inquiet : il témoignait devant ceux qui avaient brisé la hiérarchie de la police du Queensland.

Le brigadier Leafe se remémora cette matinée fatale. Il dit au jury qu'il avait entendu Hurley s'écrier : « Oh merde ! Il m'a frappé ! » Leafe était allé ouvrir la porte d'une cellule. Quand il était revenu, Hurley se tenait au-dessus de Cameron Doomadgee, qui gisait au sol dans l'embrasure de la porte du poste. Hurley « essayait de le relever ». Doomadgee restait « étendu par terre », mollement. Les deux policiers avaient saisi Doomadgee chacun par un poignet, poursuivit Leafe, pour le traîner sur le dos jusqu'à la cellule.

Je me rappelai T. J. Yanner me racontant une soirée au Burketown Pub où un type du coin, soûl et agressif, avait essayé de frapper Chris Hurley, « de lui secouer les puces ». Selon T. J., Hurley « l'a attrapé par le revers de sa chemise et ensuite il lui a fait un croche-pied, et à ce moment-là, quand [le type] est tombé, il lui a mis le genou contre la gorge, il s'est assis sur sa poitrine, lui a mis le genou sur la gorge et il continuait à le tenir par la chemise, il l'a bloqué par terre avec son genou et il l'a maintenu jusqu'à ce que le type tombe dans les pommes. Ouais, et ça a pas pris plus de cinq ou dix secondes ». La déposition de Noel Cannon pour « faits similaires » lors de l'instruction avait laissé entendre que cet étranglement, cet usage du genou pour briser la résistance de ses prisonniers, pouvait être le *modus operandi* propre à Hurley.

Le brigadier Leafe, qui avait précédemment affirmé avoir laissé Hurley seul avec Cameron pendant dix secondes, revenait désormais sur cette assertion. C'était seulement une durée de six secondes.

Peter Davis envisageait de déclarer les policiers « témoins hostiles ». C'est seulement en suivant cette procédure qu'il serait en mesure de les soumettre à un contre-interrogatoire aussi musclé que celui de Steve Zillman pour les Aborigènes de Palm Island. Mais il estima que les incohérences de leur témoignage devaient se montrer plus flagrantes.

Leafe affirma que plus tard, le jour où Cameron était mort, il avait discuté du décès avec Hurley. Hurley lui avait dit « qu'il était tombé à côté de Cameron. Il a aussi… il m'a aussi dit qu'il s'était sali le genou ou le pantalon », voulant dire par là qu'il était tombé sur le sol. Après l'inculpation de Hurley, Leafe avait voulu déclarer sous serment par écrit qu'il s'était trompé, et que Hurley ne lui avait jamais dit qu'il avait atterri à côté de Cameron, mais cela n'aurait pas été recevable devant le tribunal.

Hurley risquait huit à dix ans de prison. Il était assis sur le bord de sa chaise dans le box, puis il se rappuya d'un coup contre le dossier. Il se tortillait et s'agitait. Cela semblait difficile de ne pas remuer ce corps. Toute cette chair et tous ces os, tout ce poids et toute cette force. Dans ce costume, son corps était un fardeau douloureux. Une telle corpulence a des bons et des mauvais côtés. Un hercule est un phénomène de foire. Les mains de Hurley reposaient à plat sur ses genoux, puis ses poings se serrèrent en un clin d'œil. Il frotta l'extrémité de ses doigts. Il s'essuya le nez, reniflant comme un boxeur, les narines dilatées. Le reniflement déclencha un tic facial qui lui tordit involontairement la joue droite, la joue tournée vers le jury, celle qu'avait frappée Cameron, celle qui portait chez ce dernier des traces de contusion.

Au troisième jour du procès, le jeune agent de police Kristopher Steadman fit sa déposition. Son pantalon remonté haut sur la taille, les pans de sa chemise faisaient un bourrelet à l'arrière. Il respirait profondément, et quand il inspirait il paraissait oppressé dans son uniforme. Sa casquette rigide était posée à l'envers devant lui. Steadman avait débarqué tout droit de l'École de police sur Palm Island le 18 novembre 2004, la veille de la mort. Interrogé à l'instruction pour savoir s'il avait reçu une formation à la culture locale, il déclara avoir entendu parler des barbelés entourant la caserne.

Le matin du 19 novembre, Steadman pointait au poste de police au moment où Hurley rentrait le fourgon. Il était entré dans le garage et attendait, sans qu'on le remarque, debout dans un coin sombre. « J'ai entendu le fourgon s'ouvrir et ce qui ressemblait à une mêlée. » Il avait vu les deux hommes se bagarrer en allant vers la porte. Chris Hurley marchait derrière le prisonnier, le tenant par les épaules. Et puis « il y en a un des deux qui a trébuché, ou peut-être tous les deux, et ils sont tombés en passant la porte… Ça a fait un gros bruit. Je les ai entendus cogner par terre ».

Steadman se trouvait à environ un mètre de l'entrée, mais il n'avait pas bougé. « Tout ce que je voyais après ça, c'étaient des pieds, deux paires de pieds. » Les pieds étaient juste à l'intérieur de la porte : une paire de bottes noires provenant du magasin de la police et une paire de pieds nus. « Les bottes noires étaient au-dessus des deux autres pieds. » Il ne voyait pas la position des corps. Hurley criait quelque chose à Doomadgee, et ces cris « avaient l'air furieux ». Quelques secondes plus tard, les bottes noires avaient disparu. Cinq secondes après, les pieds nus avaient disparu aussi.

C'était un tout autre monde que l'École de police. Le bleu avait attendu la fin des événements dans le garage. Quand il pénétra enfin à l'intérieur, Hurley était au bout du couloir avec Cameron, mais, poursuivit Steadman, « je n'ai pas regardé au bout du couloir ». Du coin de l'œil il avait vu « quelque chose », et « il y avait du bleu, alors ça devait être son uniforme ». Il ne vérifia pas pour voir si la bagarre continuait, si Hurley avait le dessus, ou s'il avait besoin d'aide. Steadman avait dit à la Commission des crimes et fautes disciplinaires : « J'ai pas pensé qu'il fallait que je me mêle de cette affaire-là. »

Hurley bâillait à présent, l'air renfrogné. Son col de chemise l'irritait. Il s'avança sur sa chaise, fusillant presque Steadman du regard et se raclant la gorge. Derrière lui était assise sa petite amie, avec qui il partageait une maison à Surfers Paradise. Elle était avec une copine. La copine avait un trou dans son collant noir, de longs cheveux noirs et brillants. Quand la copine tournait vivement la tête, sa crinière frôlait le visage du policier en civil assis derrière elle. Elles souriaient toutes les deux. Les deux femmes assises derrière Hurley mâchaient du chewing-gum.

L'agent Steadman était considéré comme le témoin le plus important de la défense parce que, selon eux, les deux paires de pieds prouvaient que Hurley avait atterri sur Doomadgee.

C'est alors que le juge Peter Dutney fit une remarque cruciale. Il se pencha en arrière dans son siège, d'un air désinvolte dans sa robe rouge, les mains croisées : « Je voudrais juste vous demander ceci, juste pour que les choses soient claires dans mon esprit, monsieur Steadman. Vous avez dit à Mr. Davis que Mr. Hurley tenait Mulrunji par l'épaule ? »

Kristopher Steadman : Oui.

Peter Dutney : Marchait-il en avant ou en arrière ?

Steadman : Il marchait en avant… ils regardaient devant eux.

Les avocats de Hurley se jetèrent un rapide coup d'œil. L'agent Steadman fronça les sourcils, mais son jeune front se plissa à peine. Lorsqu'il sortit, le président du syndicat le suivit. Je suivis moi aussi le mouvement. Steadman fut conduit dans une petite pièce où je vis que Wilkinson lui parlait, ainsi que son avocat qui faisait la grimace. Son témoignage avait soulevé une question délicate : si Cameron Doomadgee avait passé la porte en regardant devant lui, et que Hurley se trouvait derrière lui, comment le genou de Hurley aurait-il pu atterrir en plein dans l'abdomen de son prisonnier ?

L'accusé

Quand vint le vendredi, quatrième jour du procès, la salle d'audience était toujours divisée comme pour une noce ratée. À cran, les deux familles attendaient ce moment depuis près de trois ans. Et maintenant le temps s'était arrêté ; il s'incurvait, s'étirait, et les deux parties attendaient que s'écoulent les secondes.

Robert Mulholland avait passé la matinée à argumenter en faveur de l'abandon des charges. « Je vous en prie, Votre Honneur, à la lumière des témoignages, aucun jury, aucun jury raisonnable, correctement instruit, ne pourrait trouver Mr. Hurley coupable de l'un ou de l'autre chef d'accusation. » Mulholland avait en partie fait son numéro pour ses employeurs – le syndicat de la police – et, au fil de l'heure qu'il avait prise pour défendre son point de vue, il semblait avoir adopté leur ton menaçant. Peter Davis resta stoïque d'un bout à l'autre, secouant la tête. Le juge Dutney déclara pour finir : « Il doit bien y avoir eu un contact quelconque, sinon il serait toujours en vie. » Il ordonna que l'affaire était recevable.

L'accusation en restait là pour le moment. C'était au tour de la défense de citer ses témoins, et Mulholland fit une annonce choc : il appela Hurley à la barre.

L'onde de surprise qui parcourt l'audience dans les séries judiciaires parcourut cette salle d'audience-ci. Davis avait supposé que Hurley ne viendrait pas déposer : comment, au cours du contre-interrogatoire, expliquerait-il avoir d'emblée nié avec force qu'il était tombé sur Cameron ?

« D'un bout à l'autre, Mr. Hurley est resté silencieux, poursuivit Mulholland immobile, les bras le long du corps. Il n'a pas eu d'autre choix que de rester silencieux. Maintenant, enfin, l'occasion lui est offerte de donner sa version des faits. » L'avocat parlait comme un imprésario s'apprêtant à lever le rideau. Et c'était très théâtral. Hurley, l'attraction principale, était assis dans le box, les yeux fixés droit devant lui. Mulholland demanda aux jurés d'écouter la déposition du brigadier-chef Hurley en gardant « le cœur et l'esprit ouverts… Jaugez-le, nous vous y invitons, plaida-t-il presque tendrement, évaluez-le. »

Hurley se leva et s'avança à la barre des témoins. Il dominait l'huissier, une bible à la main, jurant de dire la vérité à « notre souveraine la reine d'Angleterre ». En s'asseyant, il agrippa le siège, les phalanges toutes blanches. Son front était noué en permanence, ses yeux profondément enfoncés dans ses orbites donnaient l'impression de n'avoir pas trouvé le sommeil facilement depuis un bon bout de temps, mais sa peau restait remarquablement lisse.

Maigre et rougeaud, Steve Zillman avait le timbre graillonnant d'un fumeur, mais il parla avec douceur à l'accusé : Vous vous appelez bien Christopher James Hurley ?

Hurley : Oui.

Zillman : Et vous êtes l'accusé dans ce procès ?

Hurley : C'est exact.

Il parla simplement, sans fioritures. Il fit une déposition sur le ton précis et dépassionné d'un policier faisant un rapport à un supérieur : « Exact. » « Oui, monsieur. »

La matinée du 19 novembre 2004 avait été « agitée », témoigna Hurley. Il s'était rendu à l'hôpital, où les trois sœurs Nugent étaient aux urgences car elles venaient de se faire tabasser. « L'une des trois sœurs devait être évacuée. Elle avait la mâchoire fracturée. » Les deux autres vinrent au poste pour les photos d'usage, mais Hurley jugea que l'étendue de leurs blessures serait plus visible le lendemain. Gladys demanda à se faire reconduire pour aller chercher ses médicaments. Il refusa parce qu'il avait du travail. Mais Gladys lui dit que Roy Bramwell risquait de la rosser à nouveau (il n'avait pas encore été arrêté), et Hurley finit donc par accepter. Il n'avait jamais vu Cameron Doomadgee avant ce matin-là dans Dee Street quand il l'entendit crier « espèces de salopards ».

Ses partisans se raidirent. Je sentais le courant d'indignation se propager dans toute la salle.

Hurley déclara qu'il s'était approché de Cameron en voiture pour lui demander : « C'est quoi ton problème avec la police ? »

Les policiers en civil dans la salle d'audience, dont certains étaient présents lors de l'émeute, dont certains étaient les amis de Hurley, furent émus d'entendre cela. L'insulte ne s'adressait pas seulement à Hurley, mais à eux tous. Ils le ressentaient, ils le savaient. Le menton du brigadier s'avança.

Pour sa défense, Caïn avait dit : « Je ne suis pas le gardien de mon frère. » Pendant des années, Hurley avait joué ce rôle du gardien, mais aujourd'hui il me sembla que c'était du chiqué. Son attitude laissait penser que, certes, Cameron était mort sous sa garde, mais que ce n'était pas sa responsabilité. Et ses véritables « frères » étaient là dans le tribunal, arborant leur bracelet bleu, et le prenaient, lui, sous leur garde. Ils comprenaient cet instant de son existence, ils l'avaient vécu.

Dans la description de ses efforts pour mettre Doomadgee dans le panier à salade, Hurley fut franc :

> Au début il ne voulait pas monter dedans, alors je l'ai attrapé par le bras gauche… grosso modo là, par le biceps. Et je l'ai forcé à faire le tour du véhicule jusqu'à l'arrière, en me servant du fourgon comme appui, en quelque sorte. Et la porte de la cellule était peut-être bien ouverte parce que je n'ai eu qu'à le mettre dans le fond de la cellule. Alors je m'y suis pris en me servant de ma hanche pour le pousser et lui, il s'est carrément assis dans le véhicule. Alors je lui ai dit : « Rentre là-dedans. » Rien à faire, il ne voulait pas rentrer dedans alors j'ai juste soulevé ses, je lui ai soulevé les jambes, la façon la plus rapide de le faire rentrer à l'intérieur du véhicule.

Hurley ne se trémoussait plus. Il était parfaitement calme désormais, et bizarrement neutre. Il décrivit ensuite l'arrivée au poste de police. Quand Cameron descendit de la cellule, il frappa Hurley « d'un crochet sur le côté du visage. Ça m'a pris par surprise, ça m'a fait un choc. Je crois que je n'avais jamais été agressé durant mes deux ans là-bas. »

Zillman : Et alors, qu'avez-vous donc fait ?

Hurley : Eh bien, comme je l'aurais fait n'importe où ailleurs, j'ai… j'ai attrapé sa chemise par le col ou le revers et je l'ai tiré brusquement vers moi… Je ne voulais pas qu'il ait une autre occasion de m'agresser.

Zillman : Et je voudrais savoir, de quelle force vous paraissait-il capable ?

Hurley : Il avait de la force, une force surprenante en fait pour un homme de sa corpulence.

Zillman : Est-ce qu'à un moment donné vous lui avez envoyé un direct, ou vous l'avez frappé, ou boxé ?

Hurley : Non, nullement.

La veille, la cour avait entendu une bande magnétique de l'interrogatoire de Hurley, qui avait eu lieu quelques heures après le décès de Doomadgee. Si Hurley avait eu des remords ou s'était trouvé sous le choc, il l'avait bien dissimulé. Il parlait d'une grosse voix pleine d'assurance, la voix de sa vie antérieure.

Dans cet interrogatoire, l'inspecteur-chef Joe Kitching disait : « Alors vous avez trébuché sur une marche, c'est bien ça ? »

Hurley : Sur la marche du seuil… il y a une marche là-bas.

Kitching : Comment vous avez atterri sur le sol ?

Hurley : Je suis tombé à sa gauche et lui était à ma droite.

Plus tard au cours de l'interrogatoire, l'ami de Hurley, l'inspecteur principal Darren Robinson, lui demanda : « Et vous n'êtes pas tombé sur lui ? »

Hurley : Non, j'ai atterri à côté de lui sur la, heu… comment on appelle ça ?… le, heu, le lino.

Après que les jurés eurent écouté la bande, ils regardèrent la reconstitution filmée à laquelle Hurley avait procédé le lendemain de la mort de Doomadgee.

Dans les vieux westerns, l'embrasure des portes était basse de façon que les héros aient l'air plus grands. C'est exactement l'effet produit dans cette vidéo : Hurley tel John Wayne dans une maison de poupée. Une fois encore il explique aux enquêteurs qu'il est tombé à gauche et Doomadgee à droite. Mais ce qui est remarquable dans cette vidéo, c'est qu'il n'y a pas de chute. Il y a la description approximative d'une chute mais aucune tentative de reconstitution de la chute en elle-même. La chose même que la reconstitution est censée expliquer est la seule et unique chose qu'elle ignore superbement, à savoir la façon dont Cameron Doomadgee a subi les blessures qui l'ont tué.

À la barre des témoins, Hurley aborde à présent la chute. Il dit que c'est « la zone la plus grise » de sa mémoire : « Je veux dire, quand je dis “grise”, c'est ni noire, ni blanche. »

Zillman : À quelle vitesse êtes-vous tombés ?

Hurley : En un clin d'œil.

Zillman : Très rapidement ?

Hurley : En un clin d'œil. On… on est tombés très vite au sol…

Zillman : Et vous savez qu'au cours de ces deux interrogatoires, vous avez pour l'essentiel déclaré être tombé à côté de lui.

Hurley : Oui, je le sais.

Zillman : Qu'avez-vous à dire à ce sujet ?

Hurley : Je dirais à ce sujet que si je ne connaissais pas les conclusions médicales qui sont apparues à la lumière des autopsies, si je… si je n'avais pas passé toute la semaine à écouter ce que les témoins ont dit, je serais ici aujourd'hui pour vous répéter que je suis tombé à côté de lui.

Zillman : Quelle confiance accordez-vous à ce souvenir tel que vous l'exprimez dans ces deux interrogatoires ?

Hurley : Eh bien, il n'est pas exact, de toute évidence. Il n'est pas exact.

Zillman : Que répondez-vous à la proposition selon laquelle après cette chute, vous avez d'une façon indéterminée exercé délibérément une pression ayant conduit aux lésions fatales infligées à Mr. Doomadgee ?

Hurley : Je réponds que c'est inexact. Je peux dire en étant sûr et honnête à cent pour cent que je n'ai pas fait une chose pareille.

Durant quarante minutes, un fil invisible relia Hurley à son avocat ; leur ping-pong avait un rythme, et ensemble ils laissaient entendre une musique qui disait *On sait à quoi ressemble le monde réel*. Quelques-unes des phrases que Hurley reprenait avaient un tout petit peu l'air répétées d'avance, mais s'il mentait, c'était un menteur hors pair. Il semblait grave. Il semblait sincère. Il aurait vraiment pu être une idole vieillissante du grand écran, venir d'une époque où les hommes avaient du cran sans avoir besoin d'aller au club de gym pour l'acquérir. Un personnage d'avant le droit de vote aborigène, d'avant les droits territoriaux des Aborigènes, d'avant la Réconciliation.

Après avoir découvert Cameron refroidi dans sa cellule, poursuivit Hurley, les autres policiers et lui « lançaient juste des hypothèses sur les raisons de sa mort ». Un problème cardiaque, un étouffement par ses propres expectorations, une rupture d'anévrisme, un empoisonnement alimentaire… c'étaient là certaines des « hypothèses » qu'ils avaient « lancées ». Lloyd

Bengaroo avait pleuré. Hurley déclara à la cour que lui aussi s'était montré « émotif » au cours des deux premiers interrogatoires. « Je me sentais très perturbé par tout ça, voilà. Je savais qu'il vivait avec quelqu'un parce qu'elle était venue au poste de police et elle avait ce petit gars avec elle à l'époque, et c'est ça qui me perturbait. » Et aussi, ils avaient le même âge, trente-six ans : cette coïncidence le mettait mal à l'aise.

« On a pu voir à plusieurs reprises que vous êtes un homme corpulent, dit Steve Zillman, et il demanda ses mensurations à Hurley.

— Deux mètres et cent quinze kilos », répondit Hurley. Ses mains étaient de grandes mains, son genou un gros genou.

Même si Peter Davis ne s'était pas attendu à ce que Hurley fasse une déposition, il n'en avait pas moins préparé un contre-interrogatoire au cas où. Debout les bras croisés, Davis se balançait d'avant en arrière, s'appuyant sur la table, s'inclinant vers l'accusé.

Ce serait la grande épreuve pour Hurley. Il était assis jambes écartées. Il affrontait la force de Davis avec force, son agressivité avec agressivité. Tu me boxes, je te boxe.

Davis : Voyez-vous, ce qui est arrivé – c'est la suggestion que je vous fais –, c'est que vous lui avez fait un knee-drop comme au catch, pour essayer de lui couper le souffle. C'est ce que vous avez fait, n'est-ce pas ?

Hurley : Non, pas du tout.

Davis : Essayer de le maîtriser ?

Hurley : Non.

Davis : Et en le faisant, ne connaissant pas votre force, vous l'avez tué ?

Hurley : Non, je ne l'ai pas tué.

Davis : Et ensuite vous vous êtes dit plus tard : « Oh, il est probablement mort d'une crise cardiaque ou quelque chose. Pourquoi est-ce que je devrais avouer que je lui ai sauté dessus, genou en avant ? » C'est ce qui s'est passé, n'est-ce pas ?

Hurley : Pas du tout. Vous l'avez dit vous-même, monsieur, cent quinze kilos… si je faisais un knee-drop à un homme et qu'il mourait dans l'heure suivante, les enquêteurs arrivent trois heures plus tard, ils me donnent une chance au cours du premier interrogatoire. La deuxième fois ils me disent : « Vous n'êtes pas tombé sur lui ? » Et alors moi : « Oh, ouais, ouais ça se pourrait bien. Oh oui, c'est ça, ouais, j'aurais pu… »

Davis : Oh, est-ce que… ?

Hurley : J'aurais pu tomber sur lui, vous voyez ?

Davis : Oh, c'est le mensonge que vous raconteriez, c'est bien ça ?

Hurley : Eh bien, c'est ce que j'aurais pu leur raconter.

Davis : Est-ce là le mensonge que vous raconteriez ?

Hurley : C'est ce que j'aurais pu raconter si j'avais fait ce knee-drop… que selon vous j'ai fait.

Davis : Je vois. Donc si vous aviez… ?

Hurley : J'aurais facilement pu me soustraire à ce scénario.

Davis : Oh, je vois. Je vois. Donc vous êtes à présent dans un état d'esprit où la façon dont vous pensez, la façon dont vous dites les choses à ce jury c'est que, si vous aviez agi de la sorte, vous auriez menti pour vous en sortir, c'est bien cela ?

Hurley : Non, ce que je dis c'est que si j'avais été le genre de personne qui aurait agi de la sorte, j'aurais pu faire suivre ça par un mensonge pour m'en sortir, pour couvrir mes arrières, peu importe le terme.

De fait, Hurley était en train de dire : « Si je l'avais agressé, j'aurais pu – et même fort bien pu – mentir, et dire que j'étais tombé sur lui. Mais comme je n'ai pas menti, je ne l'ai pas agressé. » Mais quand il avait raconté son histoire la première fois, il n'avait eu aucune raison de raconter pareil mensonge : il ne savait pas encore comment Cameron était mort, et n'avait aucune raison de concocter l'excuse selon laquelle il était tombé sur lui pour expliquer les blessures. Ses amis l'avaient blanchi en d'autres occasions auparavant. Si Hurley avait été « le genre de personne qui aurait agi de la sorte », il pouvait aussi être le genre à savoir qu'il s'en sortirait… sauf si s'ensuivait la mort de Cameron.

Peter Davis reprit : Êtes-vous prêt à déclarer sous serment devant ce jury que vous n'éprouviez pas le moindre soupçon de colère après avoir mordu la poussière dans le poste de police, après être tombé dans votre propre commissariat ?

Hurley commença à sortir de ses gonds : Tout dépend ce que vous entendez par colère. J'étais pas content. J'étais pas content de me retrouver par terre, mais j'étais pas en colère.

Davis : Il avait résisté, pas vrai ?

Hurley : Et alors ? Ça arrive plein de fois dans la rue.

Davis : Alors ça ne vous a pas mis en colère ?

Hurley : Non.

Davis : Et un coup de poing dans la figure, alors ? Est-ce que ça, ça vous a mis en colère ?

Hurley : Non, non pas du tout.
Davis : Pas du tout ?
Hurley : Ça m'a surpris.
Davis : Êtes-vous en train de dire qu'un adulte qui vous cogne au visage, ça n'a pas déclenché d'émotion ni de colère du tout ?
Hurley : C'était pas cogner. C'était juste un crochet d'un type qui avait bu un coup de trop, c'est tout.

Il y eut une brève interruption de séance et le jury quitta la salle. Hurley, livide, quitta la barre pour retourner dans le box. Les yeux étrécis, il s'assit en les gardant fixés sur ses mains. Enfermé dans le box, il avait l'air mal fichu, comme si un poison le rongeait. Je voyais presque la rage amère qui s'agitait sous son crâne.

Je repensai aux peintures rupestres que j'étais allée voir à grand-peine près de Laura, montrant le policier grand de deux mètres qui se faisait mordre le pied par un serpent gigantesque, peut-être le Serpent Arc-en-ciel, totem de la grand-mère des Doomadgee. Hurley avait raconté son histoire comme un homme sucerait le venin d'une morsure. Sa vie était en jeu. Et c'était le seul remède.

Comparé à son indignation, le remords de Hurley avait quelque chose de plus subtil. Peut-être passait-on là du clair à l'obscur, du public au privé. Peut-être pas. L'un des membres du syndicat de la police m'avait dit que Hurley se sentait trahi par la communauté aborigène. Durant toutes ces années, il avait pris soin des femmes et des enfants, apporté l'ordre là où régnait le chaos… et il s'étaient tous retournés contre lui. Je me demandai ce qu'il pensait aujourd'hui de la Réconciliation.

J'avais adressé un certain nombre de lettres à Chris Hurley par le biais de son notaire, souhaitant lui parler, mais je n'avais jamais reçu de réponse. Il était assis là et j'avais envie de lui demander :

Est-ce qu'il vous arrive de rêver que vous tombez ?

Est-ce qu'il vous arrive de rêver de Cameron Doomadgee ?

Que pensez-vous des endroits où vous avez autrefois choisi de vivre, où le bien et le mal sont indistincts et où vous croyiez être le bien ?

Croyez-vous toujours que vous l'étiez ?

Et puis il restait une dernière question : *Comment puis-je vous convaincre de me parler ?*

Et là, sans que je sache pourquoi, Hurley porta son regard sur moi. Il n'était qu'à quelques mètres mais son front était si noué, son regard noir si noir, que je ne voyais pas ses yeux. La rage qui les hantait les avait en partie oblitérés, les enfonçait encore plus profond dans ses orbites, si bien qu'il me fallut plusieurs secondes pour comprendre que c'était moi qu'ils fixaient. Je ne sais pas s'il savait qui j'étais ; je soupçonne que oui. Esquissant un pauvre sourire, je me détournai, sentant mon sang battre à mes tempes. Je n'eus pas le courage de lui rendre son regard. Voilà un homme qui essayait de sauver sa peau et qui semblait me dire : *Comment osez-vous me juger ?*

L'audience reprit et Peter Davis repassa la vidéo de la reconstitution. Les membres du jury tenaient la transcription à la main comme le script d'une pièce de théâtre. Hurley faisait face à l'écran et se regardait sur Palm Island. Il rajusta sa veste. Penché en avant, Davis fit refaire à l'accusé tout le parcours de la reconstitution image après image, lui demandant d'expliquer les détails qu'il avait pu donner aux enquêteurs, puisque sa mémoire était défectueuse. Mais Davis ne parvenait pas à relancer la machine. Il semblait exaspéré par l'histoire peu vraisemblable que lui servait Hurley. Et pourtant ce dernier avait l'air de plus en plus à l'aise.

Davis : Nous sommes dans la « zone grise », là, n'est-ce pas ?

Hurley : Oui.

Davis demanda pourquoi, puisqu'elle était si grise, Hurley avait-il réussi à « indiquer précisément aux enquêteurs la façon dont vous teniez Mr. Doomadgee, l'endroit où il se tenait, sa façon de s'accroupir ». Davis repassa la séquence où Hurley disait : « Non, plus bas, chef. » Il l'arrêta au moment où Hurley et « Doomadgee » (l'inspecteur Webber) passaient l'embrasure de la porte. Dans la vidéo, Hurley disait qu'il était tombé à gauche et Doomadgee à droite.

Davis : Cent kilos et quelque pour vous, soixante-dix et quelque pour Mr. Doomadgee, et vous atterrissez lourdement sur le sol du poste de police au même instant.

Hurley : Oui, manifestement.

Davis : Et vous le manquez [en tombant] ?

Hurley : Oui, manifestement.

Davis : Et c'est tout, toute votre affaire se résume à ça ?

Hurley : Oui, c'est tout.

Le corps du brigadier-chef avait frappé avec la force d'une voiture qui percute un obstacle, la force d'un avion qui s'écrase au sol. Peter Callaghan, l'avocat de la famille Doomadgee à l'instruction, avait toujours dit : « Doomadgee ne s'est pas fait cette contusion oculaire tout seul », et il semblait peu probable que son hématome « ait été causé dans la même bagarre que celle ayant endommagé le foie ». Mais Davis, concentré sur la blessure fatale, avait choisi de ne pas accorder d'importance à la contusion, estimant cette stratégie risquée en l'absence de preuve médico-légale. Certains observateurs au procès pensaient que Davis était en position de faiblesse, ils regrettaient de n'être pas ceux qui s'étaient assuré les services de cette panthère de Steve Zillman.

Davis : Vous ne pouvez pas nous éclairer en nous expliquant de quelle façon ou avec quelle partie de votre corps vous avez heurté Mr. Doomadgee ?

Hurley : Non, je ne sais pas quelle partie. Tout ce que je peux dire à cent pour cent c'est que je n'ai pas délibérément fait usage de la force contre Mr. Doomadgee.

On était vendredi après-midi. Cela faisait plus de deux heures que Hurley subissait interrogatoire et contre-interrogatoire. Mais il était semblable à un des grands esprits non seulement par la taille, mais par sa façon d'échapper à toute prise. Il trouvait apparemment le moyen de se cacher dans les fissures du système juridique. La loi avait la prétention de pouvoir le coincer, le réduire à la taille voulue. Chaque séance entendait être le lieu où la vérité se dévoilerait, où les ombres se dissiperaient, où l'éclatante lumière de la justice triompherait. Et pourtant lorsque Hurley quitta la barre des témoins, ses partisans s'avancèrent pour le féliciter. Il serra des mains et reçut des tapes dans le dos. Il s'en était bien sorti.

Hurley était le seul témoin cité par la défense. Toutes les dépositions avaient été enregistrées, et le lundi la défense et l'accusation feraient leur récapitulation. Je cherchai du regard la famille de Cameron, sans les trouver. Tracy avait mal supporté l'exposé des médecins et n'était pas revenue. Elizabeth était restée dans son coin, assise à l'écart même de ses sœurs. Elle non plus n'était pas en grande forme ; sa noble attitude battait de l'aile. Je l'avais vue plus tôt dans la journée serrant un mouchoir à la main. Ces trois dernières années avaient été trop dures. Le bouton de son col défait, on voyait une série de coussinets en plastique rose sur son torse : son cœur était sous contrôle médical.

Lors de ma dernière visite à Palm Island trois semaines plus tôt, le jardin d'Elizabeth était une jungle pleine de mauvaises herbes hautes de un mètre. Certaines boutures avaient pris, mais la plupart non. Dans la véranda, elle compulsait un catalogue de pépiniériste prêté par une voisine, regardant des photos de lys et de roses aux pétales parfaits. Elle me montrait les lys rouge et jaune vif qu'elle aimait, puis tournait la page. Le silence régnait dans la maison. Dix jours auparavant, tous ses enfants adoptifs lui avaient été retirés. On les avait placés en foyer sur le continent.

Ce qui s'était passé n'était pas clair. Les services de protection de l'enfance du Queensland étaient venus et les avaient emmenés soit avant, soit après qu'elle avait « frappé » à l'aide d'une machette le pare-brise de la voiture des services sociaux. La machette, me raconta-t-elle, était émoussée de toute façon. Elle se rendait à l'atelier de l'île pour faire aiguiser la lame moyennant 5 dollars, afin de pouvoir faucher les herbes folles de son jardin. Elizabeth s'était excusée auprès des assistantes sociales, qui avaient accepté ses excuses, mais les services lui avaient quand même retiré les enfants. Quand je lui demandai plus de précisions, un voile s'installa. Je compris que l'histoire était plus compliquée que cela, et aussi qu'Elizabeth était trop fière pour me raconter ce qui s'était réellement produit.

J'avais l'impression qu'elle tournait comme une toupie. La première fois que nous nous étions rencontrées, elle faisait preuve d'un grand calme, d'un sang-froid que je savais être une façade – mais une façade si solide –, dissimulant une personnalité vive, brûlante, sous haute tension. Aujourd'hui, ils lui avaient retiré ce qu'elle aimait, les enfants… mais à quoi bon les élever pour qu'ils meurent si jeunes ? Je me demandai si ces pensées étaient aussi les siennes, pas seulement les miennes.

La grâce du ciel

Ce week-end-là sur Palm Island se tenait une réunion de l'internat. J'avais pensé faire la traversée pour m'y rendre mais il était impossible de trouver une chambre. Des centaines de gens qu'on avait retirés à leur famille dans l'enfance et expédiés sur l'île venaient de toute l'Australie pour revoir les hommes et les femmes avec qui ils avaient grandi. La plupart des anciens bâtiments, traces physiques de l'histoire des internats, avaient été rasés. Mais ce vendredi après-midi, le ferry en partance pour l'île était rempli d'oncles et de tantes qui chantaient des cantiques de la mission tandis que le bateau traversait une tempête.

Je me remémorai une soirée chaude et humide à Doomadgee : j'étais allée à la salle commune où les femmes tenaient une réunion de prière hebdomadaire. Elizabeth y était, parmi des femmes dont la plupart avaient entre cinquante et soixante-dix ans. Des bambins (leurs petits-enfants) circulaient partout, curieux des plantes en pot, du vieux piano, des rangées de chaises rouge foncé, et d'un cabinet plein de bibles qui renfermait également quelques livres pour enfants. Une petite de six ans s'approcha de moi. Les yeux vifs et observateurs, elle avait à la bouche une sucette rose fluo comme son T-shirt et me tendit sans un mot deux livres qu'elle voulait que je lui lise. L'un s'intitulait *Formes et couleurs*. L'autre, datant du début des années 1970, passé et fripé, avait pour titre *Mieux connaître la police*. Elle avait choisi les ouvrages de base.

Sur les images, les policiers étaient tous blancs, sans exception. Ils exécutaient des sauts carpés en short et T-shirt moulants. Tandis que les vieilles femmes feuilletaient leurs bibles, je commençai à faire la lecture à la petite fille :

> Stephen et Jane attendaient d'apercevoir le défilé, et c'est alors qu'ils virent des chevaux remonter la rue d'un pas fier. Papa s'écria : « Regardez, les enfants ! Le défilé commence. Voilà la police montée ! »
>
> Stephen regarda les chevaux et leurs cavaliers en uniforme, puis il dit : « Moi je trouve que ça doit être amusant de faire un défilé, je crois que je serai policier quand je serai grand. »

Et Chris Hurley, qu'avait-il rêvé d'être ? Et Cameron Doomadgee ? La farce amère de la Réconciliation en Australie, c'était de faire comme si la vie de ces deux hommes pouvait peser le même poids. À l'époque où Hurley s'entraînait au rugby à l'école des Frères chrétiens, Doomadgee était dans un centre de détention pour jeunes. Quand Hurley mettait sur pied un club sportif pour les gamins de l'île Thursday, Cameron avait un enfant et une séparation sur les bras. À l'âge de trente-six ans, Hurley avait selon toute vraisemblance plus de la moitié de sa vie devant lui, là où Cameron disposait d'environ dix ans. À mesure que Hurley progressait sur le chemin de sa carrière, l'autre homme était comme son ombre. La date de leur rencontre le rattrapait. Hurley : les *hurlements* de la fureur ; Doomadgee : les *dommages* du destin.

> « Comment as-tu su que c'était un officier de police, Jane ? lui demanda Papa.
> — Il portait un uniforme », répondit Jane.

Dans la salle, les femmes prirent leur livre de cantiques et entonnèrent : *Oh ! quelle merveille que Jésus montre de l'amour pour moi. Je suis heureux que Jésus montre de l'amour pour moi... Oui, c'est l'amour qui L'a fait mourir sur cet arbre... Jésus est amour pour moi aussi.* Sans piano, leurs voix sonnaient fluettes, plates et sans apprêt : affreuses et belles à la fois. Le silence suivit la dernière note. Personne ne disait mot, comme si les souvenirs leur réchauffaient le cœur.

Ces femmes avaient grandi à l'internat de Doomadgee. Aujourd'hui elles portaient toutes les mêmes robes de coton très simples : manches courtes, quelques boutons sur le haut, la taille ample, fripées au bout de tant de lessives. Je les avais vues sécher sur les cordes à linge, leurs couleurs vives aujourd'hui délavées, alignées comme autant d'uniformes. À l'internat, elles portaient des robes en toile à sac, et après la guerre, des uniformes en laine donnés à la mission par l'armée. La mère d'Elizabeth et de Cameron avait fait partie de ces femmes. Certaines de celles présentes dans la salle ce soir-là étaient ses cousines, d'autres les cousines de son mari Arthur Doomadgee.

Elle déborde, elle déborde, ma coupe est pleine et elle déborde. Les femmes mimaient « coupe » et « déborde ». *Depuis que le Seigneur m'a sauvée, je suis si heureuse, ma coupe est pleine et elle déborde.*

Pendant que la mère de Hurley allait à l'école et rêvait de devenir infirmière, celle de Cameron se trouvait en un lieu où, selon un fonctionnaire du gouvernement, la vie n'était « pas différenciable de l'esclavage », où les filles se faisaient laver la bouche au savon si elles parlaient leur langue tribale. Si elles se bagarraient, on ne leur donnait pas à manger. Si une des filles avait un amoureux, elles étaient toutes punies : « Nous assommer toutes à coup de bible sur la tête, mon chou, c'est pas bien », m'avait dit tante Betty. On les battait, et à certaines on tondait le crâne.

Ceux qui essayaient de s'enfuir recevaient des coups de fouet. Doreen Cockatoo se rappelait les missionnaires enfermant un jeune garçon qui avait tenté de fuir « en prison avec une chaîne au pied ». On avait emmené tous les gosses le voir, pour les dissuader.

En 1997, le « Rapport de l'enquête nationale sur la séparation familiale des enfants aborigènes et insulaires du détroit de Torres » fut remis au parlement australien. Connu sous le nom de « Retour à la maison : rapport sur les "enfants volés" », ce document avait secoué la conscience de la nation. Des leaders politiques pleuraient en public en essayant de raconter les histoires qu'on y trouvait, des histoires de parents noirs qui emmenaient leur enfant malade à l'hôpital pour ensuite découvrir qu'il avait été adopté par une famille blanche, des histoires de pères et de mères morts de chagrin. Le rapport concluait que de nombreux enfants autochtones enlevés à leurs parents atteignaient l'âge adulte en ayant traversé « un cycle de préjudices dont il est difficile de se sortir ». Ils n'avaient souvent reçu que des rudiments d'éducation, souffraient d'un sentiment d'infériorité profondément ancré, éprouvaient une apathie généralisée et des difficultés à établir des relations ainsi qu'à élever leurs propres enfants. Ils étaient en mauvaise santé, plus susceptibles de se retrouver en prison et de souffrir de dépression, de violences, et de toxicomanie. Leur risque de mourir jeune était accru.

À la réunion de prière de Doomadgee, une voix s'éleva : « Numéro cent soixante-douze. »

« Numéro cent soixante-douze », répétèrent les femmes en chœur, et l'instant d'après elles commencèrent à chanter, d'une voix si ténue que je distinguais à peine les paroles. Puis d'autres voix se joignirent et le chant prit son essor : *Mon sauveur est merveilleux. Il sera mon gardien à jamais. Ensemble nous serons heureux, mon sauveur et moi !* Ces cantiques avaient tous un air vaguement romantique, évanescent, peut-être parce que jadis, quand passé l'âge de quinze ou seize ans les garçons allaient travailler dans les ranchs, toutes ces jeunes filles restaient enfermées et n'avaient pas le droit de se marier avant vingt et un ans. Chanter des cantiques étant leur seule distraction, elles les entonnaient à l'époque comme encore aujourd'hui à l'adresse de l'homme qui les aimait : Jésus le sauveur, le soupirant et le Père… de ces filles volées ou livrées. Aujourd'hui elles étaient toutes réunies à nouveau, sœurs et rivales, et tous les hommes avaient depuis longtemps disparu.

Ce week-end-là, tandis que j'attendais la reprise du procès, partout où j'allais je vis des piles du *Townsville*

Bulletin montrant le visage maussade et stoïque de Hurley. En première page de l'*Australian*, on le voyait entrer au tribunal flanqué de deux officiels du syndicat de la police en costume et cravate assortis. Il serrait les poings ; les traits sans expression, il était dur, comme revêtu d'une armure. Ce n'était pourtant pas Hurley qui faisait la une du jour, mais un article intitulé « Enfants violés : la honte de la nation ». Un rapport financé par le gouvernement et intitulé « Les jeunes enfants sont sacrés » venait d'être remis la veille, faisant état de sévices sexuels à grande échelle sur des enfants aborigènes dans le Territoire du Nord. L'introduction du rapport disait :

> H.G. est né en 1960 dans une communauté reculée près de Barkly. En 1972, il a été par deux fois sodomisé par un Aborigène. Il ne l'a pas dit à cause de la honte et de la gêne. Il n'en a parlé à personne jusqu'en 2006 alors qu'il réclamait sa libération de prison où il avait passé de nombreuses années comme dangereux délinquant sexuel. En 1980 puis 1990, il avait tenté d'avoir des relations sexuelles avec des petites filles. En 1993, il a sodomisé une fillette de dix ans, et en 1997, un garçon de huit ans (Z.H.). En 2004, Z.H. a sodomisé un garçonnet de cinq ans dans la même communauté. Ce petit garçon s'est plaint : « Z.H. m'a sauté. » Qui garantira que dans les années à venir ce garçonnet ne deviendra pas à son tour un délinquant sexuel ?

Tout en lisant ces horreurs tandis que j'attendais dans ma chambre d'hôtel la reprise du procès, je me demandais à quoi pouvait bien servir de rendre justice à ce pauvre Cameron Doomadgee. La guerre opposant la police aux Aborigènes d'Australie est un champ de bataille trompeur. Les projecteurs braqués sur Hurley et Doomadgee enlacés dans un combat à mort laissaient dans l'ombre le gigantesque carnage se poursuivant partout ailleurs. Le rapport « Les jeunes enfants sont sacrés » décrivait l'Australie après la Chute. Il me semblait que se concentrer sur un homme blanc tuant un homme noir ramenait la nation à son péché originel, comme si l'expiation de ce crime pourrait assécher les rivières de mauvais alcool et les marées de violence qui noyaient la vie dans ces communautés. Si nous parvenions à nous absoudre de ce premier péché, nous pourrions peut-être faire comme si les péchés ultérieurs – ceux qui détruisaient aujourd'hui toute une génération – étaient commis dans un royaume inaccessible à notre responsabilité.

En janvier 2007, dans la communauté aborigène de Yarrabah, juste au sud de Cairns, un bébé de quatorze mois avait été violé et assassiné : la mère et le meurtrier étaient tous deux originaires de Palm Island. Qui sait ce qui leur était arrivé, à eux ?

Une femme de Palm Island, Deniece Geia, m'a raconté que beaucoup de mères ne savent même pas comment dire « je t'aime » à leurs enfants, parce qu'à elles on ne l'a jamais dit. Il existe des raisons à la faillite sociale absolue, et l'une d'entre elles doit être que des gens ont été arrachés de force à leurs parents, qui furent eux-mêmes enlevés à leurs parents, qui avaient été enlevés aux leurs.

Dans la salle de Doomadgee, c'est lorsque les femmes entonnèrent *La Grâce du ciel* que j'eus le souffle coupé. Les Indiens Cherokee chantaient leur propre version de ce cantique quand, expulsés de leurs territoires, ils prirent le Sentier des Larmes. *À travers les périls et les pièges de la vie*[1].

De l'autre côté de la rue, une ambulance était garée devant l'hôpital Yella Gundgimara Doomadgee, baptisé en l'honneur de Lizzy Daylight. Déposait-elle un enfant du peuple de la rivière, l'un des fils ou des petits-fils d'une de ces femmes ? *La terre bientôt fondra comme neige, le soleil s'abstiendra de briller*. Chaque fausse note sonnait juste. Ces femmes qui avaient travaillé à la ferme pour pas un sou, qui avaient vécu privées de tous les droits, qui avaient entendu leurs parents et grands-parents leur raconter comment ils avaient survécu au Temps de la Fureur, ces femmes chantaient aujourd'hui la grâce. C'était trop dur. Leur propre grâce résignée, voilà tout ce qui les séparait du chaos. Et c'était trop dur.

Dehors, le ciel nocturne débordait d'étoiles au-dessus du golfe, l'obscurité vibrait. En 1850, on parlait jusqu'à cent langues aborigènes différentes dans le seul Queensland ; aujourd'hui, sur l'ensemble du territoire, moins de vingt langues se portent bien. L'une des grandes tragédies de l'Australie, c'est que la plupart des cycles de chants parlant des étoiles se sont perdus depuis l'arrivée des Européens. Ces chants renfermaient des connaissances sur le Temps du Rêve, sur les grandes œuvres et les épopées des héros ancestraux, et donc sur le Rêve de l'Étoile Filante, le Rêve du Dingo, le Rêve du Cacatoès Noir, le Rêve

1. Ce cantique, écrit par John Newton autour de 1760 pour se repentir des esclaves qu'il avait marchandés, est l'un des chants protestants les plus populaires du monde anglo-américain.

du Renard Volant, le Rêve du Vent, le Rêve de la Grêle, le Rêve du Brouillard, le Rêve du Sac de Sucre (miel sauvage), et les Rêves du Requin, du Dugong, du Pou, de la Lune, du Nénuphar, du Barramundi, de la Vague, du Moustique, du Kangourou… et tant d'autres encore. Des pistes de chant et des cycles de chants rituels d'une complexité phénoménale. Il y avait des chants pour rendre les gens meilleurs, des chants pour les rendre malades, des chants pour les bébés afin d'en faire « des gars bien, des gars forts », des chants pour que les corbeaux viennent manger les reliefs après la levée du camp, des chants parlant d'amour non partagé, des chants pour séduire par magie, des chants d'obscénité, des chants parlant de batailles, des chants pour le pays, des chants de chasse, des chants pour les morts, des chants de deuil, des chants pour délivrer les veuves, des chants pour faire changer le temps, des chants pour vous faire aller d'un endroit à l'autre « toujours plus vite »… des chants épiques aux vers par centaines qui prenaient toute la nuit à chanter.

Plus tard, une des femmes de Palm Island me parla des derniers instants de la réunion des anciens pensionnaires de l'internat. Quand vint le moment de partir, le ferry commença à s'éloigner du quai et à bord les femmes se mirent à chanter d'anciens chants de la mission. Celles restées sur la jetée – leurs cousines, leurs amies – chantèrent en réponse. Elles ne s'étaient pas vues pendant trente ou quarante ans. Sans doute ne se reverraient-elles jamais. Elles continuèrent à chanter jusqu'à ce que le bateau ait disparu, et tout le monde sanglotait.

Le verdict

Le lundi 18 juin au matin, il pleuvait. Une troupe de reporters et de caméramans faisait la queue à la porte donnant sur l'arrière du palais de justice de Townsville. Le porte-parole du syndicat de la police auprès des médias, Ross Musgrove, ne voulait pas que Hurley grimpe les marches glissantes de l'entrée principale. Costume gris clair trop ample pour lui, chaussures vernies et chemise à rayures, Musgrove avait tout d'un larbin à la mode des années 1920 parlant dans un portable : « OK, mon pote. » Tout en raccrochant, il leva un doigt en l'air comme ferait un metteur en scène. « Une minute ! »

Peu après, une voiture blanche aux vitres teintées se rangea. Deux hommes du syndicat descendirent de l'arrière, Hurley de l'avant. Tous trois se dirigèrent en file indienne vers le palais de justice, Hurley au milieu. En s'approchant de la meute, Hurley prit une milliseconde pour s'arc-bouter et se raidir. Il regardait droit devant et essayait de ne pas ciller sous la pluie les flashs. Leurs éclairs sur sa peau livide révélaient les mêmes traits héroïques, le même regard impassible. Une journaliste blonde blagua en disant à l'une de ses collègues qu'elle allait lancer sa petite culotte à la tête du brigadier-chef.

Dans la salle d'audience, le reporter du *Townsville Bulletin*, un rouquin moustachu, me montra la page deux de son journal :

Une inscription raciste effraie les automobilistes

> La police mène l'enquête sur un message ayant fait hier son apparition à l'enseigne d'un magasin sur Abbott Street, à Oonoonba. Les mots « Je hais les nègres » avaient été composés sur l'enseigne à lettres mobiles. Ils ont été retirés depuis. La boutique de surplus militaires et matériel de camping où a été vu ce message était fermée hier, et les propriétaires n'ont pas souhaité faire de commentaires.

Le reporter me confia que le syndicat de la police et les avocats de Hurley avaient appelé le journal pour lui demander de retirer l'entrefilet ou le retarder. À leur requête, on l'avait raccourci et imprimé sans la photo de l'enseigne. On débattait pour savoir si ce magasin ne vendait pas en réalité des armes.

Tracy Twaddle était revenue assister à l'audience et se tenait la tête entre les mains sur le banc du fond. La compagne de Hurley était au premier rang dans une position presque identique, mais elle était coquette, tirée à quatre épingles, maquillée, parée de bijoux. Tracy avait l'air épuisée, brisée, dans une vieille chemise délavée par-dessus une robe en coton et (malgré la pluie) des tongs. Elle avait passé le week-end chez elle, malade. Elle ne mangeait plus, ne dormait plus. Tracy n'avait jamais cru qu'il arriverait quoi que ce soit à Hurley et ce n'était pas maintenant qu'elle allait commencer à y croire.

Elle était assise à côté de sa mère, Mary. Frêle et voûtée, les cheveux blancs, Mary approchait les quatre-vingts ans, elle portait d'épaisses chaussettes de randonnée en laine et des claquettes aux semelles complètement usées. Enfant, elle avait été déplacée avec sa famille depuis le plateau d'Atherton, dans les terres près de Cairns, et expédiée à Palm Island, où Mary avait grandi à l'internat.

Elizabeth, Valmae, Jane et Claudelle avaient pris place dans la galerie ; le frère de Hurley était au rez-de-chaussée. Les deux familles savaient ce que voulait dire être malade à force d'attendre. Elles avaient au moins cela en commun, mais l'attente touchait à sa fin.

La mère de Hurley était affalée sur son siège, comme si elle se sentait observée. Elle avait des poches sous les yeux, sa bouche pendait tristement. J'avais remarqué qu'elle avait baissé les yeux dans une grimace douloureuse en entendant détailler comment son fils, la chair de sa chair, avait causé la mort d'un homme du même âge que lui, en exerçant sa force accidentellement ou délibérément. On la disait absolument persuadée de l'innocence de son fils.

Le frère aîné de l'accusé, le brigadier-chef Tony Hurley, en était également convaincu, lui qui cinq semaines après le procès publierait un article dans le *Bulletin du syndicat de la police* décrivant les médias comme « une bande de satyres à la langue et au pied fourchus qui, armés de stylos venimeux », se livraient à « des exhibitions caustiques » révélant leur « mentalité de lyncheurs ». Il semblait partager la rage de son frère : « Déjà âgés, écrivait-il, mes parents n'ont gardé leur santé mentale que grâce à la prière et au soutien indéfectible de la famille, des amis et des inconnus qui les ont encouragés. »

Robert Mulholland commença sa récapitulation. « Quelle impression vous a-t-il fait ? » demanda-t-il au jury.

Hurley eut un mouvement sur sa chaise, l'air contrarié.

« Si vous suivez notre thèse, vous n'hésiterez pas à accepter que Mr. Hurley vous a dit la vérité. Si vous acceptez cela, c'est la fin de cette affaire. » Ôtant ses lunettes, Mulholland regarda le jury ; puis, les remettant en place, il se pencha en avant. Les arguments de l'accusation, déclara-t-il, étaient « insensés », « superficiels », « injustes », « ridicules », « désespérés », « absurdes » ; ils supposaient « une conception cynique de la police », ils étaient pleins d'« attaques mesquines et dérisoires contre Mr. Hurley, d'un acharnement à vouloir le coincer… *le coincer !* En dépit des faits ! » Les lunettes de Mulholland, qu'il tenait à présent à la main, montaient et descendaient en l'air comme le marteau d'un juge. Il se tenait face au jury, outré en lieu et place de Hurley.

Mains sur les hanches, il inventa un exemple afin de montrer pourquoi on ne devrait jamais être trop prompt à juger :

> [L]e mari et la femme ne s'entendent plus. Supposons qu'ils aillent nager ensemble sur une plage isolée et imaginons alors la tragédie : l'un d'eux se noie. On peut penser que celui ou celle qui aura survécu aura eu l'occasion de provoquer la noyade… mais cela ne signifie naturellement pas qu'il ou elle l'a fait.

Mulholland se mit à adopter le ton de la conversation en plaidant pour que le jury fasse appel à son « bon sens ». Au poste de police, Hurley aidait les femmes et les enfants. Il avait affaire à une bande de « résidants ivres et indisciplinés… qui embêtent le monde, qui font tout un tas d'histoires sur la présence de la police, grossiers, etc. ». Mulholland rappela au jury que Cameron, lui, avait bu de l'alcool à brûler, que Patrick avait sniffé de l'essence… que tous ces gens-là étaient soûls, vulgaires, et incontrôlables.

S'appuyant sur le pupitre à présent, prenant le ton décontracté d'un homme accoudé au comptoir qui se plaint de tout ce que les flics doivent endurer, il poursuivit :

> Mesdames et messieurs du jury, n'est-ce pas là précisément, très précisément, le genre d'officier de police que vous aimeriez avoir dans votre quartier ?
>
> Quand le brigadier-chef Hurley est sorti ce matin-là […] il accomplissait une mission pour nous tous, où que nous soyons et où que nous vivions dans le Queensland. Que vous vous trouviez quelque part dans les terres de pâturage ou là-haut dans le golfe de Carpentarie, que vous soyez au fin fond de l'ouest du Queensland ou dans le Sud, peu importe. Quand le brigadier-chef Hurley est sorti ce matin-là pour répondre à l'appel, il l'a fait en notre nom.

Dans une ville militaire, une ville où sur les marchés on vend des brassières taille trois mois style treillis, c'était le bon sens même d'insister sur la noblesse de la mission de Hurley. Mulholland suggéra que si ce flic local n'avait pas coffré Cameron, il aurait pu y avoir d'« autres actes de violence que celui auquel, nous le savons, s'était livré Roy Bramwell plus tôt dans la même matinée ». Mulholland ne signala pas que le brigadier-chef avait laissé Roy rentrer en ville alors qu'il venait de tabasser trois femmes, ni qu'il l'avait fait après avoir vu le visage des trois femmes à l'hôpital tout en sachant que l'une d'entre elles avait peur de subir à nouveau les sévices de Roy.

Une jeune Aborigène qui étudiait le droit assistait au procès avec des amis de Palm Island et elle me certifia qu'elle n'avait jamais été dans une salle d'audience où prévalait à ce point la distinction entre « nous » et « eux ». Tracy et sa mère étaient montées dans la galerie. En bas, toute l'assistance était blanche à présent. En haut, tout le monde était noir : les bancs étaient occupés par les mécontents, par ceux qui voulaient voir l'un d'entre « eux » condamné.

Il y avait la famille d'Errol Wyles, un garçon tué quatre ans auparavant par un automobiliste blanc ayant fait marche à arrière pour le heurter plusieurs fois alors qu'il circulait à vélo. La police avait attendu deux jours avant de dire à ses parents qu'il était mort. Verdict pour le meurtrier de leur fils : quinze mois pour conduite dangereuse.

Il y avait Lex Wotton. Trois mois auparavant, il avait plaidé coupable de l'accusation de sédition et été incarcéré dans l'attente du procès. Puis, comprenant qu'il avait fait une erreur, il était revenu sur son mode de défense et se trouvait aujourd'hui en liberté conditionnelle. Son procès se tiendrait dans presque un an. C'était pour voir Hurley dans le box des accusés qu'il s'était battu.

Beaucoup de familles de Palm Island impliquées marginalement dans l'émeute remboursaient encore les dettes contractées pour leurs frais de justice. Des parents incarcérés commençaient tout juste à rentrer chez eux, et bien souvent leurs enfants étaient encore affectés par les raids de la police deux ans et demi auparavant. Lex lui-même semblait quelque peu brisé. Lors de mon dernier entretien avec lui, il était presque mégalomaniaque en parlant de sa vocation. « J'ai des visions, je me vois aux Nations unies, je fais des discours, je voyage dans le monde entier, je professe ma foi et je montre aux gens qui je suis… » Aujourd'hui, il lui manquait une incisive : dans sa cellule, il se l'était arrachée pour stopper la douleur. Face à la possibilité d'un acquittement pour Hurley et à la peine de prison qu'il encourait peut-être, il était soumis.

À l'étage se trouvait également David Bulsey, le père de la filleule d'Eric Doomadgee, celle qui souffrait de tachycardie. Fixant les jurés du regard, Bulsey s'inquiétait : ils étaient trop âgés, ils allaient oublier certaines choses. À Palm Island, quand on a soixante ou soixante-dix ans, on est presque gâteux. Assise à ses côtés, sa femme Yvette pensait qu'une femme plus jeune parmi les jurés, celle avec les reflets dorés dans les cheveux, avait du sang aborigène. Yvette aurait pu le voir à son nez, mais la femme ne regardait pas dans leur direction.

Le tambourinement monotone de la pluie accompagnait les plaidoiries. Par les fenêtres, je voyais les syndicalistes faire les cent pas sur le balcon. Il faisait froid dans la salle. Les gens reniflaient. De temps en temps, les membres du jury frissonnaient. Elizabeth et Jane Doomadgee partageaient une vieille parka de ski. Valmae et Tracy s'étaient chacune acheté une veste à 11 dollars au magasin discount *Best & Less*. Townsville se trouvait dans une région à l'abri des pluies ; le ciel était stoïque par ici, comparé aux tempêtes tropicales qui se déchaînent dans d'autres endroits du Queensland septentrional. Naturellement, il fallait s'attendre à des pluies pendant la saison humide, mais c'était la saison sèche en ce moment. Et dans une ville où il était impossible de s'acheter ne serait-ce qu'un manteau, les avions étaient cloués au sol par le déluge. Quand la séance s'interrompit dans l'après-midi, il pleuvait toujours à verse et les vieilles femmes aborigènes en sandales légères pataugeaient dans les flaques d'eau.

Les syndicalistes et autres partisans de Hurley avaient investi l'un des balcons du palais de justice et fumaient là, le regard fixé sur la rue en contrebas. Edna Coolburra, qui bavardait avec la mère de Cameron le matin du jour où celle-ci était décédée, me demanda si elle pouvait partager mon parapluie. Je sentais que les policiers nous observaient intensément traverser ensemble la route détrempée : *Encore une de ce genre-là.*

Robert Mulholland fonctionnait sur deux modes, théâtral et légaliste. Il parlait parfois avec une branche de ses lunettes dans la bouche, comme pour contenir ses paroles… mais sans succès. Il n'affectionnait pas la brièveté. Il commença par lire de larges portions des minutes du procès, récapitulant les derniers jours *verbatim*, et sa peau devenait cireuse au fur et à mesure. Il ne levait que rarement les yeux vers le jury. Même Hurley bâillait. Mulholland avait parlé toute la journée et ne donnait aucun signe de vouloir conclure. À l'extérieur du tribunal, un jeune agent de police suggéra le plus sérieusement du monde : « Il a sans doute promis des vacances à sa femme, et avec le budget qu'il a prévu il ne peut pas se permettre de faire court. »

Créant de toutes pièces une scène où des Blancs vivent à la dure, Mulholland demanda au jury d'imaginer deux membres de la famille dans leur ferme frappée par la sécheresse : « Et ça existe, on le sait bien, ça peut exister n'importe où dans le Queensland de nos jours. » Disons que l'un des deux prend un fusil et se suicide devant l'autre. Disons que le survivant ne parvient pas à se rappeler la position du fusil. « Cette personne, membre d'une famille, se retrouverait, selon la théorie de l'accusation, en passe d'être inculpée pour homicide involontaire ! La démonstration est fausse, parce que dans l'émotion et les circonstances tragiques, un souvenir est erroné ! Quelle différence cela fait-il ? »

Il parla longuement du Dr Lampe et de son opinion : c'était une chute qui avait causé la mort de Cameron. « Les gens pris dans des circonstances traumatisantes, déclara Mulholland au jury, sont en fait très souvent incapables d'avoir un souvenir précis. » Il décrivit à quel point il était difficile de se rappeler les détails d'un petit accrochage en voiture. Ou bien « les disputes sur un terrain de foot où les souvenirs diffèrent ». Ou encore une bagarre au pub, où tous les témoins oculaires se rappellent avoir vu des choses différentes. Il passa en revue des cas de confusion d'identité. Il décrivit la sensation qu'on éprouve en glissant dans sa salle de bains : « un moment de panique, et même de terreur ! »

« C'est moi qui me fais des idées, ou bien j'entends une note de désespoir ? » demanda le reporter du *Townsville Bulletin* en se massant les tempes.

Le lendemain matin, sixième jour, Andrew Boe était assis au fond de la salle d'audience, en costume bleu marine et chemise blanche impeccable. Il rentrait juste des États-Unis, où il travaillait sur une affaire. Rien ne nécessitait sa présence à Townsville, mais il ne parvenait pas à se tenir à l'écart. Les sœurs Doomadgee étaient enchantées. « Mon petit frère chinois le champion de kick-boxing », l'appela Elizabeth.

J'étais soulagée de voir Boe, moi aussi. Son énergie et sa pugnacité à l'audience m'avaient manqué. Mais s'il avait su combien de temps prendrait la procédure légale, lui demandai-je, aurait-il agi comme il l'avait fait en apprenant la nouvelle de la mort de Cameron ?

« Est-ce que je referais la même chose ? Je ne connais pas la réponse. Ce serait dur. Pour donner un sens à ma vie, à l'époque, j'avais besoin d'une cause. » Cette cause avait préoccupé Boe au point d'être sa raison de vivre durant deux ans et demi, mais elle l'avait aussi épuisé et éloigné de sa famille. Et il craignait par-dessus tout d'être le grand gagnant à l'issue de l'affaire de Palm Island : l'instruction lui avait beaucoup apporté, tant comme avocat que sur le plan humain, mais il n'était pas convaincu que cela ait changé quoi que ce soit de fondamental sur l'île. Et tous ses efforts n'allaient peut-être rien changer pour les Doomadgee.

Dans la salle d'audience, on faisait des paris sur la durée que pouvait encore tenir Mulholland. Et puis, à 12 h 10, au bout d'un jour et demi de récapitulation, son visage se crispa soudain d'indignation. Il agrippa de ses deux pouces les plis du haut de sa robe d'avocat, comme pour se donner du courage.

> La théorie de l'accusation est absurde, choquante, et même injuste... L'accusation n'a pas d'arguments, n'a jamais eu d'arguments contre lui. Il faudrait n'avoir qu'une perception politique des choses pour conclure que le brigadier-chef Hurley a commis ce dont on l'accuse.
>
> La mort de Cameron Doomadgee à Palm Island le 19 novembre 2004 fut et demeure une tragédie, comme toute mort en détention d'une personne, qu'elle soit de race noire ou blanche. Les graves problèmes sociaux, économiques et politiques qui affectent Palm Island sont tristes à pleurer. Mais ce sont des problèmes complexes et le procès en cours n'a pas à se soucier de ces problèmes-là. Il doit se soucier d'une seule question, celle de savoir si, pour chacun des chefs d'inculpation, le ministère public a oui ou non prouvé avec quasi-certitude la culpabilité du brigadier-chef Hurley. Condamner pour coups et blessures et pour homicide involontaire un homme qui n'est pas coupable de ces crimes, cela ne fera pas revenir Mr. Doomadgee, et cela ne rendra pas non plus justice à sa mémoire, bien au contraire. Cela amplifiera la tragédie de sa mort et conduira à une double tragédie...
>
> Ceux qui voudraient porter cette affaire sur un plan racial se trompent d'attitude... Mr. Hurley n'oubliera jamais qu'il a été l'instrument accidentel de la mort d'un autre jeune homme. C'est une croix qu'il portera pour le restant de ses jours, quoi qu'il se produise dans ce tribunal.

C'était le tour de Peter Davis à présent. Son souci de justice semblait le priver de tout sens du théâtre et de la mise en scène. Ce n'était pas son style. Quand il se leva, il lui fallut un moment pour se tenir bien droit. Il restait légèrement voûté, mains dans les poches, sérieux, caustique, cérébral. Il se balançait sur la plante des pieds. Derrière lui était assis Hurley, les poings serrés. Le tribunal était attentif.

Hurley acceptait le fait que son corps avait d'une certaine façon tué Cameron Doomadgee, expliqua Davis. Il existait par conséquent deux « possibilités factuelles ». Premièrement : « une chute avec complications ayant entraîné les blessures ». Deuxièmement : l'homicide involontaire. Davis rappela aux jurés la déposition des deux médecins légistes : le corps de Cameron était immobilisé au sol pendant que s'exerçait sur son abdomen une pression qui avait repoussé les organes et fendu le foie contre la colonne vertébrale. « Dans l'histoire de la science médicale, aucun document ne montre qu'une lésion de cette nature ait pu être causée par un traumatisme contondant. Mais cela s'est produit dans le poste de police de Palm Island. »

Davis s'exprima en phrases claires et directes. Il parlait, chauffé à blanc, tout en gardant son sang-froid. Il demanda au jury de reconsidérer la théorie de la défense :

> La voici : Mulrunji marche devant l'accusé lorsque ensemble ils trébuchent en entrant dans le poste de police. Mulrunji fait face au poste de police, semble-t-il, et l'accusé est derrière lui… et c'est là que les choses sont proprement incroyables. En trébuchant, Mulrunji effectue une pirouette en l'air… afin d'atterrir sur le dos, ou presque sur le

> dos, tandis que l'accusé, en étant situé quelque part derrière lui… tombe on ne sait trop comment sur lui avec une force telle qu'elle déplace le contenu de son abdomen et vient l'écraser contre la colonne vertébrale, causant par là une rupture de la veine porte et créant selon toute vraisemblance une première dans l'histoire de la médecine. Et puis, quatre heures plus tard, au cours de son interrogatoire, l'accusé, le brigadier-chef Hurley, n'a même pas conscience d'être tombé sur lui. Et, soit dit en passant, non seulement il n'apprécie pas le fait d'être tombé sur Mulrunji, mais il donne une version très détaillée de la façon dont il n'est pas du tout tombé sur Mulrunji.

La petite amie de Hurley sortit de la salle d'audience sous l'escorte du frère de ce dernier. Le prévenu était à présent complètement immobile, les mains jointes sur ses genoux.

Les jurés, souligna Davis, avaient été sollicités à maintes reprises par Mulholland pour faire appel à leur « bon sens ». Davis demanda alors : « Puis-je proposer un exemple ? » Il cita l'affirmation de Hurley selon laquelle le comportement de Cameron Doomadgee ne l'avait pas du tout mis en colère. Cameron l'avait frappé à la mâchoire, s'était bagarré avec lui, et l'avait fait trébucher durement à la porte de son propre commissariat.

> Bien, maintenant le bon sens vous dira peut-être [que] dès l'instant où il commence à admettre sa colère, eh bien, nous pouvons alors commencer à penser à ce qui s'est peut-être passé entre l'arrière du fourgon de police et la porte du poste. Une fois qu'il admet sa colère, est-il possible qu'il ait donné le coup dont Penny Sibley a été le

témoin ? Une fois qu'il admet sa colère, eh bien nous pouvons donc commencer à penser qu'il y a quelque raison pour qu'il ait fait ce knee-drop à Mulrunji quand ils sont tous les deux tombés dans le poste de police.

Le bon sens vous dira donc peut-être qu'il y a une petite raison pour laquelle, dans le contexte de cette affaire, l'accusé veuille minimiser l'importance de la colère. Mais il ne la minimise pas, non ! Il la nie complètement. Il déclare : « Je n'étais pás du tout en colère. »

Eh bien, que vous dit votre bon sens sur la question ? Votre bon sens ne vous dit-il pas, ma foi, peut-être que ça l'a quand même un peu énervé ? Peut-être qu'il s'est quand même un peu mis en colère ? Et s'il est en colère, pourquoi donc dit-il qu'il ne l'est pas ?

Et naturellement, puisque nous en sommes à parler de bon sens, est-ce que l'idée suivante s'accorde bien avec votre bon sens : l'accusé a pu tomber sur Mulrunji avec une force telle qu'il lui a fait éclater le foie contre la colonne vertébrale, et il ne se rappelle pas être tombé sur lui ? Est-ce que cela s'accorde avec votre bon sens ?

Peter Davis, dont la robe noire et les longues mains fines lui donnaient l'air d'un professeur, faisait un boxeur improbable, mais à présent il allait et venait avec légèreté, comme animé par son esprit agile.

Le brigadier-chef tirait sur son col pour se gratter le cou. Tous ses potes flics étaient tendus, prêts à bondir pour défendre leur acolyte. Derrière moi, un policier qui mesurait deux mètres lui aussi se pencha, le souffle bruyant. Tandis que Davis continuait, je l'entendais qui faisait craquer ses doigts l'un après l'autre.

Les deux frères de Hurley restaient très concentrés, ne montrant pas la moindre émotion. Que pensaient-ils ? Qu'il fallait faire le taxi pour une pocharde victime d'un type violent et ensuite être obligé d'écouter des poivrots – du genre de celui qui avait battu la femme – vous traiter de salopard ? Qu'il fallait se contenter d'encaisser ? Pensaient-ils que si on se fait gifler par un poivrot, il faut tendre l'autre joue ?

La mère de Hurley observait son fils dans le box et elle paraissait tellement triste. Elle ne l'avait pas quitté des yeux durant toute la récapitulation dévastatrice exposée par Davis.

Davis fit remarquer que Hurley et ses avocats n'avaient cessé d'affirmer qu'il aurait pu mentir pour se tirer d'affaire, mentir et déclarer qu'il était tombé sur Doomadgee. « Il a juste raconté le mauvais mensonge », conclut le procureur. Hurley ne savait pas encore comment était mort Doomadgee, rappela Davis au jury, lorsqu'il avait fait sa première déposition ; il ne connaissait pas les résultats de l'autopsie et il supposait qu'il s'agissait d'une rupture d'anévrisme ou d'une crise cardiaque. Pourquoi aurait-il eu besoin de dire qu'il était tombé sur Doomadgee ?

> La conversation avec Leafe se tient environ une heure après l'accident. Le souvenir est clair dans son esprit, puisqu'il dit à Leafe : « Écoute, je suis tombé à côté de lui. Je ne suis pas tombé sur lui. » Après quoi il subit deux interrogatoires et il répète la même chose. Supposons qu'il ne se trompe pas. Supposons donc qu'il ne se trompe pas quand il affirme n'être pas tombé sur l'homme.

Eh bien s'il ne se trompe pas, il est coupable… Quelle explication permettant de l'innocenter y a-t-il aux horribles blessures que les légistes ont pu constater chez Mulrunji ?

Davis croisa les bras et se pencha vers le jury, feignant l'incrédulité : « Comment est-il possible que l'accusé ait pu heurter (Davis ferma un poing et en frappa son autre main) Mulrunji avec la force qu'on constate en général lors d'accident de véhicules à moteur, qu'il ait pu presque lui fendre le foie en deux contre la colonne vertébrale – ce qui implique nécessairement un contact d'une grande violence – (il se frappa à nouveau la main)… et tomber à côté de lui ! Tomber à côté de lui ! Tel est l'argument de la défense : tomber à côté ! » Les mains de Davis étaient suspendues en l'air à présent, dans un geste signifiant *je n'en sais rien*.

La mère de Chris Hurley s'agrippa au bord de son siège et baissa vivement le regard.

Peter Davis prit son temps. Il gardait le contact visuel avec les jurés. Tous le regardaient. Il avait établi une relation avec eux, parlant d'un ton doux et mesuré. « Peut-être nourrissez-vous aussi des préjugés, dit-il sans détours. Pouvez-vous s'il vous plaît les mettre de côté ? Les préjugés font partie des émotions normales chez l'être humain, et ceux d'entre nous qui disent n'en avoir jamais eu ne se regardent probablement pas eux-mêmes avec assez d'attention. »

L'avocat était resté debout pendant un peu plus d'une heure. En concluant son discours, il rassembla ses papiers, les prit en main puis en martela son pupitre : « Ne vous avisez pas de condamner cet homme ! Ne vous avisez pas de le condamner sauf si c'est votre intime conviction. Mais bon sang, tout de même ! on dirait bien que c'est lui le coupable, non ? »

Ça avait l'air bancal. Mais on sentait bien que Davis avait remporté la mise. Un espoir réel prévalait désormais parmi les *blackfellas*, et même une jubilation tranquille.

Chris Hurley paraissait engourdi, pétrifié dans le costume de son destin, mais l'espace d'un instant le masque se fendit. Sa lèvre inférieure tremblotait. Il s'essuya vivement les yeux. Puis il redevint immobile, solennel.

Quoi qu'aient pu penser les jurés, les avocats de la défense semblaient vraiment secoués. L'attitude bravache des syndicalistes de la police avait totalement disparu. Même les regards les plus endurcis restaient baissés. Demain matin le juge donnerait ses consignes et le jury se retirerait pour délibérer. Après avoir entendu Davis, Andrew Boe pensa que le meilleur espoir de Hurley était un jury sans majorité.

Une fois l'audience levée, Peter Davis rencontra Andrew Boe et la famille Doomadgee – Elizabeth, Valmae, Jane, Tracy Twaddle – ainsi que la communauté noire au rez-de-chaussée, où les murs affichaient les portraits de juges aux visages cireux sous leur perruque. Il y avait là une trentaine de personnes, jeunes et vieux, certains s'avançant pour être plus près de Davis et de Boe, d'autres comme Lex Wotton restant en retrait. Davis avait mis toute sa force de conviction dans la balance, et à présent, épuisé, il déclara : « Il y a eu beaucoup d'opinions divergentes sur la manière dont ce procès aurait dû se dérouler, mais j'ai fait du mieux que j'ai pu. Je ne sais pas ce que le jury dira à l'issue des délibérations. »

Elizabeth était enveloppée dans le manteau qu'elle partageait avec Jane. Tracy restait assise à côté de sa mère. Leur chagrin suite au décès de Cameron, de Doris et d'Eric s'était retrouvé subsumé dans ce combat plus large. Elles ne se battaient pas seulement pour Cameron. Sa mort avait conduit à de meilleures conditions de détention dans toutes les communautés isolées du Queensland, à l'installation de cellules capitonnées et de caméras de surveillance vingt-quatre heures sur vingt-quatre. Et ces femmes en étaient fières, mais là, maintenant, elles étaient fatiguées et inquiètes.

Les Doomadgee avaient trouvé cette semaine de procédures légales déroutante. Ils ne posaient pas de questions aux avocats, mais quand leurs partisans le firent, ils approuvèrent de la tête. Un homme demanda à Davis pourquoi il n'avait pas cité Roy Bramwell à comparaître. Ni Lloyd Bengaroo. Davis et Boe expliquèrent que les deux hommes présentaient un trop grand risque. Roy se serait fait démolir par les avocats de la défense, à cause de son alcoolisme et de ses incohérences. Lloyd était considéré « plus comme un flic qu'un *blackfella* » : l'accusation ne savait pas ce qu'il aurait dit, ni la défense, qui avait également choisi de ne pas le faire comparaître. Plus tôt dans l'année, Lloyd s'était fait tabasser dans un parc de Townsville par un homme originaire de Palm Island, un parent de Lex Wotton. Aujourd'hui, il avait enfin obtenu son transfert et quitté l'île.

Quelle que soit la suite des événements, poursuivit Peter Davis, Hurley avait admis être responsable de la mort de Cameron. Il avait été inculpé pour homicide involontaire et l'affaire était passée devant un jury. Il s'agissait de succès majeurs. Rien de tout cela ne s'était jamais produit auparavant. Davis savait bien, ajouta-t-il, qu'il suffisait à un *blackfella* de jeter un regard à un flic pour se faire arrêter, mais indépendamment de la décision du jury, Hurley avait admis sa responsabilité.

« Comment on peut vivre notre vie de cette façon ? » demanda Lizzy Clay, la mère de Doug, qui avait témoigné à l'instruction que Hurley l'avait battue à coups de ceinture au poste de police de Palm Island.

D'un air las, Davis lui dit qu'il était désolé, mais que c'était un problème trop vaste pour qu'il puisse le résoudre tout seul.

L'espace d'un instant, on eut le sentiment que certains d'entre eux lui en voulaient. Mais l'activiste Gracelyn Smallwood retourna la situation.

« Vous avez fait un boulot formidable », déclara-t-elle. Assise à proximité, Gracelyn répondait à ses appels téléphoniques, toujours vêtue de son T-shirt ABORIGÈNES MORTS EN DÉTENTION ÇA SUFFIT, qu'elle lavait et faisait sécher toutes les nuits. Je l'avais entendue s'enflammer contre les avocats, drapés dans leur « robes colonialistes » tandis que les Aborigènes qui témoignaient étaient secoués de tremblements, mais elle mesurait combien le combat avait été dur pour Davis. « Peu importe ce qui va se passer, on a gagné, ajouta-t-elle. Les jeunes flics dans la rue vont penser différemment, maintenant. Ils ne vont pas vouloir vivre ce genre de situation. »

David Bulsey s'avança alors, fixant Davis de son regard intense et bancal. Cet homme, qui s'était fait arrêter pendant les raids suivant l'émeute puis incarcérer, serra la main de l'homme de loi. C'était tellement courtois. Et puis la famille et leurs amis, tous ces gens qu'une trop grande tragédie avait réduits en miettes, s'avancèrent pour serrer la main de Davis, qui s'était battu en leur nom.

À ce spectacle, je m'effondrai. Les larmes semblaient jaillir de nulle part et je dus quitter les lieux. Je longeai le couloir jusqu'aux toilettes des femmes et contemplai mon visage rouge et bouffi. Ce n'était pas la première fois que je pleurais au cours des deux ans et demi où j'avais suivi toute l'histoire, mais cette fois-ci cela paraissait pitoyable de rester là en larmes, de ne pas être à la hauteur du sang-froid des Doomadgee… et ce qui aggrava les choses, c'est que les sœurs de Cameron vinrent m'offrir leur réconfort. Ce furent Jane et Valmae qui me prirent dans leurs bras, s'assurant que moi j'allais bien.

Plus tard, Peter Davis me confia qu'au bout de vingt ans de pénal, confronté à des violeurs et à des tueurs d'enfants, il s'était « fait une peau d'éléphant ». Les détails juridiques de cette affaire-ci s'estomperaient, mais les poignées de main échangées au cours de cette rencontre resteraient l'un des moments les plus émouvants de toute son existence.

Parmi les journalistes qui couvraient le procès, seul Tony Koch était convaincu que Hurley risquait une condamnation. Mais la récapitulation de Peter Davis avait semé la confusion chez la plupart d'entre eux. Je n'avais pas la moindre idée du résultat. J'essayai de penser comme un juré. Si Hurley était coupable de violences sur Cameron, ce n'étaient pas les seules violences commises à Palm Island ce jour-là. Selon les critères d'un tribunal, il s'agissait peut-être d'homicide involontaire, mais ne pourrais-je penser, en tant que juré, que dans ces zones reculées la justice possédait ses propres lois ?

Quelques semaines auparavant, j'avais rencontré un jeune homme blanc, John. Il m'avait montré des photos prises plusieurs années auparavant : des photos de son corps couvert d'un entrelacs de contusions infligées, m'avait-il dit, par une matraque. John était en route avec deux de ses amis pour une partie de pêche et de chasse dans une petite ville de la région du golfe de Carpentarie. Ils avaient acheté une caisse de bière à Mount Isa et conduisaient une vieille camionnette cabossée sur des pistes cahoteuses.

En chemin, ils s'arrêtèrent à un pub, laissant leur pitbull attaché à la camionnette. Des ouvriers buvaient au comptoir et les deux groupes se prirent en grippe. Le pitbull parvint à se détacher et fit irruption dans l'hôtel, où les ouvriers gardaient un bouvier australien. Les deux bêtes commencèrent à se bagarrer. Les hommes entrèrent alors dans la danse, et ce fut la bataille générale, le patron se retrouvant à quatre pattes derrière son bar tandis que la barmaid évitait de justesse un tabouret. John et ses amis décidèrent qu'il était temps de mettre les voiles.

Le patron du pub passa un appel radio à la police, et bientôt John arriva devant un barrage routier. Les phares du fourgon de police éblouissaient dans la nuit et les flics attendaient, fusils à la main. John se rangea à côté d'eux ; un policier braqua son fusil par la vitre ouverte et lui hurla l'ordre de couper le moteur. Mais John avait besoin d'un tournevis pour faire démarrer son camion, et il fallait le faire caler pour qu'il s'arrête. Un deuxième policier ouvrit le capot et arracha un fil électrique pour stopper le moteur.

« Arrivé à ce stade, [le policier qui tenait le fusil] m'ordonne de descendre de la bagnole, et il a déjà ouvert la porte. Et là, le type se met à perdre les pédales et il me dit : "Je vais buter ton chien, je vais buter ton putain de clébard." »

John descendit de sa camionnette et « une fois que j'ai eu fait ça je me suis retrouvé avec le fusil braqué en pleine figure. Et c'est là qu'ils m'ont sauté dessus et que *vlan !* ils m'ont cloué au sol. Et [le deuxième policier] s'est mis sur moi avec sa matraque. [Il est] sur moi et il se met à me bastonner à coups de matraque. »

L'un des amis de John cria alors : « Oh, arrête, mec ! Ça suffit ! Arrête ! »

Le policier releva la tête et lui répondit : « Après, c'est ton tour ! » Une fois John enfermé dans le fourgon, il revint pour frapper l'ami en question. L'homme s'était mis en position fœtale tandis que le policier lui assénait des coups de matraque.

Plus tard, l'infirmière de la ville soigna les hommes mais refusa de photographier leurs blessures. Le policier et elle se connaissaient. Et ces types avaient eu ce qu'ils méritaient. John demanda à quelqu'un d'autre de prendre les photos.

« J'avais des traces de coups sur tout le corps, la vache, il m'avait eu partout. » Mais ainsi allait le monde, ainsi allait le bush. Il ne signala pas l'incident. « Impossible de gagner contre la police », m'affirma-t-il – sous-entendu : même pas si on est blanc. Grand Homme se montre sous bien des formes différentes, dit-on. Il peut changer d'aspect. Mais quand il vous tient en son pouvoir, blanc ou noir, la terreur est la même.

Le lendemain, mercredi, le juge s'adressa au jury, soulignant que cette affaire ne concernait ni les décès en détention antérieurs à celui-ci, ni la police, ni les affaires aborigènes. Ces douze hommes et femmes devaient décider, selon leur intime conviction, si Christopher Hurley avait tué Cameron Doomadgee.

Le jury se retira pour délibérer. Le brigadier qui supervisait la sécurité me dit que le verdict allait « dépendre des valeurs du jury ». Un huissier, auteur par ailleurs d'un livre pour enfants intitulé *Fais ce qu'on te dit*, m'assura que les gens qui n'étaient pas de Townsville ne savaient pas ce que c'était que vivre avec des Noirs. Les jurés prirent trois heures, durant lesquelles ils déjeunèrent. Lorsqu'on annonça qu'ils étaient parvenus à une décision, les joueurs se remirent en position.

Andrew Boe s'assit au fond du tribunal une fois de plus. Je me retournai vers lui tandis que Hurley entrait dans le box. « Non coupable », articula en silence Boe. Quand le premier juré fit l'annonce officielle, un hurlement de douleur s'éleva parmi les sœurs Doomadgee au balcon, tandis que les partisans de Hurley laissaient libre cours à leur jubilation. Pour la première fois, nous vîmes Hurley sourire. Des durs à cuire essuyaient leurs larmes. Ses amis, sa mère, sa petite amie, tous pleuraient. Il se pencha pour leur donner l'accolade, tandis que d'autres lui donnaient de petites tapes dans le dos.

Devant le palais de justice, Gary Wilkinson, du syndicat de la police, vint se placer à côté de Hurley et fit une brève déclaration. Le brigadier-chef ne répondrait pas aux questions. Il voulait être seul avec sa famille. Des forces en civil de la brigade anti-émeute attendaient non loin de là, tous les hommes équipés de ceinturons où était rangée leur arme. Vu de près, Hurley avait le visage plus charnu, comme s'il s'était soudain relâché. J'entrevis l'air qu'il aurait quand il serait plus vieux. Il tentait de conserver ce regard inflexible, cette façon de fixer le vide qui lui avait permis de traverser le procès sans broncher. Tournoyant dans sa tête, j'imaginai les mots : *Je n'ai rien fait. Je n'ai rien fait. C'était pas moi.*

Le lendemain matin, il pleuvait si fort que les automobilistes avaient allumé leurs phares. Les sirènes ululaient à travers l'humidité, longues et furieuses. Le Serpent Arc-en-ciel fouettait l'air de sa queue, dardait sa langue. La ville entière était enveloppée d'un linceul, tandis que toute l'histoire s'étalait à la une des journaux :

VERDICT DANS
L'AFFAIRE HURLEY :
« NON COUPABLE »

Et :

LE POLICIER
DE PALM ISLAND
ACQUITTÉ DANS L'AFFAIRE
DU DÉCÈS EN DÉTENTION

Je croisai Elizabeth. Debout sous la pluie dans ses habits légers et ses sandales, elle paraissait calme malgré tout. « Je garde la tête haute, me dit-elle, parce qu'on a fait tout ce chemin. » Elle n'était pas du tout surprise du verdict. En fait, elle semblait désolée qu'il m'ait fallu prendre une dure leçon de réalisme. « Je savais que ça allait m'arriver. Chaque fois je vais au palais de justice, rien que des Blancs. Y avait quelque chose qui tournait pas rond. » Comme si sa présence au long de la semaine avait été une farce, certes dictée par une courtoisie prudente, à l'égal des brèves délibérations du jury. Chacun avait fait ce qu'on attendait de lui. Elizabeth ne s'était pas donné la peine de venir entendre le verdict, elle avait préféré écouter des cantiques à la radio. Elle me passa un coup de fil plus tard et me dit qu'elle n'abandonnait pas la partie. Elle était restée forte pendant trois ans. « Je serai toujours forte. Je réclame justice. » Elle m'appela sa petite sœur blanche et tendit le combiné aux personnes qui l'entouraient pour que j'entende leur cantique : *un mur de feu autour de moi, je n'ai rien à craindre maintenant.*

Sa sœur Claudelle s'était également tenue à l'écart au moment du verdict. Je me promenais avec Andrew Boe ce soir-là quand nous tombâmes sur elle dans la galerie commerciale déserte, qui cherchait des vieux restes de mégots pour se faire une cigarette. « C'était mon petit, c'était mon petit frère chéri ! » L'enlaçant dans la pénombre, Boe était sous le choc lui aussi, furieux, inconsolé par cette conclusion. « Comment on a pas pu gagner ? pleurait Claudelle. Comment on a pas pu gagner ? » Son fils âgé de dix-sept ans s'appelait Cameron Francis, comme ce frère. Elle avait nourri Eric au sein quand sa mère l'avait abandonné. Elle gémissait : « *Mon petit frère chéri !* Je l'aimais de tout mon cœur. Je l'aimais de tout mon cœur. »

Mais Elizabeth restait sous la pluie : « La Bible nous dit : *Que votre cœur ne se trouble point.* »

Ce même jour, moins de vingt-quatre heures après le verdict acquittant Hurley, le Premier ministre John

Howard annonça son Plan d'action pour le Territoire du Nord. Le rapport intitulé « Les jeunes enfants sont sacrés » demandait au gouvernement : « Que vous faudra-t-il donc pour que, au nom des habitants du Territoire et de l'Australie tout entière, vous preniez la mesure de l'indignité nationale et du désordre racial qui perdurent dans ce pays bienheureux, et que ferez-vous pour y remédier ? »

Howard proposa l'interdiction de toute vente d'alcool et de pornographie sur les territoires aborigènes, une présence policière accrue, la scolarité obligatoire, et la suspension des prestations sociales. Ignorant la plupart des recommandations détaillées du rapport qui réclamaient la consultation des communautés, il annonça également qu'il enverrait des renforts policiers ainsi que l'armée. Dans les jours suivants, les journaux télévisés montraient des militaires en treillis montant à bord d'avions qui semblaient en partance pour l'Irak mais atterrissaient dans le Territoire du Nord. « C'est notre ouragan Katrina », déclara le Premier ministre, comme si tout se résumait à la nature. Une élection se profilait à l'horizon et il peinait dans les sondages.

Quelques heures plus tard, le syndicat de la police tint une conférence de presse. Je ne m'y rendis pas. Le syndicat lançait une série de cinq spots à la radio : étalage en boucle de leur joie mauvaise. L'un d'eux comparait le Queensland au Zimbabwe. Un autre citait Martin Luther King : « *Une seule injustice est une menace pour la justice*. Fort heureusement, la justice a eu le dessus, mais les dommages causés à l'un de nos compatriotes et à sa famille sont irréversibles. »

Je n'avais pas de billet et les compagnies aériennes annonçaient tous leurs vols complets, mais je fis mes bagages et pris un taxi jusqu'à l'aéroport. Même s'il me fallait prendre un vol avec correspondance, cela m'était égal, du moment que je pouvais partir. J'avais voulu en savoir plus sur mon pays et à présent j'en savais plus… j'en savais plus que ce que j'aurais voulu savoir. J'attendais de trouver un billet pour rentrer chez moi et, en voyant la photo de Hurley sur mon journal, le vigile qui passa mes bagages au détecteur me dit : « Franchement, je suis de tout cœur avec lui. J'ai bossé à la sécurité dans des prisons. Y en a plein qu'on devrait fusiller. Pour eux, la prison c'est juste un trois étoiles entre deux viols. »

Hurley était devenu une sorte de héros populaire. On aurait dit qu'il avait été pardonné, plutôt qu'acquitté. Et en lui pardonnant, les gens se pardonnaient à eux-mêmes. Dans l'heure qui suivit le verdict, le brigadier-chef fut réintégré dans l'exercice de ses fonctions, mais avant de reprendre son service il allait partir pour un long congé en Asie du Sud-Est.

La dernière fois que j'ai vu Chris Hurley, c'était au premier défilé du syndicat de la police du Queensland le 9 août 2007, sept semaines et demie après le verdict. C'était le défilé à la gloire de la police qu'avait menacé d'organiser le syndicat avant le procès de Hurley : désormais, ils pouvaient parader en toute impunité. Les unités de la police s'alignaient en rangs sous des banderoles, se préparant à défiler dans les rues de Brisbane jusqu'au parlement du Queensland. Les policiers avaient amené leurs enfants, certains revêtus d'un uniforme miniature, tout comme leurs nounours en peluche. Des cornemuses sonnaient – les sonneurs et tambours de la police. Les badauds agitaient des drapeaux australiens, des pompons bleu et blanc, ou des pancartes artisanales proclamant MERCI ! C'était exactement la scène de parade figurant dans le livre pour enfants sur la police.

Je vis le préfet serrer la main de Hurley. Puis le brigadier-chef rejoignit son unité. D'autres flics vinrent le congratuler. Comme ses partisans, Hurley portait au poignet un bandeau bleu marqué de son numéro de matricule, 6747. Il serra d'autres mains. Puis il parla avec un homme qui tenait la main d'une petite fille blonde. Il se pencha vers elle, faisant semblant d'être un monstre. « Grrrr ! » cria-t-il, levant les mains comme des pattes griffues devant son visage. La petite fille rit de plaisir. Il lui fit des chatouilles. « Grrrr ! » C'était bien lui, Grand Homme. Mais quand je le cherchai dans le cortège, je ne le retrouvai pas. On aurait dit qu'il s'était dissous dans un long fleuve bleu.

Post-scriptum

Au moment où j'achève ce livre, le brigadier-chef Hurley intente une action en justice pour que les conclusions de l'adjointe du coroner du Queensland rendues contre lui soient annulées. Au nom de la famille Doomadgee et de Tracy Twaddle, le cabinet d'Andrew Boe, Boe Lawyers, intente un procès au civil contre le gouvernement du Queensland et le brigadier-chef Hurley, réclamant environ un million de dollars australiens en dommages et intérêts. Le cabinet est également à l'origine d'une action en justice pour dommages corporels au nom de Barbara Pilot, la nièce de Cameron Doomadgee qui affirme avoir eu le pied écrasé par le fourgon de Hurley.

Les policiers présents sur Palm Island lors de l'émeute ont été décorés pour leur bravoure.

Le procès de Lex Wotton n'a pas encore eu lieu.

Le procureur général du Queensland, Leanne Clare, qui n'a pas inculpé Hurley, a été nommée juge à la cour fédérale.

L'inspecteur-chef Kitching, l'ami de Hurley qui a mené l'enquête sur lui, a été promu à un grade supérieur. La Commission des crimes et fautes disciplinaires a recommandé que l'inspecteur Darren

Robinson suive « une formation lui permettant d'améliorer sa connaissance des différences culturelles et ses relations avec les témoins aborigènes ». Nul ne sait s'il l'a effectivement accomplie.

Le 13 février 2008, le Premier ministre Kevin Rudd a présenté ses excuses officielles aux générations aborigènes spoliées, pour la souffrance et les tourments qu'ont entraînés les déportations approuvées par les différents gouvernements australiens.

Remerciements

Pour leur soutien sans faille et leur aide dans la rédaction de ce livre, je remercie Andrew Boe, Elizabeth Doomadgee, Valmae Aplin, ainsi que les autres membres de la famille Doomadgee. Je remercie également Tony Koch, Tracy Twaddle, Paula Morreau, Erykah Kyle, David Trigger, Betty O'Lockland, la famille Yanner, le Burketown Pub, Peter Callaghan, Tony Moynihan, Nikola Lusk, Carly Nyst, Deniece Geia, Barry Moyle, le Conseil aborigène de Palm Island, la Municipalité de Doomadgee, April Peter, Elaine Cairns, Mal Hansen, Col Dillon, Gracelyn Smallwood, Stefan Armbruster, Matt Kennedy, Michael McKenna, Peter Davis, Jonathan Horton, Steve Trezise, Michael Liddy, Barry Cundy, le père Tony O'Brien, John Bulsey, Yvette Lenoy, Lex Wotton, Agnes Wotton, Stewart Levitt, Frederick Cassis, Colin McDonald, la famille Clumpoint, Edna Coolburra, Rosina Norman, Margaret Conway, Elizabeth Clay, Bethel Smallwood, le Centre culturel régional quinkan, ainsi que les membres des services de police du Queensland, d'hier et d'aujourd'hui, qui se sont entretenus avec moi.

Pour leurs encouragements et leur patience, merci à Ben Ball, Meredith Rose, Nan Graham, Dan Franklin, Andrew Wylie, Tracy Bohan, Sean Wilsey, Morry Schwartz, Sally Warhaft, David Winter, *The Monthly*.

Les commentaires des témoins qui figurent dans le texte sont extraits des minutes de l'instruction n° COR2857-04 instruisant le décès de Mulrunji Doomadgee, et du procès n° 4/2007, la reine contre Christopher James Hurley, avec l'aimable autorisation de la Cour suprême du Queensland. L'auteur adresse également ses sincères remerciements pour les sources suivantes :

PRÉFACE – Walter E. Roth, *Superstition, Magic and Medicine* [*Superstition, magie et médecine*] (Government Printer, 1903), pp. 28-29. Henry Reynolds, *The Other Side of the Frontier : Aboriginal Responses to the Invasion of Australia* [*La face cachée de la colonisation : comment les Aborigènes ont réagi à l'invasion de l'Australie*] (Penguin, 1982), pp. 46-47. Reynolds écrit : « Les Aranda appelaient les balles *mukataanna* ou "fruits et noyaux des mousquets", tandis que les Kalkatunga avaient inventé un terme encore plus descriptif pour le fusil qui signifiait littéralement "faiseur de trous". »

L'ÎLE – Pour les renseignements concernant l'histoire de Palm Island, je suis redevable aux ouvrages suivants : Joanne Watson, « Devenir Bwgcolman : exil et survie dans la réserve de Palm Island de 1918 à nos jours », thèse pour le doctorat, département d'histoire de l'université du Queensland, 1993, pp. 10-21, 112 ; Henry Reynolds, *North of Capricorn* [*Au nord du tropique du Capricorne*] (Allen & Unwin, 2003), pp. 159-163 ; Rosalind Kidd, *The Way We Civilise* [*La civilisation selon l'Occident*] (University of Queensland Press, 2005), pp. 50-51, 104 (l'ouvrage de Kidd m'a fourni la citation de la page 26) ; Dr Dawn May, "Race Relations in Queensland 1897-1971" [« Les relations raciales dans le Queensland, 1897-1971 »], Appendice 1(b) au « Rapport régional d'enquête sur le Queensland, Commission royale sur les décès d'Aborigènes en détention », 1991 (l'article du Dr May m'a fourni la lettre citée pp. 27-28) ; J. P. M. Long, *Aboriginal Settlements : A Survey of Institutional Communities in Eastern Australia* [*Les colonies aborigènes : une étude des structures communautaires institutionnelles en Australie orientale*] (ANU Press, 1970), pp. 127-128 (Long est cité p. 28) ; Walter E. Roth, *North-West Central Queensland Aborigines* [*Les Aborigènes de la région nord-ouest du centre du Queensland*] (Government Printer, 1887), pp. 71-90 (Roth est cité p. 32).

LA MORT – Pour les renseignements concernant les îles du détroit de Torres, je me suis appuyée sur Jeremy Beckett, *Torres Strait Islanders* [*Les Insulaires du détroit de Torres*] (Cambridge, 1987), et Anna Shnukal, *Broken : An Introduction to the Creole Language of Torres Strait* [*Introduction au créole du détroit de Torres*] (ANU, 1988). L'article de Mark Alexander, "A Cop Who Cared" [« Un flic attentionné »], est cité pp. 52-53 avec l'aimable autorisation de *The Sunday Mail*, Brisbane (5 décembre 2004).

L'ENQUÊTE PRÉLIMINAIRE – Les renseignements sur la culture policière dans le Queensland proviennent de G. E. « Tony » Fitzgerald, "Report of a Commission of Inquiry into Possible Illegal Activities and Associated Police Misconduct" [« Rapport d'une commission d'enquête sur l'existence possible d'activités illégales au sein de la police et de fautes disciplinaires leur étant liées »], 1989, pp. 200-203.

LA FAMILLE – David Trigger présente le Temps du *Wanggala* et le Temps de la Fureur dans *Whitefella Comin' : Aboriginal Responses to Colonisation in Northern Australia [Les whitefellas arrivent : les Aborigènes face à la colonisation en Australie septentrionale]* (Cambridge University Press, 1992), pp. 7-21. Les renseignements concernant les croyances traditionnelles des Waanyi proviennent des minutes de la « Revendication territoriale de la Nicholson River (Waanyi/Garawa) » (Australian Government Publishing, 1985), et de W. E. H. Stanner, « Le Rêve » (1953), in *White Man Got No Dreaming : Essays 1938-1973* [*L'Homme blanc n'a pas de rêves : Essais 1938-1973*] (ANU Press, 1979), pp. 23-28. Lizzy Daylight est citée p. 80 d'après une correspondance personnelle de David Trigger à l'auteur. Chris Hurley est cité p. 82 d'après l'article de Michael Madigan, "Palm's Perilous Punch" [« Un punch bien frappé à Palm Island »], *The Courier Mail*, 26 février 2005. L'article de R. D. Haynes, « L'astronomie aborigène », *Australian Journal of Astronomy*, avril 1992, p. 129, est cité p. 84. Les citations de W. E. Roth pp. 85 et 86 proviennent de son ouvrage *Superstition, Magic and Medecine* (Government Printer, 1903), p. 16.

CROYANCE – La citation de la page 112 provient du livre de Stanner, p. 29. Les citations sur les missionnaires et la sorcellerie (p. 123) proviennent de la thèse de Watson, « Devenir Bwgcolman », *op. cit.*, pp. 109, 258 ; Watson raconte également en détail les péripéties de Robert Curry, pp. 127-172, qui figurent aussi dans Renarta Prior, *Straight from the Yudaman's Mouth : The Life Story of Peter Prior* [*La vie de Peter Prior, racontée par lui-même*] (James Cook University, 1993). Pour les renseignements concernant les grands esprits, j'ai consulté Percy Trezise, *Dream Road : A Journey of Discovery* [*À la découverte des chemins du Rêve*] (Allen & Unwin, 1993), p. 127 ; Jennifer Isaacs, *Australian Dreaming : 40,000 Years of Aboriginal History* [*Le Temps du Rêve : 40 000 ans d'histoire aborigène*] (Landsdowne Press, 1980), p. 14 ; George Chaloupka, *Journey in Time : The World's Longest Continuing Art Tradition : The 50,000 Year Story of the Australian Aboriginal Rock Art of Arnhem Land* [*Un voyage dans le temps : la plus longue tradition artistique du monde. 50 000 ans d'art rupestre chez les Aborigènes de la Terre d'Arnhem*] (Reed, 1993), p. 60. (Chaloupka est cité p. 120-121 avec l'aimable permission de New Holland Publishers) ; Tommy George, "Our Country, Our Art, Our Quinkans" [« Notre pays, notre art, nos quinkans »] (Ang-Gnarra Aboriginal Corporation, 1995), cité p. 122 par autorisation.

L'INSTRUCTION – Peter Sutton cite la description du « lever le coude » faite par feu Francis Yunkaporta dans "The Politics of Suffering : Indigenous Policy in Australia Since the 1970s" [« La politique de la souffrance : la question indigène en Australie depuis 1970 »], *Anthropological Forum* 11, n° 2 (2001), p. 129. L'article de Tony Koch "Yanner's Bitter Dilemma" [« L'amer dilemme de Yanner »] est cité pp. 149-150 avec la permission de *The Weekend Australian*, 11 décembre 2004.

DOOMADGEE – Robyn Davidson, "No Fixed Address : Nomads and the Fate of the Planet" [« Sans domicile fixe : les nomades et le destin de la Terre »], *Quarterly Essay*, 24 (2006), p. 15 (p. 161) ; Peter Sutton cite W. E. H. Stanner (p. 162) dans *Dreamings : Thè Art of Aboriginal Australia* [*Rêves : l'art aborigène d'Australie*] (Penguin, 1989), p. 15. Les détails concernant les saisons dans la région du golfe proviennent des minutes de la « Revendication territoriale de la Nicholson River (Waanyi/Garawa) », rédigée par David Trigger pour le compte des Aborigènes, 1982. Je suis également redevable au Dr Trigger pour la traduction du ganggalida qui figure pp. 175-176.

Pour les renseignements sur la Mission de Doomadgee je me suis référée à Trigger, *Whitefella Comin'*, et à Vic Akehurst, *A Light in the Darkness : An Anecdotal History of the Doomadgee Mission* [*Une lumière dans la nuit : histoire anecdotique de la Mission de Doomadgee*] (Market Intelligence, 2007). Le rapport cité p. 159 a été adressé par le directeur des pathologies tuberculeuses au directeur général des services de santé en mai 1950, Archives de l'État du Queensland, QS 505/1.

La citation de Trigger p. 172 provient de *Whitefella Comin'*, p. 20. Tony Roberts parle de la découverte d'une grotte pleine de squelettes dans *Frontier Justice : A History of the Gulf Country to 1900* [*La justice aux confins : une histoire de la région du golfe de Carpentarie jusqu'en 1900*] (University of Queensland Press, 2005), pp. 50-51. La citation de Lizzy Daylight p. 172 provient des minutes de la « Revendication territoriale de la Nicholson River : rapport du commissaire aux Terres aborigènes, Mr. Kearney, au ministre des Affaires aborigènes auprès de l'administrateur du Territoire du Nord » (Australian Government Publishing, 1985), p. 4. Henry Reynolds cite Caroline Creaghe (pp. 179-180) témoignant des pratiques en vigueur à Lorne Hill Station dans « Les Aborigènes dans la société coloniale, 1840-1897 », Appendice 1(a), « Rapport régional d'enquête sur le Queensland, Commission royale sur les décès d'Aborigènes en détention », p. 4.

BURKETOWN – La citation de W. E. Roth p. 191 provient de ses *Notes on Government, Morals and Crime* [*Notes sur le gouvernement, la morale et les crimes*] (Government Printer, 1906), p. 6. La chanson *C'est un pays qu'est dur* de David Kirkpatrick et Stanley Coaster est citée p. 195 avec la permission de EMI Music Publishing Australia Pty Limited. La citation de Norman Mailer pp. 202-203 provient de *Armies of the Night* [*Les Armées de la nuit*] (Penguin, 1994), p. 148.

L'INSTRUCTION REPREND – La citation de Norman Mailer p. 216 provient de *Armies of the Night* (Penguin, 1994), pp. 147-148. La citation de George Orwell p. 225 est extraite de "Shooting an Elephant" [« Tirer sur l'éléphant »], in *A Collection of Essays* [*Essais choisis*] (Harcourt Brace, 1981), pp. 148-153. Gillian Colinshaw a écrit des pages fascinantes sur les relations entre la police et les Aborigènes dans *Blackfellas, Whitefellas and the Hidden Injuries of Race [Blackfellas, Whitefellas : les blessures cachées de la race]* (Blackwell Publishing, 2004).

L'ENTERREMENT – La citation de Colin Tatz p. 241 est extraite de *Aboriginal Suicide Is Different : A Portrait of Life and Self-Destruction [Le suicide chez les Aborigènes : vie et autodestruction]* (Aboriginal Studies Press, 2001), pp. 75-78.

LES RAPPORTS – La citation de Peter Sutton p. 253 est extraite de « Politique de la souffrance », p. 146. Sutton cite également W. E. H. Stanner (pp. 264-265), *Rêves*, pp. 14-16.

LES CONCLUSIONS – L'article de Tony Koch « Quelle honte ! L'État commet la pire des injustices » est cité p. 262 avec la permission de *L'Australian*, 15 décembre 2006. La citation de la p. 265 provient du « Rapport Street » rédigé par Sir Laurence Street et Peter Davis.

LE PROCÈS – Les résultats du sondage cités pp. 292-293 (sondage commandé par Levitt Robinson & Associés) proviennent du « Rapport sur la consultation populaire afférente à l'émeute de Palm Island », AEC Group, juillet 2006.

LA GRÂCE DU CIEL – Doreen Cockatoo est citée p. 331 d'après "Broken Links : The Stolen Generation in Queensland" [« Liens brisés : la génération spoliée du Queensland »], Bibliothèque d'État du Queensland, 2007. La citation de la p. 333 est extraite de *Ampe Akelyerneremane Meke Mekarle : "Little Children Are Sacred" : Report of the Northern Territory Board of Inquiry into the Protection of Aboriginal Children from Sexual Abuse* [*Ampe Akelyerneremane Meke Mekarle : « Les jeunes enfants sont sacrés », rapport de la commission d'enquête du Territoire du Nord sur la protection des enfants aborigènes contre les violences sexuelles*] (Northern Territory Government, 2007), p. 12. Les renseignements sur les cycles de chants fournis dans ce chapitre sont tirés de Walter E. Roth, *Games, Sports and Amusements [Jeux, sports et loisirs]* (Government Printer, 1902), p. 21, ainsi que des minutes de la « Revendication territoriale de la Nicholson River », et de *Forget About Flinders : A Yanyuwa Families Atlas of the South West of the Gulf of Carpentaria [Oublier Matthew Flinders : atlas des familles Yanyuwa du sud-ouest du golfe de Carpentarie]* par les familles Yanyuwa, John Bradley et Nona Cameron, 2003.

LE VERDICT – L'article « Une inscription raciste effraie les automobilistes » est cité p. 338 d'après le *Townsville Bulletin* du 18 juillet 2007. Les citations de Tony Hurley pp. 339-340 sont extraites de « 943 jours », *Queensland Police Union Journal*, août 2007, p. 12.

CRÉDITS PHOTOGRAPHIQUES – P. 9 : Carte du Queensland, avec l'aimable autorisation d'Alan Laver. P. 17 : Clocher de Palm Island, avec l'aimable autorisation de Matt Kennedy. P. 151 : Mères et nourrissons (vers 1940), Album photographique de la Mission de Doomadgee, Archives de l'État du Queensland, pièce ID 337129, c.01/01/1940 – 31/12/1940. P. 203 : Eric, fils de Cameron Doomadgee, portant la croix à l'enterrement de son père, Andy Zakely, avec l'aimable autorisation du *Sydney Morning Herald*. P. 283 : Le brigadier-chef Chris Hurley quitte le palais de justice de Townsville le 15 juin 2007, Darren Hilder, © Newspix/News Ltd/3rd Party Managed Reproduction & Supply Rights. P. 365 : Cameron Doomadgee et sa sœur Valmae en 1986, © Newspix/News Ltd/3rd Party Managed Reproduction && Supply Rights.

FSC
www.fsc.org
MIXTE
Papier issu de sources responsables
FSC® C003309

10/18, une marque d'Univers Poche, est un éditeur qui s'engage pour la préservation de son environnement et qui utilise du papier fabriqué à partir de bois provenant de forêts gérées de manière responsable.

Impression réalisée par

CPI
BRODARD & TAUPIN

La Flèche (Sarthe), 3001630
Dépôt légal : octobre 2013
X05177/01

Imprimé en France